dtv

Von Frühling bis Herbst teilt Bruni Prasske ihre Nächte mit Rex, dem Wohnwagen. Rex steht in Hamburg Blankenese an der Elbe, sie fand zu ihm aus Liebesleid, er sollte sie vom Verlassenwordensein ablenken. Von ihrem Bett aus kann Bruni Prasske die Ozeandampfer beobachten und den heimischen Sternenhimmel. Doch wer unter die Camper gerät, entdeckt weit mehr. Die Großstadt ist nah und fern zugleich – was auch für Strom und fließendes Wasser gilt –, Bruni Prasske erfährt die Heimat neu und lernt, sich in einer Männerwelt zu behaupten. Denn auf dem Campingplatz herrschen vermeintlich klare Verhältnisse: Frauen sind für die Küchenzeile und fürs Vorzelt zuständig.

Abends, beim Lagerfeuer, werden Wohnwagen-Sozialisations-Geschichten ausgetauscht, die manchmal ganz schön abenteuerlich sind. Am Ende der Saison kann Bruni Prasske auf dem Campingplatz so leicht keiner mehr was vormachen. Und ihr Entschluss steht fest: Rex gehört von nun an fest zu ihrem Leben.

Bruni Prasske studierte Interkulturelle Pädagogik, arbeitete als Sozialarbeiterin mit Asylbewerbern, lernte exotische Sprachen und reiste. Unter anderem in den Iran, woraus der Bestseller ›Mögen deine Hände niemals schmerzen‹ entstand. Derzeit lebt und schreibt die Autorin am Elbstrand.

Bruni Prasske

Mein Wohnwagen und ich

Vom großartigen Leben
im kleinformatigen Heim

Deutscher Taschenbuch Verlag

Ausführliche Informationen über
unsere Autoren und Bücher
finden Sie auf unserer Website
www.dtv.de

Originalausgabe 2012
© 2012 Deutscher Taschenbuch Verlag GmbH & Co. KG, München
Das Werk ist urheberrechtlich geschützt. Sämtliche, auch auszugsweise
Verwertungen bleiben vorbehalten.
Umschlagkonzept: Balk & Brumshagen
Umschlagbild und Innenillustrationen: Isabel Klett
Satz: Greiner & Reichel, Köln
Druck und Bindung: Druckerei C. H. Beck, Nördlingen
Gedruckt auf säurefreiem, chlorfrei gebleichtem Papier
Printed in Germany · ISBN 978-3-423-34724-2

Inhalt

Vorbemerkung	7
Rendezvous auf dem Acker	10
Rex hat ein Leck	17
Herr über Drehstützen und Gasleitungen	30
Die erste Nacht	35
Der erste Morgen	45
Einweihungsparty	50
Rendezvous mit dem Berger	73
Yara und die Frage nach der Zeit	77
Welcher Wohnwagen gehört zu wem?	80
Nick und das Wunder der Feuertonne	86
Tag der Wahrheit	91
Lagerfeuergeschichten und klamme Betten	103
Im Draußen-Sein-Kaufhaus	111
Kurze Tage, lange Nächte	115
Versöhnung mit der Elbe	124
Der Winter kommt, Rex geht	130

Ein Seebär im Schnee 135

Der Winter geht (hoffentlich), Rex kommt 139

Neue Nachbarn 143

Morgenkühle 158

Neue Ordnung 160

Sommersehnsucht und
das Wunder fließenden Wassers 173

Goethe lässt grüßen 182

Es lebe der Wohlgenuss 190

Routine im kleinen Paradies 207

Der *andere* Campingplatz 215

Kurti 225

Ein perfekter Tag 230

Räuberleiter im Teufelsmoor 234

Locationscouts und das Ende der Porta Potti 239

Models im Rex 247

Brennende Betten 252

Frühstück oder lieber doch keins 257

Schmuckstücke aus dem Internet 260

Wohnwagenliebe 268

*Rex war unverhofft in mein Leben getreten. Er stammte aus Hen-
stedt-Ulzburg, das ich nur vom Hörensagen kenne und irgendwo
im unbekannten Osten der Stadt vermute. Unvorstellbar, dass
Rex innerhalb weniger Wochen nicht nur meine Träume und
Fantasien beherrschen sollte, sondern zum Antrieb meines gesamten Strebens werden würde.*

*Niemand hat je etwas von diesem Rex gehört. Nicht einmal
Herr Glamas, und das will schon was heißen, denn Herr Glamas
kennt sie alle. Ob Dethleffs, Knaus, Bürstner, Wilk, Comtesse
oder Baronesse, mit allen hat er einschlägige Erfahrungen gemacht, nur nicht mit einem Rex.*

Vorbemerkung

Von einem Tag auf den anderen gehörte Rex zu mir, und
ich war verunsichert. Ich konnte ihn mein Eigen nennen,
und dabei hatte ich mich stets gegen diese Art von Besitz ge-
sträubt. War er nicht eine Bürde? Vollkommen abhängig von
meinem Tun? Permanent unter meiner Obhut? Ein Klotz an
meinem Bein?

Eine Freundin beruhigte mich. *Erstens* klinge Rex gar nicht
so schlecht. Irgendwie sogar vielversprechend. In gewisser
Weise ausdrucksstark. Sie nannte ihren eigenen schlicht und
einfach *Meinverlobter*. Den Grund dafür hatte ich bis dato
nie begriffen und mich mit Fragen diskret zurückgehalten.
Beziehungen gehen oft seltsame Wege!

»Und *zweitens:* Mit so einem Verlobten, da kannste was erleben! Fantastico, sage ich dir!«

Sie hatte in den letzten Jahren immer wieder versucht, mir ihre Begeisterung nahezubringen. »Gemeinsam unterm Sternenhimmel weilen, die Sonne auf- und untergehen sehen, Regenschauern trotzen und aus dem Bett direkt an den Strand fallen. Besser geht's nicht.«

Die Geschichten über *Meinverlobter* waren mir fremd geblieben.

Dabei habe ich eigentlich nichts gegen rührselige Naturbegegnungen. Im Gegenteil! Für eine Großstädterin verbringe ich überdurchschnittlich viel Zeit in der Natur, zumindest *draußen.* Aber zugegeben, die Anzahl beobachteter Sternenhimmel war überschaubar, und die Sonne sah ich in den letzten Jahren auch nur noch gelegentlich aufgehen. Es wurden immer weniger Sonnenaufgänge, proportional zur Abnahme durchfeierter Nächte.

»Schau doch mal ins Internet! Campen ist total in! So ein Rex an der Elbe ist Gold wert. Die Neider werden dir noch die Bude einrennen.«

Elke klang überzeugend. Auch wenn ich nicht mit derart überschwänglichen Reaktionen rechnete. Rex sollte doch nur mein Leben aufpeppen. Sonnenaufgänge kamen da gerade recht. Ja, ich will der Natur, dem Wasser, dem Himmel und den Sternen näher sein! Rex wird mir ein Dach über dem Kopf bieten, wenn andere den Heimweg vom Strandausflug antreten müssen.

Konkretere Vorstellungen zu einem Leben mit Rex gab es nicht. Bisher hatte ich noch nie in einem Wohnwagen geschlafen.

Wenig später teilte ich fast alle Nächte mit ihm. Wie man es eben mit einem richtigen Verlobten macht. Auch wenn ich nie einen Verlobten hatte und meine Erfahrungen mit diesem

Status in einer Liebesbeziehung gleich null sind, so gab es zumindest Männer an meiner Seite, die den Anspruch des Verlobtseins vermutlich erfüllten. Der letzte war mir erst kürzlich abhandengekommen. Er wollte sich und die Welt entdecken, seinen Horizont erweitern, einen Neuanfang wagen, das übliche Blabla. Wenn ich richtig informiert war, weilte er gerade irgendwo im australischen Outback (gibt es dort nicht Giftschlangen?). Seitdem habe ich viel Zeit und eine Topfigur. Liebeskummer macht schlank. Ich nehme derweil den Berger-Katalog mit ins Bett: eine Art Bibel in meinem neuen Leben.

Rendezvous auf dem Acker

Unsere erste Begegnung findet auf einem Acker hinter einem Gebäude mit der Bezeichnung *Bauernhof* statt. Was nicht alles als Bauernhof durchgeht! Immerhin erinnert die Umgebung an eine Bestimmung als Weideland. Inzwischen ist das Areal ein Altersruhesitz für ausrangierte Wohnwagen. Ein eher trauriger Anblick. Irgendwo hier soll er sich verbergen. Ein Kennzeichen hat er nicht, aber andere Erkennungsmerkmale, wie eine Länge von etwa fünf Metern dreißig, sieben Fenster, von denen nur zwei zu öffnen sind, und zwei Dachluken. Die Markenbezeichnung sei verblichen, wurde mir gesagt. Auffällig sei ein defekter Gaskasten über der Deichsel sowie diverses Gartenmobiliar im Innern. Er sei nicht aufgeräumt, weil das letzte Saisonende irgendwie ganz plötzlich kam. *Verstehe!*

Wo ist das verdammte Ding? Fünf Meter scheint unter Wohnwagen ein weit verbreitetes Maß zu sein, ebenso die Nutzung als Rumpelkammer. Ich schreite ehemals weiße Mobilheime ab und zähle Fenster. Endlich finde ich ihn zwischen einem Dutzend weiterer schrottreifer Wagen. Der Ärmste muss über Jahre schwer vernachlässigt worden sein. Ungepflegt, beinahe unansehnlich und mit Altersflecken, die ein baldiges Ende ankündigen, gibt er für den normal gelaunten Betrachter ein abschreckendes Bild ab. Nicht für mich. Ich bin selber traurig. Aus Mitleid stecke ich den Schlüssel in die Tür, und aus reiner Neugier trete ich ein. Er riecht, um nicht zu sagen, er stinkt! Eines steht sofort fest: Mitleid hilft hier nicht weiter. Eher Mut.

Eine Stunde später schlage ich arglos ein. Gekauft! Der Besitzer liegt im Krankenbett und zeigt ein müdes Lächeln. Anlieferung in den *nächsten Tagen* inklusive.

Noch am selben Abend leihe ich mir eine Nähmaschine. Nicht, dass ich gut nähen könnte, aber bei *meinem* Wohnwagen ist die Not groß und hübsche Stoffe, vornehmlich mit orientalisch angehauchten Mustern, werden Blessuren verbergen, selbst wenn die Nähte schief sind und ich die Stichlänge in Freestyle-Manier variiere.

Aus den *nächsten Tagen* wird die *nächste Woche*, aber Vorfreude plus Vorbereitung auf das Ereignis entpuppen sich als beste Ablenkung vom Liebeskummer. Grandios! Eine wahre Therapie ohne therapeutisches Gequatsche. Nachts surrt die Singer und tagsüber schmiede ich Verschönerungspläne, radle noch zweimal zum Altersruhesitz und lege den Zollstock an.

Und dann taucht er plötzlich an seinem Bestimmungsort auf. Unter einem sonnigen Himmel nehme ich ihn genauer unter die Lupe und entdecke seinen Namen: REX! Eine verblichene Bezeichnung neben der Tür ist der Beweis. Rex – klingt ganz okay. Ich habe nichts dagegen.

Kaum ist Rex abgekoppelt und steht allein auf weiter Flur zwischen Bäumen und Gestrüpp, dessen Namen ich nicht kenne, da nimmt mich der Putzwahn in seinen Bann und erübrigt im Nu alle Gedanken an eine psychologisch gestützte Trennungsbewältigung. Lappen schwingen ist angesagt. Vielleicht hätte aus mir sogar eine richtige Hausfrau werden können und Männer hätten sich an meiner Seite anders, vielleicht sogar besser gefühlt. Ach, lassen wir das!

Mein erstes Fazit nach knapp einer Stunde: Putzen bringt nicht viel. Hier sind gröbere Handarbeiten gefragt. Unter stinkenden Polstern verbergen sich Klappbänke mit erstaunlichem Inhalt. Unbekanntes Werkzeug liegt neben vertrauten

Zangen, Hämmern und Schraubendrehern. Ohne Pardon trenne ich Rex von seinem Gelsenkirchner Barock, das sämtliche Wände schmückt. Butzenscheiben waren mir schon immer ein Graus, mit Fettschlieren versehen, bedeutet das ihren Garaus. Eine von Nikotin durchsetzte Lampe reiße ich einfach aus der Deckenhalterung und versetze ihr einen Tritt. Kleinholz und eine stinkende Staubwolke sind das Letzte, was von ihr übrig bleibt. Elektrokabel schneide ich kurzerhand ab und werfe sie vor die Tür. Hier gibt es ohnehin keinen Strom. Und was soll ich mit schmierigen Lautsprecherboxen und einem verdreckten Autoradio? Alles raus!

Selbst nach zwei Tagen bleibt ein deutlich messbares Erfolgserlebnis aus. Die Bruchbude wandelt sich allenfalls von totaler Bruchbude zu weniger totaler Bruchbude. Aber ich kenne kein Halten und schmeiße alles weg, was nicht niet- und nagelfest ist, wobei ich schweres Gerät in Form einer Brechstange auffahre und Nieten und Nägel aus den Halterungen prügle. Stundenlang dresche ich auf Holzimitaten herum, trage selbst einige Blessuren davon und habe keine Zeit an einen Mann zu denken, der längst über alle Berge und diverse Ozeane ist. Am dritten Abend der Entrümplungsorgie erreiche ich die heimische Wohnung in einem Zustand zwischen Euphorie und Bewusstlosigkeit. Bett ohne Bad oder doch noch den Hahn aufdrehen und den gröbsten Schmutz von der Haut schrubben? Fernsehgucken? Musik hören? Mails lesen? Telefonieren? Fällt alles aus, denn dafür müsste man noch ein wenig Kraft in den Armen haben und Schalter bedienen können.

Der nächste Morgen beginnt mit einem Besuch im Drogeriemarkt, wo ich die Welt der chemischen Keulen entdecke. Jahrelang habe ich mit biologisch abbaubaren Heile-Welt-Mittelchen meinen Haushalt und mein Gewissen rein gehalten, aber Rex ist zu mächtig für weichherzige Ökoschlampen. Unkontrolliertes Rauchen, unbedachtes Braten von Heringen (wie Flossenreste eindeutig beweisen) unter Missachtung der Grundregeln von Küchenhygiene sowie die Ausdünstungen einer altersschwachen Heizung haben Spuren hinterlassen. Der Einkaufskorb ist voll, als ich an der Kasse stehe. Kann es sein, dass die Kassiererin mich strafend ansieht? Ich schaue in meine Geldbörse und flüchte mich in Münzengeklimper. Bloß schnell raus hier und rauf aufs Rad. In unschlagbaren dreiundvierzig Minuten stehe ich vor dem Rex.

Mein Puls ist noch auf hundertsechzig, als ich meine Nase an die Öffnung einer chemischen Wunderwaffe halte, die angeblich alles blitzblank zaubern kann. Auweia, würde mich nicht wundern, wenn Meister Propper höchstpersönlich aus der Flasche spränge und das Weite suchte. Mutig drücke ich den Sprühknopf. Und dann: Es ist eine Entdeckung, ein unbekannter Genuss, beinahe eine Offenbarung, in jedem Fall weit mehr als ein bittersüßes Vergnügen, den Schmutz nach einer Attacke mit dem Kraftprotz die Wände hinabfließen zu sehen. Das hätte ein Neutralreiniger nie geschafft. Nach jedem Sprühstoß verstaue ich die Flasche mit der Giftmischung diskret in einer Papiertüte. Nicht auszudenken, wenn mich damit jemand sehen würde. Die Chemiewolke nimmt mir fast den Atem, aber sie wirkt.

Unerwartet helle, geradezu aufblühende Wände kommen unter der schmierigen Fassade zum Vorschein. Jeder Druck auf die Sprühflasche macht meinen Rex hübscher. Das Überkopfarbeiten ist eine Herausforderung, bei der ich Augenverätzungen vermeiden und Dreck beseitigen will. Nicht ganz einfach. Aber dann erstrahlt der *Himmel* so, als sei er neu gestrichen. Als Nächstes fliegt die Sitzgarnitur raus. Sie braucht mindestens genauso viel frische Luft wie ich in diesem Moment. Puh! Einmal kräftig durchatmen.

Stunden später ergibt die Geruchsprobe an den Polstern ein niederschmetterndes Urteil: Die Natur ist zu schwach, ihnen frischen Wind einzuhauchen. Ein *Frischehauch* muss ran. Vorsorglich hatte ich in der Drogerie auch danach gegriffen. Man weiß ja nie! Und in der Werbung versprechen sie so viel. Hier kommt der Härtetest.

Die Wirkung ist so rätselhaft und beeindruckend, dass ich auf der Stelle Yara anrufe. Sie hat einen Doktor in Chemie und muss mir erklären, wo der Gestank geblieben ist. Ihren Ausführungen zu folgen ist meistens nicht schwer, und manchmal wünsche ich mir insgeheim eine Chemielehrerin ihres Formats gehabt zu haben und einen Mathe- und Physiklehrer noch dazu. Dann wäre mein Leben vielleicht ganz anders verlaufen.

»Der Gestank ist noch da, aber du riechst ihn nicht mehr«, meint Yara.

»Aha!«

»Wo soll er auch sein? Dein Sprühzeug kann schließlich nicht zaubern.«

Da ist sie schon, die Bestätigung meiner Vorahnung, aber sie bringt mich dem Verstehen der chemischen Wirkung nicht näher.

»Und warum stinken die verdammten Polster jetzt nicht mehr nach Kettenrauchen, totem Fisch, Doppelkorn und körperlichen Unfällen?«

»Es gibt sogenannte Geruchsmoleküle, und die kapselt dein Spray ein. Dem Gestank wird ein Mäntelchen umgehängt. Ganz einfach.«

»Okay!? Ist das gefährlich? Ich meine giftig oder so?«

»Der ganze Scheiß ist kein Ökokram, aber du willst es schließlich nicht trinken.«

»Du meinst, es kann nichts passieren?«

»Passieren kann immer was. Aber ich schätze mal, mit zehn

Atemzügen in Saigon hattest du mehr Gift in deinen Lungen. Ich muss jetzt weiterarbeiten. Hier ist mal wieder Stress angesagt. Am Wochenende komme ich vorbei und helfe dir. Tschüs!«

Ich drücke auf die Sprühflasche und denke an Saigon. Da mag sie recht haben!

Oder soll ich die Polster lieber wegwerfen? Aber worauf sitzen dann die Gäste, die hoffentlich bald kommen? Nach kurzem Abwägen entscheide ich mich für den Mittelweg. Die Bezüge reiße ich in Stücke, und dem nackten Schaumgummi hänge ich ein Mäntelchen aus der Sprühflasche um. Dekostoffe werden folgen. Wozu gibt es schließlich Nähmaschinen?

Nach weiteren zwei Tagen häuft sich der Sperrmüll im Vorhof und raubt mir fast die Sicht auf den Strom und die Ozeanriesen, denen ich bisher kaum einen Blick gegönnt habe. Ich bin im Wahn: putzen, wegschmeißen, schöner machen! Es gibt kein Halten mehr. Die Gummihandschuhe ziehe ich nur noch zum Schlafen aus. Unter dem Dreck taucht mehr und mehr das ansprechende Gesicht von Rex auf. Wenn ich noch weitere Regale von den Wänden reiße, Türen abmontiere, den Kühlschrank ausbaue und unter eine Dusche stelle, den Herd auseinandernehme und entfette und die Heizung entstaube, ja, dann ist das Gröbste geschafft.

Jeden Abend schwinge ich mich aufs Rad und nehme die Zeit. Fünfzig Minuten, wenn alles gut geht. Ich hab's eilig, die Singer wartet. Zumeist schlafe ich nach einigen Metern Stoffbewältigung und anschließender Körperpflege über meinen Fantasien von einem wunderschönen Rex in der Badewanne ein und träume von einem Akkuschrauber. Es gibt definitiv keine bessere Ablenkung. *Verlassene Frauen dieser Welt! Kauft euch einen alten Wohnwagen und möbelt ihn auf! Dann scheren euch auch keine Gerüchte um eine Neue an seiner Seite. Ihr habt doch schon längst einen Verlobten, dessen Gerüche eure gesamte Aufmerksamkeit erfordern. Außerdem kennt er keine Widerworte und ist dankbar für jede Form der Zuwendung.*

Rex hat ein Leck

Als es regnet, kommt es an den Tag. Rex ist nicht ganz dicht. Fieberhaft stelle ich Nachforschungen an und stoße auf ein Leck in der Dachluke. Zu meiner Schande muss ich gestehen, dass meine Putzattacken dem Material den Rest gegeben haben. Nun ist guter Rat teuer. In seinem Alter wird Rex die Nässe nicht lange vertragen. Schon bald wird er mir unter den Füßen weggammeln. Dabei sehne ich mich nach unserer ersten Nacht, und die soll unbedingt trocken sein.

Vor lauter Entrümpeln habe ich meine Nachbarn bisher kaum beachtet. In Sichtweite campiert ein Musiker, der von morgens bis abends Tabla spielt. Seinem exzentrischen Aussehen, den Rezitationen von Mystikern vergangener Jahrhunderte und vereinzelten Selbstgesprächen habe ich entnommen, dass es sich um einen Afghanen handelt. Immer wieder bedient er sich beim Gelehrten Rumi oder singt englische Rockklassiker. Seine Liebeslieder auf Dari und Paschtu sind mir aus meiner Zeit als Sozialarbeiterin für Flüchtlinge aus Iran und Afghanistan vertraut. Aber was macht ein Vertreter orientalischer Hochkultur unter einer provisorischen Plane zwischen wild wuchernden Naturgewächsen? Sein Aussehen erinnert an den jungen Cat Stevens und die Klänge seiner Tabla an eine vergangene Liebe. Mein Nachbar kocht auf einer offenen Feuerstelle und springt gelegentlich in die Elbe. Ich nehme mir vor, ihm baldmöglichst einen Besuch abzustatten und mich vorzustellen. Bisher haben wir uns nur freundlich zugewinkt. Ich kombiniere, dass er sich nur ungern mit defekten Dachluken beschäftigt. Seine Fähigkeiten liegen wohl eher im musischen Bereich, denn selbst der Regen hält ihn nicht von seinen indischen Pauken ab. Andere Nachbarn sind nicht zu entdecken. Womöglich handelt es sich um reine Wochenend- oder gar um Schönwettercamper, die sich von einem Wolkenbruch abschrecken lassen. Vielleicht finde ich Hilfe beim Haupteingang, wo auch die Tagesgäste eingewiesen werden. Rex muss abgedichtet werden, denn ich will so schnell wie möglich einziehen.

Als die Sonne durch die Wolken blinzelt, mache ich mich auf den Weg nach *vorn*. Dabei entdecke ich einen kleinen, niedlichen, süßen, kuscheligen Wohnwagen. Die Inneneinrichtung ist schlicht und perfekt, da muss Frau kein Möchtegern-Barock entsorgen. Alles original späte Sechziger. Massives Holz, wow! Umwerfend. Aber klein! Groß genug für mich, aber wenn Gäste kommen? Außerdem will ich hier leben und nicht nur im Liegestuhl hocken und am Abend zurück in die Stadt fahren. Aber er ist so *schön klein* und macht *keine Arbeit*. Verdammt! Der Gute heißt Wilk. Muss ich mir merken. So ein Schöner!

Kurz vor der Rezeption, die durch diese Bezeichnung in der Fantasie der Leser möglicherweise ein falsches Bild erzeugt, entdecke ich einen sehr neuen und sehr weißen Wohnwagen. Das Vorzelt ist akkurat abgespannt, eine Sitzgarnitur steht auf einem maßgefertigten Vorleger. Ein reifer Herr sitzt an einem Laptop im Vorzelt und schaut fern. Hier gibt es Strom! Mein Blick folgt dem Kabel zu einem Verteiler. In der Wohnwagentür baumelt ein Flauschvorhang. Während ich mich noch frage, welchen Sinn die Stoffwülste haben mögen, wird das bauschige Gehänge zur Seite geschoben und eine Dame mit praktischem Kurzhaarschnitt und in Kittelschürze lugt heraus. Der Anblick verspricht nur Gutes: warmes Essen, gekühltes Bier, saubere Teller. Hier ist alles am rechten Platz und vor allem: Hier ist sicher ALLES vorhanden, was das Camperherz begehrt, einschließlich tatkräftiger Unterstützung zum Abdichten einer Dachluke. Sind Camper nicht so etwas wie eine Familie? Gibt es nicht sogar eine Fernsehserie über diesen Typus Mensch?

»Moin. Entschuldigung, dürfte ich Sie mal was fragen?«, lege ich los. Wie blöd klingt das denn? Na ja, etwas Besseres ist mir auf die Schnelle nicht eingefallen.

»Guten Tag. Bitte schön!«, sagt der Mann. Die Frau lächelt, und ich bin nicht sicher, ob eine Fremde ein Vorzelt unaufgefordert betreten darf. Ich entscheide mich für einen gewissen Sicherheitsabstand.

»Ich bin Dauercamperin hier auf dem Platz und habe Probleme mit meinem Rex, äh, mit meinem Wohnwagen. Haben Sie vielleicht ein wenig Klebeband für mich?«

Ab wann ist man eigentlich Dauercamperin, frage ich mich. Diese Bezeichnung steht auf meinem Vertrag und ist demnach mein offizieller Status. Außerdem klingt es irgendwie wichtig.

»Klebeband?«

»Meine Dachluke hat ein Leck. Ich muss sie abdichten. Vielleicht muss sie auch ausgetauscht werden. Ich kenne mich damit nicht aus.«

Schon steht er aus seinem Campingstuhl auf, der an einen Chefsessel erinnert. Sein Hemd mit Karomuster und modischem Schriftzug spannt bedenklich. Die *California-Beach-Club-98*-Bestickung droht zu bersten. Aber der Mann hat alles im Griff. Mit einem Ruck sitzt alles am rechten Fleck. Er schlüpft in Sandalen und richtet seine Brille.

»Einen Moment. Ich hole meine Werkzeugkiste.«

Ich schaue an mir herunter. Was mögen die beiden wohl denken? Der Sommer und die Putzattacken haben deutliche Spuren hinterlassen. Möglicherweise sehe ich ein wenig verwildert aus. Warum trage ich eigentlich immer noch Gummihandschuhe? Und warum baumelt ein Geschirrhandtuch an meinem Hosenbund? Mein Shirt ist fleckig und ein wenig kurz geraten, meine Knie sind braungebrannt und leicht schorfig. Die Frau kommt ins Freie und begrüßt mich.

»Wie haben Sie den Wagen durch den Sand bekommen?«, frage ich.

Der Campingplatz hat die Besonderheit, eine Verlängerung des Elbstrandes zu sein. Das ist zwar hübsch und urig, aber ungeeignet für Fahrzeuge. Das Festfahren gehört zum Ritual ahnungsloser Gäste. Rex' Vorbesitzer hat meinen Guten mit seinem Geländewagen an seinen Platz geschleppt. Das Schmuckstück der Pensionäre steht so nah an einer Buche, dass hier unmöglich rangiert werden konnte. Wie, zum Teufel, haben sie das bewerkstelligt?

»Ich habe eine Fernbedienung«, antwortet der Camper und hält dabei eine solide wirkende Rolle mit Klebeband in den Händen.

»Fernbedienung! Wie lustig«, sage ich und glaube ihm kein Wort. Vielleicht ist der Rentner ein Scherzkeks. Ich glaube einen rheinländischen Dialekt herauszuhören. Bei diesem Menschenschlag muss man mit allem rechnen. Ein Kölsch ist allerdings nicht zu entdecken, nur ein Kaffeebecher mit einer barbusigen Dame als Griff neben einer ›Bild‹-Zeitung.

»Das ist die wunderbarste Erfindung seit der Standheizung«, sagt er, und ich beschließe mich mit voreiligen Kommentaren zurückzuhalten. Schon öffnet er einen Kasten am vorderen Ende des Wohnwagens, in dem ich bislang Gasflaschen vermutete.

»Hier versteckt sich das gute Stück! Nennt sich Rangierhilfe oder Muwa.«

»Nee, nech?«

»Doch! Warten Sie, ich hole die Fernbedienung.«

Er meint es wirklich ernst.

»Kostet zweitausend Euro. Aber ich habe die Anschaffung keine Sekunde bereut.«

»Ich verstehe noch immer nicht. Der Wohnwagen fährt dann ohne Auto? Ich meine, so ganz von allein?«

»Ja, genau. Mit Elektroantrieb. Manchmal hat man nicht genug Platz zum Rangieren. Ich bin nicht mehr so beweglich wie früher. Meine Frau ist beim Einweisen immer furchtbar nervös und gibt unverständliche Anweisungen. Da eckt man dann schon mal an. Hier haben wir zwei Aluplatten verlegt und den Wagen abgekoppelt. Funktionierte wunderbar.«

»Zweitausend für die Fernbedienung?«

»Für die komplette Muwa-Anlage.«

»Mover?«

»Ja, sag ich doch!«

»Ach so, verstehe.«

Und ich habe mir Gedanken über dreihundertfünfzig Euro für Rex gemacht, habe hartnäckig verhandelt und erst eingeschlagen, als seine Anlieferung mit Försterauto inklusive war. Mit meinem Fahrrad konnte ich ihn ja schlecht an die Elbe schleppen.

»Beeindruckend«, sage ich. So schnell wie möglich muss ich mir ein Dauercamper-Basiswissen aneignen.

»Wo steht denn nun das gute Stück?«, fragt der Rheinländer, nachdem seine Frau ihm die Fernbedienung abgenommen hat.

»Am anderen Ende des Platzes.«

Er folgt mir durch den tiefen Sand und kommt ins Schwitzen. Einen befestigten Weg gibt es nicht. Hier wird naturnah gecampt. Ein Containerriese gleitet vorüber und gibt meinem Begleiter die Gelegenheit zum Pausieren.

»Ist das nicht herrlich? Nach solch einem Platz haben meine Frau und ich lange gesucht. Direkt an der Elbe. Es ist fast wie am Meer. Sonst hat man an der Nordsee doch immer den blöden Deich vor der Nase«, sagt er ein wenig kurzatmig. Auch ich habe innegehalten, damit er sich erholen kann. Pulversand hat seine Tücken, und dass Hamburg nicht an der Nordsee liegt, mindert mein Verständnis für seine Aussage nicht im Geringsten. Ich weiß genau, was er meint. Keine zehn Kilometer von hier entfernt geht's schon los mit den Deichen, und da gibt es kein Pardon. Das Leben spielt sich grundsätzlich hinterm Graswall ab. Der Camper gerät ins Schwärmen über seine Wohnwagenreisen an die deutschen Küsten. Während wir dahintrotten, erfahre ich, dass er auch schon jenseits der Alpen unterwegs war. Ob seine Frau ihn dabei begleitet hat, lässt er offen.

»Waren Sie schon mal auf dem Lido? Da finde ich es richtig schön.«

»Nein. Wo ist das denn?«

»Das glaube ich jetzt aber nicht. Der Lido bei Venedig! Ein großartiger Platz. Da sprechen fast alle deutsch. Es gibt einen deutschen Supermarkt, einen deutschen Friseur, einen deutschen Bademeister und einen deutschen Arzt. Und sauber ist es dort. Alles *picobello*, wie der Italiener sagt.«

Ich traue mich nicht zu fragen, ob es dort auch einen deutschen Schäferhundverein gibt. Lido? Irgendetwas dämmert da bei mir. Vielleicht habe ich mal eine Dokumentation gesehen oder etwas darüber gelesen. Vage erinnere ich ein gewisses Fremdschämen angesichts der campenden Teutonenmeute in bella Italia. Als wir einen lädierten Wohnwagen ohne Frontscheibe passieren und der Rheinländer einen Blick auf verrußte Pfannen und Töpfe mit Essensresten auf dem Vorplatz wirft, schüttelt er kurz den Kopf und murmelt etwas vor sich hin.

»Wenn ich nicht unterwegs bin, stehe ich in Dormagen am Rhein, Strandterrasse, erste Reihe.«

»Verstehe.«

Als wir bei meinem Rex ankommen, verstummt er schlagartig. Ausgemusterte Schranktüren stapeln sich in wildem Durcheinander mit Gartenstühlen und Grillzubehör. Zögernd und schweigend folgt er mir ins Innere. Kaum stehen wir gemeinsam vor der Sitzecke, da schwankt mein Rex wie ein alter Kahn. Woraufhin der Rheinländer seine Sprache wiederfindet:

»Nanu! Was ist denn das? Haben Sie etwa die Drehstützen nicht ausgefahren?«

»Am Wochenende kommen Freunde und helfen mir«, versuche ich ihn abzulenken. »Hier oben ist das Leck.«

»Aber Sie können den Wagen doch nicht ohne Stützböcke abstellen! Die gesamte Konstruktion leidet darunter. Das Gewicht muss sich auf die Drehstützen verteilen. Ach, wie sieht es denn hier aus?«

Der Camper aus Dormagen wirft prüfende Blicke um sich. Noch kann ich mit Rex keinen Staat machen, aber so schlimm, wie es sein Mängel-Suchblick suggeriert, ist es auch nicht. Ich bin nun mal nicht der Mover-Typ, und mein Rex gehört in eine andere Kategorie als sein ferngesteuerter Südwind.

»Also, so geht das nicht«, entscheidet er, während ich beharrlich auf die Dachluke schaue.

»Hier kann man nichts mehr retten. Die Luke ist hin. Da hilft kein Klebeband der Welt.«

»Wissen Sie, wie teuer eine neue ist?«

»Wollen Sie hier wirklich noch etwas investieren?«

Investieren? Dieses Wort klingt bedeutungsschwer. Sein Blick spricht Bände: Investitionen müssen sich lohnen! Aber hier lohnt sich gar nichts.

Um welche Summe mag es sich handeln? Ich bin in jeder Hinsicht ahnungslos. Weder kenne ich Drehstützen und Stützböcke noch die Preise für Wohnwagenersatzteile. Erst seit zehn Minuten bin ich über die Existenz geisterhafter *Mo-*

ver informiert und habe in meinem Leben bisher kaum Kontakt zum Wort *investieren* gehabt. Es macht mich nervös, wie der Pensionär imaginäre Rechnungen anzustellen scheint und dabei unverständlich flüstert und bedächtig den Kopf wiegt.

»Mindestens hundert Euro!«, sagt er schließlich, und ich atme erleichtert auf.

»Das geht ja noch! Ich dachte, Sie kommen mir jetzt mit zweihundertfünfzig oder mehr.«

Ich mache ihm unmissverständlich klar, dass Rex mir noch ganz andere *Investitionen* wert ist.

»Schauen Sie mal bei Berger nach. Der müsste so etwas haben.«

Berger! Noch so ein Wort, das ich mir merken muss.

Jetzt, wo der erfahrene Camper schon mal vor Ort ist, deute ich fragend auf Herd und Kühlschrank. Aber mein Gast hat genug gesehen. Als ich mit dem Wort *Gasprüfung* nichts anzufangen weiß, nimmt er Reißaus. Er kenne sich in Hamburg nicht aus. Er wisse nicht, wer Gasprüfungen vornehme, ich solle an der Rezeption nachfragen. Und außerdem solle ich mir anständige Gehwegplatten besorgen. Auf dem Sand könne man doch keine Drehstützen ausfahren.

Wir sind hier nicht auf einem Viersterne-Campingplatz, will ich noch sagen, aber da ist er schon verschwunden. An der sogenannten Rezeption sitzen Goa-Überwinterer, die unter Palmen liegend überlegt haben, dass der Betrieb eines Campingplatzes an der Elbe eine coole Sache ist, um den Sommer in der Heimat möglichst angenehm zu überstehen. Technische Details gehören nicht in ihre Bunte-Hängematten-Welt. So stelle ich mir ihren Ansatz zumindest vor. Und Gehwegplatten sind ohnehin verboten. Der Platz wurde erst kürzlich renaturiert, was die letzten Dauercamper auf die Palme brachte, wie ich von Rex' Vorbesitzer erfahren habe. Alles, was die Haudegen vor Jahrzehnten mühsam und kräftezehrend verlegt hatten, musste raus aus dem Boden. *Die schönen Terrassen und Gehwege!* Diese Zeiten sind vorbei. Knöcheltiefes Einsinken ist angesagt. Den Rheinländer und seine Kleberolle werde ich so schnell wohl nicht wiedersehen.

Die Zweifel kommen unverhofft und machen mich von einer Sekunde zur anderen mutlos. Das hat man also davon, wenn man sich für Besitz und Investitionen entscheidet. Nun bin ich eine Gefangene meiner Immobilie. Ich muss mich um eine Gasprüfung und um eine Dachluke kümmern, dabei will ich eigentlich nur die Beine hochlegen und den vorbeifahrenden Schiffen zuschauen, zwischendurch mal einen Kaffee kochen und gegen Abend ein Glas Weißwein trinken. Bei diesem Gedanken fällt mir sofort der Kühlschrank ein. Wie betreibt man solch ein Ding ohne Strom? Und wie fahre ich die Stützböcke aus? Wie bringe ich den Rex in einen stabilen Stand? Die entsprechende Vorrichtung ist von Rost ummantelt. Wieso habe ich keinen Mann, der diese unangenehmen Aufgaben mit einem Lächeln übernimmt? Beinahe kommen mir die Tränen.

Was mache ich eigentlich hier? Mir gehört ein schrottreifer Wohnwagen, in dem ich nicht mal schlafen oder kochen kann. Er ist feucht und ich bin am Ende meiner Kräfte. Was habe ich mir nur aufgehalst? Ich ziehe die Gummihandschuhe aus, befreie mich vom Geschirrhandtuch, ordne mein Haar, stecke mir ein paar Euro in die Tasche und marschiere los. Bloß weg von hier. Zumindest eine Weile.

Wenige Schritte vom Campingplatz entfernt, führen schmale Wege den Elbhang hinauf. Ich wähle eine Treppe, die kein Ende nehmen will. Und da soll noch mal einer sagen, in Norddeutschland gebe es keine Berge! Ich stehe vor einer wahren Himmelsleiter. Im Nu verschluckt mich der Wald. Eichen, Kastanien, Linden und Buchen konkurrieren um einen Platz an der Sonne und lassen Spaziergänger durch eine gigantische Laube wandeln. Ein Blick nach oben macht schwindelig. Wie aus Scheinwerfern strahlt das Licht durchs Blätterdach. Ich folge einem Abzweig auf halber Höhe und fühle mich wie auf einem Wanderweg im Mittelgebirge.

Der Umfang mancher Baumstämme gibt der Frage nach dem Lauf der Zeit eine andere Dimension. Meine Finger folgen der Rinde einer Eiche und verschwinden beinah darin.

Eine Lichtung öffnet den Blick auf den Strom und die Elbinsel Neßsand im Schein einer Sommersonne, die sich nach Regengüssen durch die Wolkendecke kämpft. Die Insel wirkt von hier oben noch schmaler und länger. Hinter der Nebenelbe liegt das Alte Land mit seinen Apfel- und Kirschplantagen. Ein Segler kreuzt vor der Inselspitze. Wir haben Flut und der Fluss zeigt seine volle Größe. Auf Neßsand leuchtet der Strand wie eine Einladung zum Müßiggang. Wie gut, dass sich der Campingplatz unter Bäumen und Sträuchern versteckt und mein Rex das Bild von Vollkommenheit und Sorglosigkeit nicht stört. Putzattacken und Enttäuschungen sind hier oben nicht mehr als ein Wermutstropfen in meinem neuen Leben als Dauercamperin.

Ich strecke mich und versuche aus dem Anblick Kraft zu schöpfen. Ja, hier werde ich in Zukunft so viel Zeit wie möglich verbringen! Ein Pfad führt mich tiefer in den Hang, und ich muss unwillkürlich an eine Wanderung auf La Gomera denken. Seltsam, dass ich mich ausgerechnet hier an den Lorbeerwald erinnere, aber der Rhododendron steht so dicht, der Weg ist so schmal, und ich komme mir unter den hohen Büschen genauso winzig vor wie dort.

Nanu, was ist das? Ein mächtiger Laubbaum liegt quer über dem Weg. Spaziergänger haben bereits einen Trampelpfad ausgetreten und das Eichenlaub mit ihren Füßen zu einem Teppich zermalmt. Ich folge dem Stamm ins Dickicht und erinnere mich daran, dass eine Eiche mit glattem Stamm *Amerikanische Eiche* heißt. Wie kann ein derartiger Riese fallen? Dort, wo der Baum seine Wurzeln in die Erde schlug, ragt nur noch ein Stumpf aus dem Boden. Gefällt und nicht umgefallen! Noch zeigt das vergangene Leben deutliche Spuren. Dieser Tod ist nicht die Folge eines Sturmtiefs. Von rauen Lüften lässt sich solch ein Riese nicht beeindrucken. Die Überreste sind feucht und harzig; wie eine frische Wunde zeigt die Schnittstelle das Muster eines Sägeblatts. Hier soll ganz offensichtlich eine Schneise in den Wald geschlagen werden. Ich kämpfe mich durchs Gestrüpp. Tatsächlich! Der Fall der Eiche beschert einer Villa freie Sicht. Tja, es muss wirklich ärgerlich sein, wenn man eine millionenschwere Hütte an der Elbe sein Eigen nennen darf und wegen irgendwelcher hundertjähriger Eichen und Buchen keinen Flussblick hat. Da kann schon mal eine Säge zum unerlaubten Einsatz kommen. In diesem Teil der Stadt sind die Anwesen gut versteckt, und man kann nur erahnen, welch schmucke Grundstücke sich hinterm Grün verbergen. *Arme Eiche! Möge der Täter seine gerechte Strafe bekommen!* Ich streiche über den Stamm und hoffe, er werde zumindest als Möbelstück ein weiteres Jahrhundert überdauern.

Jeder Schritt über den Elbhang beschenkt mich mit neuer Energie, und ich tanke regelrecht auf. »Juchhu!«, rufe ich aus, und meine Stimme verhallt im Dickicht. Hinter der nächsten Kurve lichtet sich der Wald erneut und bietet einen perfekten Blick auf den Strom. Ein Containerriese schiebt sich ins Bild, begleitet von einem Boot. Wenig später klettert ein Lotse über die Einstiegsluke an Bord.

Ich wähle einen Abzweig nach unten, der mich zu einem Kiosk am Wasserwerk führt. Das betagte Trio hinterm Tresen kenne ich von vergangenen Inlinertouren, die ich hier gern für eine Pause unterbrochen habe. Vielleicht lerne ich die beiden älteren Damen und den Senior in diesem Jahr etwas näher kennen, wo wir jetzt quasi Nachbarn sind. Sie haben mich stets mit ihren zeitlupenartigen Bewegungen beeindruckt. Nichts scheint sie je aus der Ruhe zu bringen. Weder ungeduldige Kinder, die über den Tresen lugen und nach einem Eis rufen, durstige Wanderer, die gierig auf den Kühlschrank starren, der sich partout nicht öffnen will, noch trinkfreudige Männerrunden. Heute sitzen auf der Terrasse nur wenige Gäste. Ein verregneter Wochentag, der erst am Nachmittag zu einem Sonnentag wurde, lässt viele Stühle leer. Ich bestelle einen Wein und bin überrascht von seiner Qualität. Fast hätte ich mich korrigiert und ein Bier geordert, aber die Lust auf einen nachmittäglichen Sommerwein überwog. Normalerweise passen norddeutsche Strandkioske und Wein nicht zusammen. Aber hier hat sich das Risiko ausgezahlt. Und schließlich sind wir hier nicht irgendwo, sondern in Sichtweite des piekfeinen Blankenese.

Nach einem halben Glas meldet sich mein Liebeskummer: Ach, könnte er jetzt nicht hier sein! Gemeinsam ein Gläschen trinken und hinterher die Dachluke reparieren. Verdammter Mist. Der Kummer muss weg! Eine neue Dachluke muss her! Ich kämpfe gegen Trübsinn an und schmiede Zukunftspläne rund um meinen Rex. Eine einsame Frau und ein alter Rex. Nur nicht heulen. Also vorwärts! Rex braucht einen festen Stand. Das habe ich auch ohne den Rheinländer längst begriffen. Aber mangels Werkzeug und helfenden Händen muss diese Aufgabe bis zum Wochenende warten. *Gasprüfung!* Das scheint mir genauso wichtig zu sein. Und das Bett. Auf die Polster werde ich mich bestimmt nicht legen. In Gedanken erstelle ich eine Liste, von der ich genau weiß, dass sie sich nach einem weiteren Glas in Nichts auflöst. Also mache ich mich auf den Rückweg. Dringende Aufgaben erwarten mich. Ich atme noch einmal tief durch und versuche zu genießen. Ein Dreimaster segelt vorbei und motiviert mich mehr als jede Gedankenakrobatik. Ich bin angekommen. An der Elbe! Um diesem Strom in Hamburg möglichst nah zu sein – und damit sind keine Barkassenfahrten und Spaziergänge gemeint, sondern Elbblick rund um die Uhr –, muss man entweder reich, neureich, glückspilzig oder von einem anderen Stern sein. Ein Zuhause an der Hamburger Elbe ist eigentlich pure Utopie. Verschämte Blicke auf Elbanwesen speisen sich gewöhnlich aus derselben Quelle wie der Griff zur Fernbedienung, um eine Vorabendserie zu sehen, die in Schlössern mit stets perfekt geschminkten und frisierten Modepuppen spielt.

Oder man wird Camperin. Ganz nach unten! Direkt ans Ufer. Über uns nur noch gesunder Mischwald und Multimillionäre. Keiner ist so nah dran wie wir, meine Nachbarn vom Campingplatz und ich.

Als ich den Hintereingang zum Campingplatz erreiche, tauchen Ute und Carlos auf, die einzigen Nachbarn, die ich bereits ein wenig kenne. Ute gibt mir die Nummer von Herrn Glamas, der ein Wohnwagenspezialist sein soll und Prüfungen jeder Art vornimmt. Der könne auch eine Dachluke besorgen, meint sie. Ich setze mich an den Strand, halte meine Füße ins Wasser und genieße den Augenblick, in dem sich mein Anflug von Verzweiflung in Luft auflöst.

Herr über Drehstützen und Gasleitungen

Als Herr Glamas eintrifft, sind die Drehstützen längst ausgefahren. Rex steht fest wie eine Burg. Irgendwo habe ich sogar aufgeschnappt, dass die Räder eines Wohnwagens auf dem Standplatz unbelastet sein sollen. Das gesamte Gewicht muss sich auf die vier Drehstützen an den Ecken der Karosserie verteilen. So weit zur Theorie! In der Praxis fehlten zunächst ein Spaten zum Buddeln und eine Dose Schmieröl für die verrosteten Drehstützen. Ein Besuch im Kiosk und ein Stöbern im Geräteschuppen der Goa-Fraktion brachte das Gesuchte an den Tag. Heute bin ich mindestens schon zwanzig Mal rein in den Rex, um mich von seiner Standfestigkeit begeistern zu lassen. Hier schwankt nichts mehr. Allerdings ist mein Liebster so hoch aufgebockt, dass man beinah in ihn hineinklettern muss. Eine Holzkiste erleichtert den Akt, erhöht jedoch die Sturzgefahr. Aufpassen ist angesagt.

»Na, Mädchen, was kann ich für dich tun?«

Mir geht sofort das Herz auf. In seinem Blaumann und den Arbeitsschuhen, mit dem wirren grauen Haar, das sich unterm Elbsegler hervorkräuselt, und der Zigarette zwischen den Lippen wirkt Herr Glamas außerordentlich vertrauenswürdig. Ich biete ihm einen Stuhl an, aber er winkt ab.

»Erst die Arbeit!«

Zwischen einem Wasserschlauch und einer Grillgarnitur habe ich eine Klappbank und zwei Gartenstühle gefunden, die den ersten Besuchern Platz bieten. Während Herr Glamas meinen Rex inspiziert, setze ich die Espressokanne auf. Mit

einem gewissen Stolz, auf einer einzigen Camping-Gaskartu-
sche einen perfekten Latte macchiato zu zaubern, rufe ich den
Handwerker an den Tisch. Er schaut ein wenig irritiert auf
mein braun-weiß gestreiftes Kunstwerk. Der Milchschaum ist
so steif, dass er sich hervorragend löffeln lässt.

»Haste keine Tasse Bohnenkaffee? Ich trinke schwarz.«

Hätte ich mir denken können! Herr Glamas ist kein Mann
für modischen Schnickschnack, aber meine Bohnenkaffee-
Zeit lag tief im vorigen Jahrhundert. Seit der ersten Tramp-
tour nach Italien vergeht kein Tag mehr ohne Espresso aus der
Schraubkanne.

»Früher war ich hier auch jahrelang Dauercamper. Ist schon
lange her, 'ne ganz andere Zeit. Der Platz war voll, nicht so
wie jetzt, die paar Wagens. Von damals kenne ich auch die
Ute und den Carlos. Die meisten anderen sind schon weg-
gestorben oder altersschwach.«

Ich verdünne den Espresso mit ein wenig Wasser, Herr
Glamas rümpft die Nase und zieht an seiner Kippe. Als er
den Elbsegler absetzt und sein Haar glättet, mache ich mich
auf eine längere Sitzung gefasst. Er gehört zu den Menschen,
die weder Nachfragen noch Zuhörsignale brauchen, um im
Redefluss zu bleiben, aber er möchte, dass man ihn während
seiner Ausführungen ansieht. Sobald ich woanders hinschaue,
sagt er *Hallo!*, um sich meiner Konzentration zu vergewissern.
Selber zuhören möchte er eher nicht.

»Wir sind damals oft rübergeschwommen.«

»Über die Elbe?«

»Was denkst du denn? Musstest nur die Tide im Auge
behalten, manchmal ist man ordentlich abgetrieben. In Blankenese reingehüpft und bei Hanskalbsand wieder raus. Vorher
ein paar Bier, dann ging's leichter.«

Handwerker und Seemannsgarn sind eine tückische Mi-
schung. Auf der Elbe sind nicht erst seit gestern Ozeandamp-

fer unterwegs. Im Fahrwasser wird alles untergepflügt, was im Schneckentempo herumdümpelt. Da kann man noch so gut schwimmen. Ich versuche seine Ausführungen irgendwie auf das Thema Wohnwagen zu lenken, um Informationen aufzuschnappen, denn schließlich verfügt Herr Glamas in diesem Metier über jahrzehntelange Erfahrungen, habe ich mir von Ute sagen lassen. Er macht angeblich seit Kriegsende (oder seit Beginn der Wirtschaftswunderzeiten) die Gasprüfungen auf dem Hamburger Volksfest, dem Dom, und beim Alstervergnügen, was mich schwer beeindruckt. Er muss unzählige Schausteller kennen, in den schönsten Wagen gewesen sein und manches Abenteuer erlebt haben. Selbstverständlich wohnt er selbst in einem Wagen, betont er, allerdings auf einem ordentlichen Platz. Mit Strom und Wasseranschluss und einer richtigen Toilette in der Nasszelle.

Mein Rex besteht die Gasprüfung mit Bravour. Alle Leitungen sind dicht. Er bekommt einen Aufkleber über der Rückleuchte, der wegen der Schmutzschicht zunächst nicht haften will. Ich staune, als Herr Glamas gewissenhafte Eintragungen auf einer *Prüfbescheinigung nach DVGW Arbeitsblatt 607* vornimmt.

»Wie soll der heißen? Rex? Nie gehört. Woher weißte das denn?«

»Es steht auf einer Plakette, zwar ein wenig verblasst, aber ich habe sogar eine Fahrzeugnummer gefunden.«

Herr Glamas mustert das Schild und setzt seine Brille fester auf die Nase.

»Aus Henstedt-Ulzburg! Seltsam! Na ja, hat 'ne Nummer. Wird schon richtig sein. Rex.«

Mit Stempel und Unterschrift versehen überreicht er mir das mehrseitige Dokument, bei dem es laut Untertitel um *Flüssiggasanlagen in bewohnbaren Freizeitfahrzeugen und zu*

Wohnzwecken in anderen Straßenfahrzeugen geht. Ich nehme es mit Stolz entgegen und suche nach einem Ehrenplatz.

»Musste aufbewahren. Kann vielleicht mal einer nach fragen. Obwohl, bei euren neuen Betreibern sieht es nicht danach aus! Wo kommen die überhaupt her?«

»Aus Holland und Hessen.«

»Der Lockenkopf?«

»Er ist hessischer Türke oder türkischer Hesse.«

»Ist ja auch egal. Die Gasflasche vom Vorbesitzer ist übrigens fast leer. Wirste nicht mehr lange Freude dran haben. Muss dein Mann dir mal 'ne neue hertragen.«

»Woran merkt man, wenn das Gas bald ausgeht?«

»Erfahrung!«

»Und wie lange reicht eine Flasche?«

»Kommt drauf an. Musste ausprobieren. Wenn ihr nicht damit heizt, ziemlich lange.«

»Alles klar!«

Wenig später liegt Herr Glamas quer vor dem Kühlschrank, spricht von einem Sichtfenster im unteren Fach, das ich aufgrund seiner Leibesfülle nicht entdecken kann, und zeigt mir den Kniff, um das Monstrum mittels eines Zünders in Gang zu setzen. Ich begreife es auf Anhieb und sammle Punkte. Handwerkern gehört meine Sympathie, patenten Männern mit Schwielen an den Händen und dem Herz auf dem rechten Fleck. So jemanden will ich nicht enttäuschen. Als Herr Glamas auf das Dach klettern will, mache ich mir Sorgen. Er muss mindestens siebzig sein. Aber spätestens, als er eine Leiter mit einem einzigen Ruck unter Utes Wohnwagen hervorzerrt und sie gekonnt an den Rex lehnt, sind meine Bedenken verflogen.

»Ich besorg dir 'ne neue Luke. Kostet um die hundertzwanzig Euro. Bringe ich dir nächstes Wochenende vorbei. Hab die Woche noch auf dem Dom zu tun.«

»Was halten Sie von meinem Rex?«

»Na ja, kommt drauf an. Steht ein wenig hoch. Elende Kletterei bei dir. Was haste denn bezahlt?«

Er hat kein Auge für meine Verschönerungen. Den leuchtenden Saristoffen gönnt er keinen Blick. Den Perlenvorhang hält er sicher für Firlefanz.

»Wo haste denn die ganzen Türen gelassen?«

»Alle rausgerissen.«

»Kannst doch nix mehr abteilen. Wenn de mit deinem Mann mal allein im Schlafzimmer sein willst, was machste dann?«

»Hat sich vorerst erledigt.«

Herr Glamas schreibt eine Rechnung oder besser gesagt, er notiert mit spitzen Buchstaben kaum lesbare Anmerkungen und Zahlen, die aussehen, als stammten sie aus einer anderen Zeit und einer anderen Welt. Sein *Dokument* ist ein Zettel aus seinem Notizblock.

Als ich die wichtigen Unterlagen in einem Karton ablege, der alle Papiere enthält, die ich im Rex gefunden habe, fällt mir eine Quittung in die Hände. Die Schrift kommt mir bekannt vor. 1 Gasprüfung am 19.6.1993 für 45 DM. Mit Stempel und Unterschrift von Horst Glamas. Das ist eine Weile her.

Die erste Nacht

Endlich! Die Technik funktioniert, das Bett ist provisorisch gerichtet und der Kühlschrank gefüllt. Ohne Zwischentüren kommt die wahre Größe des Wohnwagens zum Vorschein. Ein geräumiges Familienmodell. Meine Schlafecke gleich neben der Eingangstür hat die gleichen Maße wie mein heimisches Bett. Theoretisch kann das Gemach auch zu einer Sitzecke umfunktioniert werden, aber mein Bett ist ein Bett und soll auch immer eines bleiben. Sonnenstrahlen tauchen die Überdecke in ein warmes Licht. Ob die volle Breite der Liegestatt wohl jemals zum Einsatz kommt? Auf der anderen Rex-Seite gibt es eine Rundsitzecke mit einer ähnlichen Konstruktion. Auch die werde ich so nicht nutzen. Die seitlichen Sitzbänke reichen auch ohne Umbau für zwei Gästebetten aus. Den Tisch kann ich draußen viel besser gebrauchen. Zugegeben, das Ganze hat einen unfertigen Charakter, aber alles wird sich finden.

Aus dem Zaun, der den Campingplatz umgrenzt, hebe ich ein Teilstück heraus und stelle es zur Seite. So stört nichts mehr den freien Blick auf die Elbe, wenn ich bei geöffneter Tür in den Federn liege. Immer wieder lege ich mich in die kuschelige Ecke.

Während ich den Ausblick genieße, denke ich daran, wie hier erst kürzlich der schönste Tatort-Kommissar Deutschlands einen Fall löste. Der verdeckte Ermittler Cenk Batu, gespielt von Mehmet Kurtulus, war einfach umwerfend. Ich hatte mich schon bei ›Kurz und schmerzlos‹ des Regisseurs

Fatih Akin in ihn verguckt, aber der Schöne hat sich dann in Désirée Nosbusch verliebt. Dieser gemeine Kerl, aber inzwischen habe ich ihm verziehen. Er ist so verdammt attraktiv! So schön männlich, so schön kantig. So cool! Im Gegensatz zu Fatih Akin und einigen Hauptdarstellern seiner Filme habe ich ihn leider noch nie live gesehen. Während die anderen dauernd durch Altona laufen, gibt es keine Spur von Mehmet, der sich in L. A. mit Désirée vergnügt. Als er eines Sonntagabends im ›Tatort‹ auftauchte, waren meine Freundin Judy und ich bestens gewappnet: Flips lagen zum Knabbern bereit, die Telefone waren ausgestellt, aber ohnehin würde jeder halbwegs Vernünftige es vermeiden uns anzurufen oder uns gar spontan zwischen 20.15 und 21.45 zu besuchen. Schweigend folgten wir der Handlung von ›Auf der Sonnenseite‹, erkannten beinahe alle Gebäude und Straßen, deckten im Geiste Fahrtroutenfehler auf und ermittelten lautlos: bloß nichts verpassen, bloß nichts verquatschen, alles schön ruhig, nicht den Faden verlieren. Doch dann brüllte ich los:

»Da! Da! Der Wohnwagen von Ute!«

Judy fiel fast vom Sofa.

»Das ist Utes Platz!«

»Schrei doch nicht so! Welche Ute? Wann ist die denn aufgetaucht?«

»Ute vom Campingplatz.«

»Psst! Jetzt sei doch mal still. Ich weiß überhaupt nicht, was los ist. Ute? Die Freundin von dem Opfer? Die heißt doch ganz anders.«

»Doch nicht im Film! In echt.«

Eine entscheidende Szene trug sich vor dem Wohnwagen von Ute und Carlos zu. Ich kam aus dem Staunen nicht mehr raus. Mehmet stolzierte über den Strand! Über *meinen* Strand.

»Mein Campingplatz! Da! An der Stelle steht jetzt der Rex«, rief ich und zeigte mit dem Finger auf den Bildschirm.

Ich grinse über die Erinnerung. Jetzt sieht es hier ein wenig anders aus, die Sonne ist untergegangen und von Strandspaziergängern und Ermittlern keine Spur.

Am späten Nachmittag werde ich langsam nervös. Die erste Nacht steht bevor. Als es dämmert, mache ich ein Feuer. Es ist eine Weile her, seit ich das letzte Mal ein Feuer entfacht habe, aber es ist ähnlich wie mit dem Radfahren. Verlernt man nicht. Allerdings ist dieses Radeln mit einer Plattfußtour zu vergleichen. Es mangelt an Anmachholz, und was ich an Ästen und handlichen Stämmen gesammelt habe, ist ziemlich feucht. Während ich den Flammen Luft zufächle, grüble ich über trockenen Nachschub. Der Hang liegt voller Totholz, aber ich bin nur ein einsames Mädchen ohne Säge und Beil. Ich schenke mir ein Gläschen Wein ein und setze mich auf die Klappbank mit den verschlissenen Kissen. Aus der heimischen Wohnung habe ich eine Decke mitgebracht, um die Blessuren zu verbergen. Sie erinnert an einen Gol-Bol-Bol, einen persischen Blumen-Nachtigallen-Teppich in Blau und Rosa. Mit diesem Umhang ist die Bank richtig hübsch und erstaunlich bequem.

Der Qualm brennt in meinen Augen, und der Wind dreht sich immer genau in die Richtung, in die ich die Bank stelle. Jede Brise hat es auf mich abgesehen. *Der Rauch ist in dich verliebt,* hatte ich bei einem Lagerfeuer am Kaspischen Meer gesagt bekommen. Wenigstens der Rauch, denke ich.

Als es dunkel wird, frage ich mich, ob ich Angst habe. Ganz ehrlich, ohne falschen Mut! *Hast du eigentlich Angst?* Nein, lautet die klare Antwort. Tablarhythmen meines Nachbarn vertreiben auch entfernte Gedanken an Gefahr. Der Trommler wird mir sicher zu Hilfe eilen. Spätestens wenn ich ihn auf Persisch rufe.

»Hallo! Überraschung! Besuch!«
Ich fahre zusammen.

»Habe ich mir doch gedacht, dass du es nicht länger aus-
hältst. Willst du wirklich hier übernachten?«, will Freddy
wissen.

»Hast du mich aber erschreckt!«, sage ich. Mein Herz klopft
bis zum Hals. Als Großstädterin bin ich keine nächtlichen
Besucher gewohnt, die unverhofft aus der Finsternis auftauchen.

»Tut mir leid. Das wollte ich nicht. Zu Hause war es langweilig, das Wetter ist nicht schlecht, und da habe ich mich
aufs Rad geschwungen, um zu sehen, wie es hier unten so ist.
Wie geht es dir?«

»Bin ein wenig aufgeregt. Ich hole dir ein Glas.«

»Warte. Ich habe dir was mitgebracht.«

Aus seinem Rucksack zaubert er ein Beil, und ich falle ihm
um den Hals.

Es geht doch nichts über einen treuen Freund! Und einen
Rex natürlich! Seitdem ich vor wenigen Wochen während
Freddys Mittagspause in der Kantine über meinen Liebeskummer geheult und gejammert habe, kümmert er sich rührend
um mich. Am Wochenende hat er bereits die Drehstützen ausgefahren und sich als mein ganz persönlicher Akkuschrauber
betätigt, und zwar mit einem Kreuzschlitzschraubendreher im
Handbetrieb. So was nenne ich Freundschaft.

»Was machen die Stützböcke?«

»Stützen eins a! Hast du super hingekriegt.«

Als es kühler wird und das feuchte Holz uns kein Vergnügen bereitet, ziehen wir um in den Rex. Der Gute ist so
aufgehübscht, dass es eine wahre Freude ist, sich darin auf-
zuhalten. Die Gaslampe zischelt und gibt ein prima Licht.
Wir setzen uns auf die Eckbank und schauen durchs Fenster
auf die Elbe.

»Soll ich dir schnell was zu essen machen? Bratkartoffeln in
die Pfanne hauen?«

»Keine Sorge, hab schon was gegessen.«

»Vielleicht ein Stückchen Schokolade?«

Ich habe es mir zur Aufgabe gemacht, Freddy aufzupäppeln. Sein eigener Liebeskummer hat an ihm genagt und ihm die Figur eines Langstreckenläufers kurz nach einem Ultramarathon beschert. Der Body eines Triathleten wird ihm sicher besser stehen. Aber dafür muss er essen, essen und noch mal essen, wogegen er sich viel zu oft sträubt. Er ist einfach zu dünn, fast ausgezehrt, und es bereitet mir ein gewisses Vergnügen, ihn mit Ratschlägen zu nerven. Zu gern würde ich ihm die Funktionalität meines Gasherdes vorführen. Drei Flammen, zwei davon tipptopp! Außerdem kommen ab und an meine Jahre auf dem Puddinggymnasium in Bremerhaven an die Oberfläche, wo ich mein Abitur mit dem Hauptfach »Technologie der Hauswirtschaft« gemacht habe. Vielleicht hätte aus mir auch eine Ernährungsberaterin werden können. Aber dafür muss man leider rechnen können.

Nach einer Weile fährt ein Lastkahn vorbei, dann zwei Kümos, zwei Küstenmotorschiffe, und dann sogar ein Containerriese. Erstaunlich, dass diese Giganten aus Stahl trotz ihrer funktionalen Hässlichkeit eine Anziehung ausüben. Weit entfernt von der Eleganz eines Frachters früherer Zeit, provozieren sie trotz ihrer zweckmäßigen Charmelosigkeit eine Gänsehautmischung aus Fernweh, Abenteuerlust und Gefahr. Welchen Hafen mögen sie ansteuern, welchen Stürmen trotzen und welche Kaventsmänner bezwingen?

»Du riechst gut durchgeräuchert«, sage ich und schnuppere an Freddys Schulter.

»Du auch, der Qualm hat sich in deinen Haaren verfangen.«

»Das kann dir ja nicht passieren.«

»Haha.«

Auf der Kunststoffscheibe sammelt sich Kondenswasser

und bildet Tropfen, in denen die Schiffsbeleuchtungen glitzern. Wie so oft kommen wir ins Quatschen über unsere sportlichen Heldentaten vergangener und zukünftiger Zeiten. Nebeneinander auf der Eckbank mit Blick auf den nächtlichen Strand geht es noch besser als sonst. Wir sind Gleichgesinnte, die nie genug bekommen von träumerischen Sportzielen. Der letzte und der nächste Wettkampf bieten endlosen Gesprächsstoff. Ein Marathon mag aus 42,195 Kilometern Distanz bestehen, für deren Bewältigung das Gros der Läufer um die vier Stunden benötigt. Dazu kommen Tausende von Trainingskilometern, die sich auf Wochen und Monate der eigenen Lebenszeit summieren. Aber wer hat jemals die Stunden, Tage, Wochen oder Monate gemessen, die Marathonis im Verbalaustausch mit anderen Läufern verbringen? Mir scheint es so, als werde jeder einzelne der geschätzten fünfunddreißigtausend Schritte, die in einem Marathon stecken, mit jeweils fünfunddreißig Worten vorab und nachträglich analysiert, hypothetisiert, ausgeschmückt und verklärt. Trotz unserer markigen Sprüche in Rex' Stube, *Ich greife nächstes Jahr wieder an! Den schnappe ich mir! Ich werde Wattkönigin! Der Pokal ist unser!* und anderer lauwarmer bis heißer Luft, die über unsere Lippen kommt, lassen wir das Fenster nicht aus den Augen, stets erpicht auf Schiffsverkehr.

Als sich etwas Gewaltiges vor die Scheibe schiebt, verstummen wir abrupt. Wie in Zeitlupe gleitet ein Hochhaus in Festbeleuchtung vorbei.

»Das ist doch wohl nicht etwa …?«, stammle ich.

»Wer?«

»Die Queen!«

Ich stürze aus dem Rex.

»Die Queen! Ich werd verrückt! Wusstest du etwa, dass sie heute einläuft? Bist du deshalb gekommen?«

»Nein, ich hatte keine Ahnung.«

»Nicht zu fassen. Das hat man davon, wenn man zwei Tage keine Zeitung liest.«

Ohne große Worte greifen wir uns die Bank und stellen sie auf den Strand, prosten uns zu und strahlen vor Glück. Die Queen zieht an uns vorbei, lautlos, unwirklich und gigantisch. Wir atmen tief durch und schauen der Königin nach, als sich ihr Heck an Blankenese vorbeischiebt und jedem zu verstehen gibt: Dieser Fluss gehört heute Abend ganz allein mir!

»Das geht ja gut los«, triumphiere ich und werte die Einfahrt der Queen Mary II, eines der längsten Passagierschiffe der Welt, als gutes Omen für meine Zukunft als Dauercamperin. Die Queen sorgt regelmäßig für Euphorie, fast schon für Hysterie, von der ich angesteckt wurde. Wenn ich ehrlich bin, dann war es sogar die Königin höchstpersönlich, die mich zur Camperin vor den Toren der Stadt machte. Im Jahr zuvor bin ich zum ersten Mal mit einem Zelt auf den Platz gekommen, um die Königin der Meere im Morgengrauen einlaufen zu sehen, fernab der Zuschauermassen im Hafengebiet, nur mit einigen Frühaufstehern am Strand. An jenem Tag bin ich vom schönsten Schiffshorn der nördlichen Hemisphäre geweckt worden. Ein Klang, der beim Hinausschälen aus dem Zelt wohlig in meinem Bauch widerhallte. Die Queen war in warmes Morgenlicht getaucht und glitt fast unwirklich vorbei. Ihr schwarzer Rumpf erinnert an die unselige Titanic und unterscheidet sich wohltuend von den weißen Klötzen, die üblicherweise gut betuchte und betagte Passagiere über die Weltmeere schippern, um sie auf bezaubernden Inseln und in pittoresken Städten abzuladen. Der morgendliche Begrüßungsruf der Königin hatte eine Gänsehaut über meinen Rücken laufen lassen. Beim anschließenden Strandspaziergang war mein Entschluss geboren. Ich wollte Dauercamperin werden und dieses Plätzchen mein zweites Zuhause nennen, wollte täglich Schiffe vorbeigleiten sehen und kein Mauerwerk mehr um mich haben. Doch da wusste ich noch nichts von einem Aufnahmestopp, Wartelisten, bürokratischen Hürden und gravierenden Umwälzungen auf dem Campingplatz. Beharrlich habe ich mich sogar im Winter bei den Betreibern per E-Mail in Erinnerung gerufen. Vergeblich! Ich habe einsamen Winterspaziergängern und Hundehaltern aus der Nachbarschaft aufgelauert, um sie nach Neuigkeiten über den Platz auszufragen. Die Gerüchteküche brodelte. *Der Platz wird aufgegeben! Die Betreiber sind über alle Berge! Der Naturschutz untersagt das Campen! Alles ist aus!*

Als ich in diesem Frühsommer erneut einige Tage zeltete und von den alten Pächtern nichts zu sehen war, gab ich jede Hoffnung auf.

Doch schon nach dem ersten Plausch und einem Cappuccino mit den neuen Pächtern witterte ich eine zweite Chance. Hier wehte ganz offenbar ein frischer Wind, der neben indischer Musik auch bekannte kräuterähnliche Düfte auf die Terrasse trug. Vorbei die Zeit des schnöden Camperambientes im reduzierten Biederlook. Zimt, Amber und manch aphrodisierende Note versüßten die Zeit des Müßiggangs an der Elbe. Einer der neuen Betreiber fiel durch seine wallende Mähne und ein freundliches Lächeln auf. Er wirkte trotz seines akzentfreien Hessischs eindeutig orientalisch. Genüsslich drehte er sich eine Zigarette und bot auch mir seinen Tabak an. Wie sich herausstellte, war sein Geschäftspartner ein Mann mit modischem Kapitän-Ahab-Bart, der es spielend mit Gregory Peck aufnehmen konnte und an einem PC hinterm Tresen saß. Sein holländischer Akzent rückte ihn seltsamerweise noch näher an den Hollywoodstar heran. Hier wollte ich mehr denn je den Sommer verbringen. Die indisch angehauchte Easy-Living-Goa-Fraktion war ganz nach meinem Geschmack, und offenbar lieferte auch ich ihnen gute Gründe, mir tatsächlich einen Stellplatz zu geben.

»Dankeschön!«, flüstere ich der Queen hinterher und Freddy schaut mich fragend an. Die Königin hat mich zum König, zu meinem Rex, geführt, aber das weiß er noch nicht.

Wie ein schwimmender Berg verschwindet Mary die Zweite in Richtung Hafen. Sie hat es gut im Vergleich zu ihrer Vorgängerin, die fest vertäut ein Dasein als Hotelschiff fristen muss. Immerhin in Kalifornien. Dankenswerterweise hat die junge Königin das Schiffshorn der alten übernommen. Heute Nacht bleibt es still, aber morgen kommt sie bestimmt zurück und wird ihr Typhon als Gruß an Blankenese tönen lassen.

Freddy und ich fachsimpeln über Schiffsgiganten als Dreckschleudern und Ökodesaster, lassen uns aber davon nicht die Laune verderben. Wie alle Menschen, die beruflich mit Katastrophen zu tun haben, legt Freddy eine pragmatische Weltsicht an den Tag und bringt trotz schlechter Nachrichten keinen Trübsinn auf die Klappbank. Die Blumen-Nachtigallen-Decke ist so groß, dass man die Ecken sogar noch über die Beine schlagen und sich einkuscheln kann.

»Die Queen lässt im Hafen ihre Motoren laufen, und zwar mit Schweröl, wie alle anderen Schiffe auch. Das ist ein ziemlicher Alptraum. Solch ein Schiff pustet so viel Dreck in die Luft wie fünfzigtausend Autos«, sagt Freddy, der in mir für sein Lieblingsthema *Energieverschwendung und Umweltprobleme* eine aufmerksame Zuhörerin findet.

»Mir wird langsam kalt. Ich mache mich auf den Heimweg«, sagt er, als der Wein zur Neige geht.

»Auf der Queen hätte man jetzt eine warme Stube.«

»Im Rex doch sicher auch, oder?«

»Klar, möchtest du hierbleiben?«

»So war das nicht gemeint. Nein, nein, es ist deine erste Nacht mit ihm. Und du kennst mich doch! Frühaufsteher! Um sieben sitze ich schon wieder im Büro.«

»Na, dann mal los. Gute Fahrt und gute Nacht!«

Nun wird es ernst. Die Tür bleibt offen stehen, und ich mummle mich ins Federbett. Dann lausche ich in die Nacht und schon bald lässt mich eine unwirkliche Stille an meiner Hörfähigkeit zweifeln.

Der erste Morgen

Als ich die Augen öffne, sehe ich einen Fasan vorbeistolzieren. Vorsichtig richte ich mich auf, ein seltsames Licht taucht den Platz in eine Märchenwelt. Ich reibe mir die Augen. Von der Elbe ist nichts zu sehen. Und was sind das für Geräusche? Ich steige aus dem Bett, ziehe mir eine Jacke über und gehe schlaftrunken an den Strand. Unter meinen nackten Füßen knirscht der Sand. Aus dem Morgennebel tauchen zwei Reiter in vollem Galopp auf. Es ist Ebbe und sie reiten über den festen Untergrund zwischen den Buhnen. Die Hufe und das Schnauben der Rösser erzeugen archaisch anmutende Töne. Ich bin wach, ganz eindeutig, und der Anblick ist kein Traum. Im nächsten Moment ist von den Märchengestalten nichts mehr zu sehen. Ross und Reiter samt rhythmischem Getrampel verschluckt der Dunst.

Wenn ich mir vorstelle, dass vor meiner heimischen Wohnungstür um diese frühe Stunde den letzten Nachtschwärmern halbleere Bierflaschen aus den Händen fallen, dann bin ich glücklich, nicht auf St. Pauli, sondern hier zu sein. Ich fühle mich angekommen und könnte vor Begeisterung schreien. Als ich mich in Richtung Rex umdrehe, der den bewaldeten Hang wie einen Wall im Rücken hat, ist meine Entzückung perfekt. Ein strahlender Himmel krönt den Anblick. Die Grenze zwischen undurchdringlichem Frühnebel und klarem Sommermorgen verläuft genau dort, wo ich stehe. Blitzschnell drehe ich mich wieder zurück. Grauschleier! Das andere Elbufer ist nicht einmal zu erahnen. Selbst von der Wasserkante ist hier nichts zu sehen. Schon ertönt ein Nebelhorn. »Schön, schön, schön!«, schreie ich los, »weiter so!« Ich renne auf die Buhne, dorthin, wo am Ende eine Bake den Booten als Markierung dient.

Die Sicht beträgt keine zwanzig Meter. Wieder ertönt das Nebelhorn und geht mir durch Mark und Bein. Irgendwo da draußen fährt ein Schiff vorbei. Die Szenerie könnte nicht unwirklicher sein. Niemand wird mir Glauben schenken. Ich laufe zum Rex und versuche mich an Beweisfotos.

Mein neues Zuhause beschenkt mich so großzügig, dass ich vor lauter Rührung einen Knicks mache und meinen Kopf neige. Wenn ich jetzt noch einen weiten Rock trüge! *Danke!*, flüstere ich.

Was will dieser Morgen mir sagen? Eine Frage, die ich mir normalerweise nie stellen würde. Ich gehöre weder zur spirituellen Fraktion, noch habe ich etwas für Hokuspokus übrig. Aber dieser Anblick!

Als ich später zur Espressokanne greife und die Flamme anzünde, fällt mir auf, dass ich diesen Zeitpunkt in der heimischen Wohnung immer für einen kurzen Badbesuch nutze. Mangels Bad erübrigt sich dieser Gang jedoch. Der öffentliche Waschraum ist definitiv zu weit entfernt. Der Espresso hätte sich bis zu meiner Rückkehr in eine teerähnliche Masse verwandelt. Erst nach dem Frühstück werde ich aufs Rad steigen und unter die Dusche springen. Rex verfügt über eine sogenannte Nasszelle. Ein schauriges Etwas, dem ich zunächst die Tür entrissen und stattdessen einen glitzernden Sari aufgehängt habe. In der Zelle gibt es eine Vorrichtung, die unter der Bezeichnung »Waschbecken« firmiert. Aber es existiert kein Wasseranschluss.

Ach, was ist schon eine Morgendusche gegen Morgenreiter, Frühnebel und einen perfekten Kaffee am Strand?

Ein Rudel Windhunde jagt vorbei. Was stellt man nur mit

sechs von diesen Klappergestellen an? Eine Frau ruft den ge-
ölten Blitzen Kommandos hinterher, die ungehört im sich
auflösenden Morgennebel verhallen. Beim Anblick der feder-
leichten Vierbeiner bekommt das Wort *Magersucht* ein neues
Abbild. Weitere exotische Hunde samt Halterinnen tauchen
auf. Eine von ihnen scheint eine professionelle Dogwalkerin zu
sein, denn ihre Gefolgschaft überschreitet diverse Rassengren-
zen. Die Frau lächelt, und ich grüße. Es soll die erste von vielen
morgendlichen Begegnungen im Hang und am Strand sein.

Den Nachmittag verbringe ich in der Hängematte. Das
gute Stück habe ich vor einigen Jahren an einer Straßenecke
in Manaus entdeckt. Es sei eine Matrimonio-Hängematte,
also eine für Ehepaare, gab der Verkäufer mir zu verstehen.
Das brauche man natürlich nicht wörtlich zu nehmen, war
seinen Gesten zu entnehmen. Beinahe landete ich bei einer praktischen Verkäufer-und-Kundin-in-Hängematte-De-
monstration. Den unkomplizierten Umgang zwischen den
Geschlechtern am Amazonas hatte ich zu jenem Zeitpunkt
bereits mehrfach zu spüren bekommen. Später fragte ich meine brasilianische Freundin und Protagonistin unseres Buches
›Amazonaskind‹ nach den komfortabelsten Liegepositionen
in einer Hängematte für eine entspannte Nacht zu zweit. Jede
Art von Wissen kann irgendwann mal nützlich sein! Und
kaum eine Woche danach hat sich der Kapitän des Flussdampf-
fers Clivia irgendwo auf halber Strecke zwischen Manaus im
Zentrum Amazoniens und Belem an der Atlantikküste zu mir
in die Matrimonio gelegt. Ein wenig verunsichert von so viel
unverhoffter Tuchfühlung in der Mittagspause, beziehungs-
weise von nackter Haut an nackter Haut bei dreißig Grad
im Schatten, unter den Augen diverser Passagiere, verbuchte
ich sein Verhalten im Ordner *andere Länder, andere Sitten.*
Wenn der Kapitän doch wenigstens eine halbwegs vollständige Zahnreihe gehabt hätte!

Jedenfalls liege ich nun allein in meiner Hängematte zwischen einem Weidenbaum und einer Sommerlinde, mit Blick auf das ungeschönte Hinterteil von Rex. Die Häkelfransen schaukeln im Luftzug, und ich schwelge in Erinnerungen an einige Wochen in Brasilien. Dieses rot-weiße Schmuckstück wird für immer mein Amazoniensouvenir sein, genauso wie die Schuppen vom Pirarucu und der Feuerfächer aus Palmenblättern. Die Hängematte ist angekommen, schießt es mir plötzlich durch den Kopf. Die Hängematte gehört genau hierher! In gewisser Weise gehörte sogar das Motorschiff Clivia einmal hierher, zumindest vor langer Zeit, denn es hatte seinen Stapellauf in Hamburg, wie ein Messingschild am Steuerrad mit der Aufschrift *Hamburger Reederei R. Holtz, 1911* offenbarte. Der Kapitän aber wusste nichts über den Weg der alten Dame von der Elbe bis an den Amazonas. Ob die Kleine die Atlantiküberquerung aus eigener Kraft gemeistert hat?

Meine Gedanken kreisen um das Hier und Jetzt und das Gewesene und die Ferne. Damit lässt sich wunderbar ein Sommernachmittag verbringen. Irgendwie ist alles am richtigen Ort. Der Clivia ist bis heute ein unwürdiges Abwracken erspart geblieben. Noch immer stampft sie gegen Amazonaswellen an und hat sich tapfer einem Untergang im ruppigen Amazonasbecken bei Belem verweigert. Dort ist der Fluss wie das Meer, und die Elbe im Vergleich nur ein glucksendes Bächlein. Die schönste aller Hängematten wird von nun an am Elbstrand genutzt, und was das Allerbeste ist: Hier kann ich in aller Ruhe schaukeln und muss nicht den ganzen lieben langen Tag Samba hören! Mir geht es gut. Und Liebeskummerbauchschmerzen habe ich nur noch ein klein wenig.

Genug des Abschweifens. Um das schlechte Gewissen schon im Keim zu ersticken, habe ich vorsichtshalber den Laptop im Schoß, ihn sogar angestellt und suche pflichtschuldig nach dem Dokument, an dem ich dringend arbeiten muss. Viel zu gut kenne ich den bitteren Nachgeschmack eines schlechten Gewissens. Mag der Himmel auch noch so blau, die Sonne noch so warm und das Vogelgezwitscher noch so lieblich sein, ein schlechtes Gewissen verdirbt jeglichen Genuss daran. Es hilft nichts! Ich muss zurück zu den Aufgaben einer Autorin. Der Akku bietet zwei bis drei Stunden Saft, also bleibt keine Zeit zum Trödeln. Ich bin froh, das Manuskript weitgehend abgeschlossen zu haben. Der Text über die Lebensgeschichte eines Vietnamesen, der vor Heimweh nach Deutschland fast verrückt wird, liegt bereits bei meiner Lektorin. Es fehlt einzig das Nachwort meines Protagonisten, der mich bei unserem letzten Telefonat um Vorschläge bat. Ich stelle mir vor, wie er in diesem Moment in seiner einfachen Behausung in Saigon am altersschwachen PC sitzt und auf einige Sätze von mir wartet, die ihm bei seinen eigenen Formulierungen weiterhelfen. Zehn Monate sind vergangen, seitdem wir gemeinsam durch Vietnam gereist sind. Das ist der übliche Zeitraum für meine Manuskripte. Ich wünschte, ich hätte mehr Zeit, aber meistens wartet das nächste Projekt bereits, weil mein Konto eine dramatische Schieflage zeigt. *Leute, kauft Bücher! Verleiht sie nicht und kauft auch keine gebrauchten!* (So wie ich selber es allzu oft mache.)

Einweihungsparty

Hi, Schlatzi. Hab mich tierisch beeilt und einen Chauffeur gefunden«, sagt Yara mit atemloser Stimme hinterm Rex auftauchend. Sie hat einen Karton auf dem Arm und einen Rucksack geschultert. Ich schnappe mir einen Teil der Last und stelle die Kiste auf den Boden.

»Moin, Yara! Was heißt Chauffeur?«

»Arbeitskollege, sein ganzer Wagen ist voll. Lass uns mal schnell hin, er hat nur wenig Zeit. Erklär ich dir später. Tolle Sachen für den Rex«, sagt sie nach Luft ringend.

Wir schlagen uns durch Büsche und Sand, und an der befestigten Straße blicke ich auf ein Sammelsurium interessanter Dinge, die vor der geöffneten Heckklappe eines Kombi liegen.

»Meine Eltern haben das gestern vorbeigebracht. Du wirst staunen!«, sagt meine Freundin, und aus ihren Worten sprüht die eigene Begeisterung.

»Guck mal hier, Schlatzi, ein Dreibein, schmiedeeisern aus tiefsten Zonenzeiten, robust und raffiniert. Von den Nachbarn meiner Eltern. Nach der Wende haben sie sich doch alle den Wessi-Schnickschnack für ihre Gärten gekauft und das alte Zeug im Keller vermodern lassen.«

»Sieht super aus. Daraus können wir einen Schwenkgrill machen, aber einen richtigen, nicht so ein Baumarktteil, das gleich die Grätsche macht.«

»Sag ich doch! Warte! Kommt noch viel besser! Hier ein alter Topf aus der Tschechei, dickes Ding zum Aufhängen.«

»Wow! Dann haben wir immer warmes Wasser.«

»Ja, genau. Ist das nicht spitze?«

»Bin begeistert. Sogar mit passender Kette. Wahnsinn.«

Der Topf hat einen rundlichen Boden, einen gut schließenden Deckel und einen Bügel mit Windung zum Einhaken der Kette. Ich sehe ihn schon über dem Feuer hängen, wie in Westernfilmen.

»Meine Eltern waren happy, als ich sagte, wir haben Verwendung dafür.«

Ich komme aus dem Staunen nicht mehr raus. Weiteres Zubehör für ein Leben unter freiem Himmel taucht auf: ein Grillrost, der einige Kilo Auflage verträgt, diverse Zangen und Gabeln, altes Geschirr und Gläser, eine isolierte Picknickdecke und eine Sitzauflage im ostzonalen Blumendesign. Besser geht's nicht.

Während ich das Dreibein zusammenschraube und mich über den Handwerker freue, der es einst geschmiedet hat, hackt Yara Holz. Ihre Eltern haben Stämme aus den Schweriner Wäldern mitgebracht, von denen sie einige Brocken spaltet, weil sie heute Abend und morgen *unbedingt* noch *Feuerchen* machen will.

Zwischen Holzhacken und Feuerentzünden verwandelt Yara sich von der promovierten Chemikerin, die von internationalen Messen zu Terminen mit Patentanwälten hetzt und dabei stets schnörkellos und korrekt gekleidet ist, zur Waldprinzessin mit schmutzigen Füßen, Schlabberjeans und Kapuzenpulli. Ihr braunes Haar hat sie nachlässig zurückgesteckt, ohne dabei in den Spiegel geschaut zu haben. Sie sieht froh und erwartungsvoll aus. Kaum vorstellbar, dass sie für die Kosmetikbranche forscht. Make-up ist ihr vollkommen schnuppe, nur manchmal legt sie Lippenstift auf. In ihrer Kulturtasche herrscht Übersichtlichkeit. Nachdem sie mit wenigen Worten zusammengefasst hat, welchen *Scheiß* sie in der letzten Woche im Labor erlebt hat, schaltet sie um auf Elbe, Strand und Rex.

Ich habe das seitliche Bett für sie vorbereitet und ein Regal für ihre persönlichen Dinge freigeräumt. Bei der Gelegenheit habe ich auch gleich noch ein Plätzchen für Freddy reserviert.

Es ist Mitte August und morgen werden hier endlich Gäste bewirtet und der Wohnwagen vorgeführt. Ich fühle mich befreit und bin verliebt. Befreit vom Schreiben und verliebt in Rex. Das Nachwort ist abgegeben, ich gönne mir ein Aufatmen und werde mich gänzlich meinem *Verlobten* hingeben. Seit meiner ersten Nacht mit Rex bin ich reichlich beschenkt worden. Hier birgt jedes Aufwachen eine Überraschung. Mit schläfrigen Augen blinzle ich durch die offene Tür und bin gespannt auf den Anblick. Wird es ein Hase sein, der vor meiner Tür seine Löffel verdreht, ein Fasan, ein Rudel Windhunde oder ein Ozeandampfer? Ist Ebbe oder Flut? Letzte Nacht, als ich zum Pinkeln nach draußen musste, erschien mir der Mond über der Elbe wie ein kostbares Naturphänomen, das ich viel zu häufig verpasst habe. Bisher dachte ich immer, der schönste Mond strahle über exotischen Ländern in Äquatornähe und prachtvolle Sonnenuntergänge gebe es nur an den Ozeanen ferner Westküsten. Alles Quatsch. Auf einer Klappbank mit blau gemusterter Decke am Elbstrand hat man einen Logenplatz und Weitsicht in die wunderbare Welt der Heimat! *Heimat!?* Wie klingt das denn? Werde ich wunderlich? Liegt es am Liebeskummer? Oder gar am Alter? Egal, Hauptsache, es gefällt. Ach, ich bin mehr als zufrieden mit den letzten vier Wochen. Mein Leben ist auf den Kopf gestellt. Wie schön! Hier bin ich und hier will ich sein. Je mehr Rex, desto weniger Liebeskummer.

Bei der Einladung habe ich meinen Freunden den Standort meines *Verlobten* möglichst genau angegeben: *Unter der Sommerlinde, hinter dem Wohnwagen mit der spanischen Flagge, versteckt hinterm Staudenknöterich.*

Yara und Freddy helfen bei der Bewirtung. Wir haben

schon das letzte Wochenende gemeinsam verbracht und uns am Feuer und an Kochexperimenten erfreut. Dabei konnte auch ein kräftiger Regenguss unsere Begeisterung nicht trüben. Der Rex bot uns ausreichend Platz, um hinter beschlagenen Scheiben alles aus dem Gasherd herauszuholen und ein leckeres Menü zu zaubern. Im Laufe des Abends planten wir drei Großstädter bereits unsere vollständige Übersiedlung in ein Outdoor-Leben. Sandfreie Betten und fließend Wasser waren uns schnuppe, zumindest nach einigen Gläsern Wein und mit vollgeschlagenen Bäuchen.

»Moin! Schon jemand wach?«, höre ich Freddy hinterm Knöterich rufen.

»Moin!«, antworten Yara und ich, wie aus einem Munde. »Schon lange!«

»Könnten die Damen mal kurz anfassen? Es gibt einiges zu schleppen«, sagt unser Freund, der mit dem Auto angereist ist. Zwischen einer Kiste Bier und Vorräten an Ciabatta, Rucola und Linda festkochend, fischt er ein hübsches Päckchen hervor.

»Bitte schön! Für dich!«

»Was ist das?«

»Das wird dir gefallen, äh ... glaube ich jedenfalls. Für dich und Rex. Zur offiziellen Einweihung.«

Ich löse eine Schleife und stoße unter dem Papier auf bunte Stoffwimpel.

»Ist das etwa eine Girlande? Wow! Vielen Dank.«

Ich umarme ihn überschwänglich und sehe eine zarte Rötung über seine Wangen huschen.

Die Girlande ist wie für Rex gemacht. Freddy befestigt den Wimpel und wankt dabei bedenklich auf einem Klappstuhl, der im Sand versinkt.

Bevor die ersten Besucher auftauchen, gönnen wir uns eine

halbe Stunde am Strand. Doch die Lust auf Gästebewirtung lässt uns keine Ruhe, und so versuchen wir uns schon bald an improvisierten Tischen, die wir aus Holzböcken und alten Türen zusammenbauen.

Bald ist alles bereit.

Als mein Bruder mit großer Reisetasche eintrifft, würde ich auf die Schnelle gern noch eine Wette mit Yara eingehen. Im Geiste gebe ich Wolf fünfkommafünf Minuten, bis er mit einem Buch in der Hängematte verschwindet. Ob Yara dagegenhält? Nein, es ist zu spät für eine Wette. Schon steht Wolf vor mir, spricht einen knappen Gruß in die Runde, beschwert sich über unfähige Autofahrer und schlechte Beschilderungen und deutet auf seine Tasche mit Getränken und kulinarischen Überraschungen, um die ich mich kümmern soll. Mein Bruder ist kein Mann für ausschweifende Besichtigungen eines Wohnwagens, selbst wenn dieser Rex heißt und der eigenen Schwester gehört. Technische Details interessieren ihn genauso wenig wie ausgefallene Dekorationsbemühungen. Mit einem mobilen Heim hat er bisher keine Bekanntschaft gemacht und scheint auch nicht erpicht darauf zu sein. Es ist Wochenende und er ist einzig auf Erholung gepolt. Nichts ist ihm heiliger als Entspannungsmaßnahmen, die aus Lesen und gelegentlichen Nickerchen bestehen, bis die Lehrerpflicht am Montag wieder nach ihm ruft. Niemand nutzt den Zeitraum zwischen Freitagnachmittag und Sonntagabend sowie zwischen Ferienanfang und -ende so effektiv wie er. Niemand kann so gut zwischen beiden unterscheiden, so als lege er einen Schalter um. An! Aus! Nur ansprechen darf ich ihn nicht darauf. Er streitet dieses bewundernswerte Phänomen kategorisch ab. Ach, was soll's, denke ich. Rex und das ganze Drumherum werden ihm gefallen, auch wenn er es nicht weiter beachtet. Er ist bereits auf Autopilot gestellt und visiert die Hängematte an. Fünfkommadrei Minuten.

»Bringst du mir bitte noch mein Buch?«

Ich gieße ihm ein Gläschen seines mitgebrachten Weißweins ein, wir stoßen auf meine neueste Errungenschaft an, und er versinkt in das hundertste Buch des Jahres. Solche Leser sind der Traum der schreibenden Zunft, alle Bücher in der Erstauflage gekauft. Danke! Wie schön, dass es in dieser Welt Lehrerinnen und Lehrer gibt.

»Wenn die Gäste kommen, stehe ich auf«, sagt er, bevor die kleine Schwester Kritik an seinem Verhalten äußert. Den beiden bereits anwesenden Gästen, die seiner Meinung nach offenbar in eine andere Kategorie gehören, ist sein Verhalten vertraut. Alle grinsen, während er sanft dahinschaukelt. Ich bilde mir ein, seine Gedanken lesen zu können. *Wie ist meine Schwester nur darauf verfallen, in einem Wohnwagen an der Elbe zu campieren? Hmm, fühlt sich gut an. Schöne Aussicht. Gemütlich. Nette Leute. Hat sie sich was Tolles überlegt, aber wie ist sie nur darauf gekommen? Wie kommt man überhaupt auf so etwas? Schöne Hängematte. Wo ist die überhaupt her?*

Dass er bald zu einem der größten Rex-Fans werden und sogar als Mieter seinen Eintrag im Pachtvertrag finden wird, kann man seinem zufriedenen Lächeln noch nicht ansehen.

Wenig später müssen Mikael Blomkvist und Lisbeth Salander bereits unbeobachtet weiterermitteln. Die ›Verblendung‹ muss warten. Der Meister der Entspannung ist zur Tat geschritten und hat seine Lider geschlossen. Ich nehme mir ganz fest vor, ihn an diesem Wochenende weder zu ärgern noch mit unangenehmen Aufgaben zu behelligen. Einem Lehrer soll man Ruhe gönnen. Die Vorstellung, täglich vor unzähligen Halbwüchsigen stehen und sie im Zaum halten zu müssen, ist abschreckend und beeindruckend zugleich. Mann, bin ich froh, etwas anderes studiert zu haben.

Als Schatzi & Schatzi eintreffen, versuche ich ihren Fahrrädern im Partnerlook keine Aufmerksamkeit zu schenken.

Schatzi & Schatzi sind der Silberstreif am Horizont aller Singles und Liebesmüden, aller Verlassenen und Betrogenen. Der lebende Beweis, dass es wahre Liebe nicht nur in theoretischer, poetischer und cineastischer, sondern auch in realer und handfester Form gibt. Schatzi & Schatzi haben die Namen abgelegt, die ihre Eltern für sie ausgesucht hatten, und sich neue gegeben. Sie waren so verliebt ineinander, dass sie zufällig denselben Namen für den geliebten Partner wählten: Schatzi! Ihre Zweisamkeit zeigt allen Untröstlichen, dass es auf unserem Planeten, in unserer verdorbenen Welt, im Hier und Jetzt die wahre Liebe geben kann. Schatzi & Schatzi sind glücklich, und es scheint sie nicht einmal Mühe zu kosten. Niemals hauen sie sich gegenseitig böse Worte um die Ohren, allenfalls erklingt das *Schatzi* eine Oktave höher oder tiefer, ist der Klang ein wenig schärfer oder die hintere Silbe gedehnt.

Wie geht das? Yara und ich haben uns erst kürzlich die Köpfe darüber zerbrochen. Wir zwei Singles sehen eigentlich nicht schlecht aus, wir sind nicht die Dümmsten und dabei noch ausgesprochen sportlich, hoch dekoriert mit Medaillen und Pokalen. Wir sind weltgewandt, weit gereist und polyglott. Wir wissen, wo der Hammer hängt, wie man ein Feuer entfacht und ohne Toilettenspülung über die Runden kommt. Warum treffen wir keinen galanten Italiener, der uns den Haushalt führt und jeden Wunsch von den Lippen abliest? Die Welt ist ungerecht und Schatzi & Schatzi sind der Beweis für das eigene Scheitern. Das tut manchmal weh, dabei sollte man sich über so viel Glück pausenlos freuen. Und eigentlich mache ich das auch. Doch gelegentlich ertappe ich mich bei der (laut gestellten) Frage, ob dieses Lebenskonzept für mich geeignet wäre. Und Yara schreit mir dann immer ein NEIN ins Ohr. *Das könntest du nie! Überleg doch mal: Am Montag schon wissen, mit wem du den Freitagabend, den Samstag und*

56

den Sonntag verbringst. Jedes Wochenende, immer wieder. Und die Wochentage noch dazu. Und keine Nacht allein im Bett liegen. Ist doch furchtbar! Recht hat sie. Ich habe ganz bewusst eine Fernbeziehung geführt, Marke Seemannsbraut.

Aber nichtsdestotrotz ist es immer wieder schön, unser Vorzeigepaar zu erleben. Wir haben manchen Urlaub miteinander verbracht, Schatzi & Schatzi, Yara und ich, vor meiner letzten Beziehung, als ich ebenfalls eine längere Singlephase *genoss*. Schatzi & Schatzi leben die wahre Liebe und zahlen dafür nicht mal einen hohen Preis. Abgesehen vom Auftritt mit baugleichen Rädern, wofür sie gelegentlich angemessenen Spott ertragen müssen. Immerhin fahren sie kein Tandem und tragen unterschiedliche Kleidung. Und sie sehen sich auch (noch) nicht ähnlich.

Mein Blick wird gegen meinen Willen doch zu ihren Rädern gezogen, weil Schatzi auf seinem Gepäckträger ein XXL-Paket auf eine Weise befestigt hat, die es mit vietnamesischer Transportkunst aufnehmen kann.

»Für dich«, sagt er knapp, »soll ich hier abliefern.«

Ich bin gerührt, umarme ihn und Schatzi. Das Gewicht steigert meine Hochachtung für Schatzis Packkünste. Vielleicht ist es der findige Italiener in ihm, der diesen Transport möglich machte.

»Eine Treppe! Grandios! Danke. Und dann noch mit rutschfestem Belag. Ist die etwa selber gebaut? Ich fasse es nicht.«

Ich platziere sie sofort vor der Eingangtür. Maßarbeit! Mein Rex hat eine Treppe. Das Einsteigen erfordert keine Kletter-einlage mehr. Die erste eigene Treppe meines Lebens! Woher wusste Schatzi überhaupt …? Als ich Freddys Blick einfange, spricht dieser Bände. Hier sind behördenintern Informationen geflossen und Amtshilfe geleistet worden. Da müssen zwei Kollegen in der Kantine gefachsimpelt haben. Herausgekommen ist die schönste Wohnwagentreppe der Welt.

Schatzi ist ein handwerklicher Alleskönner. Die Überraschung ist gelungen, und ich strahle mit dem lackierten Holz um die Wette.

Schatzis Schatzi ist längst im Rex verschwunden und stößt begeisterte Ohs und Ahs aus. Eine Frau mit Geschmack, die meine Stoffe und Dekomaßnahmen zu würdigen weiß.

»Ist das nicht ein Bassetti-Überwurf?«, fragt sie.

Es gibt Frauen mit natürlichem Schick, Frauen, die niemals schlecht gekleidet oder schlecht frisiert sind. Deren Schuhe niemals schmutzig sind und deren Fingernägel immer die richtige Länge haben. Frauen, die selbst bei einer mehrtägigen Hüttenwanderung immer ein sauberes Shirt tragen und niemals stinken. Wie geht das? Und vor allem, wie geht das auf natürliche Weise? Schatzi sieht immer gut aus und nie künstlich herausgeputzt. Sie hat dieses gewisse Etwas, auf das Yara und ich manchmal neidisch blicken.

»Ja, tatsächlich, ein Bassetti. Für meinen Rex gerade gut genug. Habe ich vom Flohmarkt. Ich habe mich auf Anhieb in das Muster verguckt. Der liegt sonst auf meinem heimischen Bett.«

»Richtig schön hier.«

Gisi & Ingo zählen zu den Gästen, mit deren Erscheinen ich nicht ernsthaft rechnen konnte, weil sie meistens mit ihrem Wohnwagen unterwegs sind. Umso größer ist meine Freude, als die beiden Freizeitprofis plötzlich aus dem üppigen Buschwerk hinterm Rex zum Vorschein kommen.

Nach einem knappen Gruß überreicht Ingo mir eine silberfarbene Klebebandrolle.

»Das ist zwar kein übliches Geschenk für eine Dame, aber ganz bestimmt nicht unpassend für einen betagten Wohnwagen. Ohne solch eine Rolle fahren Gisi und ich keinen Meter.«

Das Fabrikat kommt mir bekannt vor. Hat der Rheinländer nicht die gleiche Rolle wie einen wertvollen Schatz fest in seinen Händen gehalten und mich nicht einmal in die Nähe des klebenden Wunders gelassen? Ha, jetzt habe ich meine eigene Rolle, und sie wird im Gegensatz zu seiner auch zum Einsatz kommen.

»Tausend Dank. Die kommt genau richtig. Ich habe gestern ein winziges Leck entdeckt. Müsste ich vor der Winterpause noch zukleben.«

»Das schaue ich mir später mal an.«

»Und wo gibt es dieses Wunderband?«

»Ach, eigentlich im Baumarkt, aber du kannst es auch bei Berger bestellen.«

Berger! Da ist er wieder, dieser ominöse Berger. Ingo gegenüber darf ich mich getrost als unwissend outen. Der heutige Tag wird neue Erkenntnisse bringen.

»Ich habe auch eine kleine Aufmerksamkeit für dich. Bitte schön! Die wirst du gebrauchen können«, sagt Gisi und überreicht mir eine Fußmatte aus Gummi, die hervorragend zu meiner neuen Treppe passt. Ingo inspiziert bereits die rutschfesten Stufen und fachsimpelt mit Schatzi.

»Ist das nicht die schönste Wohnwagentreppe der Welt?«, frage ich Ingo.

»Das ist ein Doppeltritt!«

»Ach so«, gebe ich kleinlaut meine Unwissenheit zu erkennen.

»Aber schön ist er auf alle Fälle. Könnte man fast neidisch werden. Wir haben einen Gitternetztritt. Gewicht sparen, verstehst du?«

»Ja, natürlich.«

G & I sind die wahren Profis unter den Campern, sie haben jahrzehntelange Erfahrung, gesammelt großteils jenseits des nördlichen Polarkreises. Ihr Leben besteht aus Wohnwagenreisen nach Skandinavien und den vorbereitenden Planungen. Sie haben ihr siebtes Lebensjahrzehnt erreicht und gehören zu den Menschen, die einem jede Angst vor dem Altern nehmen. Gisi hat mich vor Jahren zu meinem ersten Marathon geführt. Wir sind in der entscheidenden Trainingsphase Hunderte von Kilometern nebeneinander hergelaufen. Da lernt man sich kennen! Bei meinem ersten Halbmarathon hat Gisi mich auf der Zielgeraden überholt. Nie werde ich das vertraute Geräusch ihres Atems vergessen, das plötzlich von hinten auf-tauchte und mich Böses ahnen ließ. Während sie an mir vor-beizog, wurde ich gleichzeitig von Enttäuschung und Freude erfasst. Enttäuschung, weil ich nicht gegenhalten konnte, und Freude darüber, wie schnell sie mit über sechzig Jahren war. Gisi ist ein Laufvorbild für mich, und nun hoffe ich auf G & I als Campervorbilder.

»Bruni, ich finde das so toll!«, sagt meine Lauffreundin mit ihrem wunderbaren Lächeln, den Kopf ein wenig schief ge-legt, das immer gebräunte Gesicht umrahmt von ihren vollen weißen Haaren. Sie trägt den peppigsten Kurzhaarschnitt der Stadt. Mir ist schleierhaft, warum sie noch nicht als Model entdeckt worden ist. In der Werbung sieht man neuerdings ständig Best-Ager. Ihr würde nur niemand glauben, dass sie über siebzig ist.

»Ich bin total begeistert. Wie hast du diesen Platz gefun-den? Überhaupt nicht spießig und so viel Raum. Du hast ja nicht mal Nachbarn«, sagt Gisi.

»Zumindest keine, die mir auf die Pelle rücken.«

»Endlich mal junge Leute, die Freude am naturnahen Cam-pen haben, ohne diesen ganzen technischen Schnickschnack mit Fernbedienungen und Satellitenschüsseln. Wir haben vor-ne an der Kneipe geparkt. Ist der mit dem Lockenkopf hier der Chef?«

»So was Ähnliches.«

»Er war ausgesprochen zuvorkommend und hat uns genau erklärt, wo wir dich finden. Und deinen Rex hast du wirklich schön gemacht. Sogar mit einer Girlande. Und das Beste ist, dass du damit nicht fahren musst. Dann hätte ich an deiner Stelle auch alles rausgerissen«, meint sie und ich fühle mich rundum verstanden. G & I gehören zu den Menschen mit Prinzipien, die sich aus der Liebe zu den kleinen Dingen des Lebens speisen, aus einem Hang zur Einfachheit und ihren eigenen Erfahrungen. Ihr Motto lautet: *Wozu Strom, wenn es auch ohne geht. Fließend Wasser verleitet nur zur Verschwendung. Warum duschen, wenn man einen See, Fluss oder das Meer vor der Wohnwagentür hat? Ein Pott angewärmtes Wasser tut es auch. Toiletten sind etwas für Stubenhocker.*

Während weitere Gäste eintreffen, kümmert Wolf sich um den Weinausschank. Yara übernimmt die Kontrolle über das Feuer. Nur aus den Augenwinkeln sehe ich die Hingabe, mit der sie sich den Flammen widmet. Hier ist eine Gleichgesinnte am Werk. Unter diesem Aspekt habe ich meine Freundin bisher nicht wahrgenommen. Wie konnte ich auch? Feuerstellen gehörten bisher nicht zu unseren Treffpunkten, eher Kinosessel, Barhocker, Restaurantstühle oder das heimische Sofa. Ein Großstadtleben kann die wahren Leidenschaften verbergen. Ich wusste zwar, dass sie eine Naturliebhaberin ist, schließlich sind wir gemeinsam als Flachlandtirolerinnen in den Dolomiten von Hütte zu Hütte gestapft. Wir haben Gipfel, Täler, Scharten, Schultern, Geschröf, Sättel und Klettersteige bezwungen, ohne die Unterschiede exakt benennen zu können. Wir haben unter kratzigen, vom Schweiß unzähliger Füße kündenden Wolldecken geschlafen, ohne zu murren. Eiskaltes Wasser kann uns nicht schrecken. Jede einzelne Minute in den Bergen war ein Entzücken an den Naturgewalten. Aber dass Yaras Augen glänzen, ein Lächeln über ihre Mundwinkel huscht und ihre Stirn eine konzentrierte Anspannung zeigt, wenn sie Herrin über ein Feuer ist, das habe ich nicht geahnt. Yara hat zwar schmale Schultern, aber sie sind allemal breit genug, um potenzielle Feuerhelfer auf Distanz zu halten. Das ist einzig und allein ihr Reich.

Als Elke auftaucht, kann ich es kaum erwarten, sie sofort mit Rex bekannt zu machen.

»Na, Schnucki, dann zeig mal deinen *Verlobten*. Ich platz vor Neugier«, sagt sie und knutscht mir die Wange, um dann schnurstracks den Doppeltritt anzusteuern.

»Wow! Das ist ja voll die Kamasutra-Bude! Ich werd verrückt. Genial!«

Sie fegt durch den Wagen wie keine zuvor. Mit dem Kennerblick einer Camperin, die ihrem *Verlobten* in guten und schlechten Zeiten stets treu geblieben ist, inspiziert sie meinen Rex.

»Das Bett ist der Hammer! Indien lässt grüßen, sag ich nur. Läuft der Kühlschrank etwa? Ich bin platt. Was willst du mehr? Und 'ne Heizung hat der Gute auch. Karamba!«

»Die wärmt wie ein Bollerofen.«

»Gratuliere! Alles mit Gas?«

»Ja, sogar mit Prüfplakette und Zertifikat. Alles tipptopp.«

»Besser geht's nicht. Also, ich werde garantiert öfter mal vorbeikommen. Base-Camp an der Elbe kann nicht schaden. Mit meinem *Verlobten* selbstverständlich. Tschüs St. Pauli, sag ich nur. Hier gibt es alles, was man braucht. Dolce Vita vor den Toren der Großstadt.«

»Klar, komm vorbei. Aber wird dein Bulli es durch den Sand schaffen?«

»Ich hab schon mal geguckt. Weiter vorn sind Plätze mit festem Untergrund. Bis zum Rex wird es nicht gehen. Und sag mal, könnte ich nicht meine Flotte hier ankern lassen?«

»Wie meinen?«

»Na, meine beiden Kajaks. Die könnten hier schön unter den Büschen liegen. Und am Wochenende paddeln wir raus. Die Gegend erkunden, Sightseeing von der Wasserseite. Mal auf die Insel da drüben, bisschen Ornithologe spielen, was weiß ich, was da drüben los ist. Sollen wohl ordentlich Biotope wuchern.«

»Auf der Elbe paddeln?«

»Klar. Ich mach mich schlau wegen Tide, Strömungen und dem ganzen Pipapo.«

Praktisch veranlagte Frauen mit kräftigen Stimmen machen das Leben leichter. Aber gilt das auch für paddelnde Frauen auf der Elbe? In einer Nussschale zwischen den Ozeanriesen? Auch ohne ein Mäuschen mit zartem Stimmchen zu sein, möchte ich damit lieber warten. Die Saison ist schließlich nicht mehr lang. Vielleicht kann ich den Paddelausflug unauffällig auf das nächste Jahr verschieben, spekuliere ich. Vielleicht kommt mir auch das Wetter zu Hilfe. Mein Respekt vor der Elbe ist schier grenzenlos. Dezent lenke ich das Gespräch auf die Kühlleistung des Eisfachs.

Elke und ich nehmen auf der Eckbank Platz und schauen auf das Getümmel der Gäste vor dem Wohnwagen. Yara fächelt über die Flammen, als ginge es um einen Eintrag ins Guinnessbuch der Rekorde. Ich freue mich über ihren leidenschaftlichen Einsatz mit dem brasilianischen Windfächer. Hier sind offenbar alle und alles am richtigen Platz.

»Und was macht dein Liebeskummer?«

»Falsches Stichwort. Erinnere mich nicht daran.«

»Sorry! Ist es so schlimm?«

»Es wird langsam besser, die Verzweiflungsschübe kommen unregelmäßiger, und mit Rex und dem ganzen Zirkus drumherum lenke ich mich ab.«

»Hat er sich mal gemeldet?«

Ich beiße mir auf die Lippen. Verdammt. Ich will nicht

heulen. Nicht hier. Nicht jetzt. Eigentlich überhaupt nicht mehr. Schon wird mir übel, dabei habe ich mich so auf Freddys Lammfrikadellen mit Pistazien gefreut. Dieses verdammte Gefühl im Bauch. Fest und warm. Oder eher kalt? Jedenfalls übel.

»Er hat 'ne Neue.«

»Was? So schnell. Ich dachte, er hat dich so dicke geliebt.«

»Schon möglich, aber Alleinsein erträgt er nicht. Er war noch nie Single. Stell dir das mal vor! Noch nie in seinem Leben. Einer von diesen schwächelnden Männern, die immer ein Frauchen an der Seite brauchen. Das wusste ich, aber ich hatte nicht erwartet, dass dieses Schema endlos weitergeht. Weichei!«

»Und woher weißt du das mit der Neuen?«

»Habe meine Informanten.«

»Ich denke, er ist in Australien.«

»Ist er auch, aber die neue Frau hockt in seinem Heimatkaff und wartet brav.«

»Sagst du!«

»Ach, was weiß ich. Mistkerl!«

Elke drückt mich, und ich schaue über ihre Schulter hinweg zum Perlenvorhang. Was macht den Rex eigentlich zur Kamasutra-Bude?

»Und bei dir?«, frage ich.

»Ach, immer die gleiche Leier. In unserem Alter musst du dich echt abrackern, wenn du einen vernünftigen Kerl abkriegen willst. Entweder sind die verheiratet oder impotent oder sogar beides.«

»Na, denn Prost!«

Ich schenke ihr einen temperierten Riesling ein und verscheuche Gedanken an Liebeskummer und eine düstere Zukunft mit Erektionsproblemen.

Corinna, Alpha und Sindo wirken ein wenig erschöpft, als sie über den Strand gestapft kommen. Es ist nicht unbedingt die Richtung, aus der ich ihr Eintreffen erwartet habe.

»Eigentlich toll, dass man sich in einer Großstadt im Wald verlaufen kann. Der Tipp mit der spanischen Flagge auf deinem Nachbarwohnwagen war entscheidend. Die kann man gut sehen«, sagt Corinna, nachdem wir uns begrüßt haben. »Und was ist das nun wieder für ein Projekt? Dauercampen im Wohnwagen! Bei dir muss man wirklich mit allem rechnen. Zwischen Amazonas und Mekong mal eben einen Wohnwagen an der Elbe beziehen. Klasse! Echt schön hier.«

»Zwischen Vietnam und Südafrika genau genommen. Dorthin geht die nächste Reise. Mir fällt grad kein südafrikanischer Fluss ein. Sagen wir also: zwischen Saigon und Durban. Ja, der Rex ist die beste Idee seit Langem. Schau dich um! Das Paradies ist nah!«

Alpha will alles über meine Südafrikapläne wissen, aber ich interessiere mich momentan mehr für die Feuerstelle. Mühsam haben Yara und ich gestern trockenes Holz aus dem Hang herangeschleppt, und so verschwinde ich mit Alpha und Sindo in Richtung Grillplatz, wo meine Freundin über die Lohen wacht. Inzwischen hütet sie zwei Flammenherde, einen für das Grillgut und einen für die Optik und das Vergnügen.

»Wie lange habe ich kein Feuer mehr gesehen!«, sagt Alpha, und seine dunklen Augen strahlen. Er greift zum Beil und schlägt auf einen Stamm ein. Er tastet über Stämme und Äste, prüft wohl Feuchtigkeit und Feuertauglichkeit und taucht ab in die Welt der Flammen. Als ich mich den anderen Gästen zuwende, reißt er sich für einen Moment vom Feuer los und hält mich zurück.

»Und die Frau in Südafrika, über die du schreiben willst, die Frau mit Aids, ist sie …?«

»Ja, sie ist schwarz, fast so dunkel wie du, wenn du es genau wissen willst. Eine Zulu«, sage ich und lenke Alphas Blick auf die Lammspieße. Er ist ein leidenschaftlicher Fleischesser, und ich will ihn vom Thema ablenken. Es bleiben noch über zwei Monate bis zu meinem Abflug, und ich versuche die freie Zeit zu genießen. Der Übergang von einer Lebensgeschichte zur nächsten kostet mich Kraft, und ich will jetzt nur ungern darüber sprechen. Stattdessen lege ich weitere Spieße auf den Grill.

»Ist das auch kein …?«

»Nein, das ist garantiert kein Schweinefleisch. Keine Sorge, alles halal«, sage ich und nehme einen Schluck Rotwein, den Alpha, wie alle anderen alkoholischen Getränke, verschmäht. Sein kleiner Sohn, Sindo, bekommt genaue Anweisungen über den Umgang mit den Flammen, und wenig später rösten die ersten Marshmallows auf Stöcken über dem Feuer. Corinna ist wie immer auf alles vorbereitet. Der Dreijährige soll sein erstes Lagerfeuer in guter Erinnerung behalten. Sindo schaut gebannt in die Flammen. Ich dagegen bin irritiert über die seltsamen Gebilde, zu denen sich die Marshmallows formen. Appetitlich sieht das nicht aus. Kann man diese Dinger wirklich essen?

»Man kann, aber man muss nicht«, sagt Corinna mit einem Grinsen. »Heute gibt's mal kein Biozeug für den Kleinen.«

»Schön, dass ihr gekommen seid«, sage ich zu Corinna.

»Es war nicht ganz einfach, Alpha zu überzeugen. Du kennst ihn ja. Elbspaziergänge sind eigentlich nicht sein Ding. Zu wenige Ausländer. Er denkt, gleich hinter Altona hört die Welt auf, zumindest die Multikultiwelt.«

Alpha erweckt bei Fremden spontan den Eindruck, der kleine Bruder von Bob Marley zu sein.

Um mein Wohnviertel hat er jahrelang einen großen Bogen gemacht, weil in unserer Nachbarschaft mit Drogen gedealt wurde und er regelmäßig von mutmaßlichen Kunden angesprochen wurde. Außerdem hat er die Blicke und Bemerkungen selbsternannter Ordnungshüter ertragen müssen. Dabei ist dieser Mann das Gegenteil eines jointrauchenden Müßiggängers. Seine Ehefrau findet ihn gelegentlich sogar zu brav. Manchmal ärgere ich sie auch damit. *Na, was macht dein kleiner Spießer?*, frage ich sie dann. Das Vergnügen einer gemeinsam durchzechten Nacht wird sie mit ihrem Liebsten niemals teilen können. Aber wozu hat man schließlich Freundinnen?

Inzwischen hat sich mein Viertel gewandelt und andere Probleme plagen die Nachbarschaft. Hoffentlich findet Alpha keine Gründe gegen Besuche auf dem Campingplatz.

Er hat neben Yara Platz genommen, hat ein Auge auf die Grillkohle und wendet Fleischspieße und Frikadellen.

»Mein Großvater hat uns abends am Feuer immer Geschichten erzählt. Für mich war das die beste Schule des Lebens«, sagt der Westafrikaner, und sein Blick zeigt die innere Einkehr eines Mannes, der seine Vergangenheit im Herzen hütet.

Ingo beschäftigt sich derweil mit kleinen Mängeln am Rex und sucht in meiner Werkzeugkiste nach brauchbaren Hilfsmitteln. Nach dem ersten Gang gesellt sich Alpha zu ihm, und im nächsten Moment schrauben die Herren bereits gemeinsam am Heck herum. Dort habe ich vorgestern eine undichte Stelle entdeckt, kaum der Rede wert. Alpha knotet seine Rastamähne zu einem Zopf, um eine ungestörte Sicht auf das Mängelobjekt zu haben. Ich muss lachen: Der Lufthansa-Triebwerksingenieur und der pensionierte Werkzeugmacher nehmen sich meines altersschwachen Rex an. So viel professionelle Aufmerksamkeit hat er sicher noch nie bekommen. Sie improvisieren mit dem Leck und nehmen eine private TÜV-Prüfung vor.

»Es gibt ein weiteres Problem. Die Kederschiene ist am hinteren Ende ein wenig aus der Spur. Ich komme nächste Woche noch mal vorbei und befestige sie. Das ist wichtig vor dem Winter. Heute schaffe ich das nicht mehr, Gisi muss noch zu ihrem Jonglierkurs«, sagt Ingo und wischt sich die Hände an einem Putzlappen ab, den ich vorsorglich bereitgehalten habe. Handwerker lieben aufmerksame Gesten.

»Keder- was?«

Er deutet auf eine Schiene, die einmal um die Längsseite des Wohnwagens verläuft, von unten bis zur Dachkante und auf der anderen Seite wieder nach unten. Mir war sie bisher noch nicht aufgefallen.

»Für dein Vorzelt. Das fädelst du hier ein. Die Kederschiene ist eine Art Spannmechanismus. Ein Keder ist nichts anderes als die Randverstärkung einer Markise oder eines Vorzelts«, sagt er und deutet auf einen Schlitz in der Schiene. »Das ist die Führungsnut. Da hinein gehört der Kederwulst, der von der Kederfahne ummantelt ist.«

»Wie bitte?«

»Die Kante vom Vorzelt.«

»Ich will kein Vorzelt.«

»Was?« Sein Blick spricht Bände, und auch Gisi ist sofort zur Stelle.

»So ein Vorzelt ist praktisch«, sagt sie.

»Aber hässlich. Ich bin kein Vorzelttyp.«

»Was soll das heißen?«, will Gisi wissen.

»Ein Wohnwagen ist wahrlich kein Schmuckstück, aber mit Vorzelt ist das Ding noch hässlicher. Unterm Bett liegt sogar eines. Es soll angeblich ziemlich neu sein. Der Vorbesitzer war mächtig stolz darauf. Ich hab's mir nicht mal angesehen.«

Ehe ich einschreiten kann, zerren Schatzi und Freddy das Vorzelt aus dem Wohnwagen und sortieren diverses Gestänge. Sie wollen nur mal gucken, heißt es. Aber schon entfacht sich eine aufgeregte Diskussion über die Konstruktion und den Aufbau. Ich betrachte das orange-braune Ungetüm mit offener Abneigung. Solch ein Teil wird mir keinesfalls den Rex verschandeln. Never! Schlimm genug, dass andere Camper die Welt mit ihren Vorzelten vollstellen. Ich mache das nicht!

Die Männer können ihre Enttäuschung nicht verbergen. Sie wollen zur Tat schreiten und schauen wie kleine Jungs, die ihre Carrerabahn nicht aufbauen dürfen. Dabei wollen sie nur eines: das Ungetüm durch die Kederschiene ziehen. Jetzt sofort. Aber ohne mich! Ihren Argumenten, *wenn's mal regnet, wenn mal viele Gäste kommen, wenn es kalt ist,* schenke ich kein Gehör. In Selbstdiagnose attestiere ich mir eine angeborene Abneigung gegen Vorzelte. Zur Not würde ich allenfalls ein temporäres Partyzelt akzeptieren, aber niemals ein Vorzelt, das mir den freien Blick aus dem Bett auf die Elbe raubt.

Als wir das Objekt meiner Abneigung beseitigt haben, ist es Zeit für einen ausgiebigen zweiten und dritten Gang von unserem Gourmetgrill. Die Gäste machen einen zufriedenen Eindruck, und so gehe ich kurz rüber zu meinen Nachbarn Ute und Carlos, um sie auf ein Glas und einen Teller einzuladen. Ute liegt im Liegestuhl und späht durchs Fernglas auf die Elbe, während Carlos unterm Sonnenhut Schutz sucht und raucht. Ich habe ihn noch nie ohne Zigarette gesehen. Wenn sein Bärtchen ein wenig dunkler wäre, dann könnte er glatt als Salvador Dalí durchgehen. Ute hat ihr schlohweißes Haar zu einem Zopf gebunden und ist ladylike geschminkt. Genau so hatte ich sie vor einigen Wochen zum ersten Mal gesehen und über den Zaun hinweg angesprochen. Sie schien mir die Richtige zu sein, um nach einem Anbieter für einen alten Wohnwagen zu fragen. Die Vermittlung ist ihr bestens gelungen.

»Das ältere Paar mit den weißen Haaren, sind das deine Eltern?«, möchte Ute sofort wissen.

»Nein, Gisela ist eine Laufpartnerin von mir. Wir sind im selben Sportverein. Sie ist Marathonläuferin, Jahrgang 1938.«

»Genau wie ich«, sagt Ute.

»Muss ein höchst interessanter Jahrgang sein, wie ich immer wieder feststelle.«

Während Gisi in den Sechzigerjahren eine Familie gründete, ist Ute abenteuerlustig und mit blonder Mähne durch Spanien gezogen, wo sie auf Carlos stieß. So viel habe ich bei unseren wenigen Gesprächen immerhin schon erfahren. Ute findet es toll, neben einer Autorin zu campieren. Mit jedem neuen Nachbarn steige das Niveau auf dem Campingplatz, behauptet sie gern. Unsere Nachbarin zur Rechten arbeitet für das ›Zeit-Magazin‹, weiß Ute zu berichten. Früher wurde hier angeblich nur gesoffen. Holstenbier, Zigaretten, Grillen und Ehebruch gehörten zu den bevorzugten Freizeitbeschäftigungen auf dem Campingplatz. In der Kneipe wurden schon mittags die ersten Runden geschmissen. Gehwegplatten, Zäunchen und Gartenzwerge waren die Standardausrüstung. Bei Ute und Carlos sind davon nach der Renaturierung ein Miniteich in einer Plastikschüssel mit Springbrunnen und ein Flaggenmast übrig geblieben.

Außer den beiden gibt es nur wenige Dauercamper aus der alten Zeit, einen Rentner namens Walter, ebenfalls mit Flaggenmast, und einige Familien, zu denen sie jedoch keinen Kontakt haben. Alle anderen haben die Umwälzungen von einem *normalen* Platz unter *normalen* Pächtern zum *naturnahen* Camping unter *exotischen* Betreibern plus kräftiger Preissteigerung nicht mitgemacht. In der jetzigen Phase der Neusortierung ist Ute definitiv der beste Orientierungspunkt zwischen Weidenbäumen, Strand und Elbwellen. Sie liefert Geschichten am laufenden Band und knüpft damit nahtlos an ihre Vergangenheit in der Fotoredaktion der ›Hamburger Morgenpost‹ an. Prompt legt sie mir eine Ausgabe der Zeitung vor.

»Da! Guck mal, sie haben mich aufs Titelblatt gesetzt! Zur Pensionierung. Wollte ich dir doch mal zeigen.«

Königin Mutter! Jetzt regiert sie am Falkensteiner Ufer ist in fetten Lettern zu lesen.

»Wow, die Seite eins. Tolles Foto von dir.«

»Ja, da haben sie sich schön was einfallen lassen. *Königin Mutter.* Hast du den Hut gesehen?«

»Wie eine Monarchin!«

Ute liebt Katastrophengeschichten. Ohne besonderen Anlass setzt sie auch nun wieder dazu an, mir die Geschichte vom Tornado zu erzählen, der über den Platz gefegt ist und eine Schneise der Verwüstung hinterließ. Mein kurzer Einwurf, dass ich sie bereits gehört habe, hindert sie keineswegs daran, mir erneut mit Detailversessenheit den Umsturz eines Wohnwagens zu schildern, der dann mitsamt seiner verletzten Bewohnerin auf der Seite lag. Zeltstangen seien wie Wurfgeschosse durch die Gegend geflogen. Geistesgegenwärtig hatte sie ihre Kamera gezückt, um Fotos für die Zeitung zu machen, und dann den Rettungsdienst alarmiert. Die Fotos seien groß erschienen.

Von solchen Nachbarn träumt man. Carlos lässt es im Gegensatz zu seiner umtriebigen Frau eher gemütlich angehen. Er hat es in den drei Jahrzehnten seit seiner Übersiedlung von Madrid nach Hamburg bisher nicht geschafft, ein verständliches Deutsch zu lernen und erfreut uns mit spanischen Nettigkeiten. Seinem grauen Haarzopf, dem Dalíbart und den gelblichen Fingern ist der Lebemann von einst deutlich anzusehen. Gelegentliche Hustenanfälle und spanische Flüche aus seiner heiseren Kehle machen ihn keineswegs weniger interessant. Gern lädt er mich auf ein Gläschen ein und spricht über die alten, die besseren Zeiten. Ute wird es sicher nicht leicht mit ihm gehabt haben. *Caro, demasiado caro,* alles viel zu teuer, flucht er über die Preise in der Campingplatzkneipe.

Und ohne Gehwegplatten sei es unglaublich mühsam, die Campingtoilette nach vorne zu ziehen und dort zu leeren. Details zu diesem pikanten Unterfangen sind mir bisher erspart geblieben. Das Thema Campingtoilette ignoriere ich, solange es irgendwie geht.

Rendezvous mit dem Berger

Das Kribbeln auf der Kopfhaut und der erhöhte Puls machen es deutlich: Ein neuer Lebensabschnitt beginnt! Jetzt, hier in diesem Moment. Eine Woge aus Vorfreude, Entdeckerlust und Erkenntnis überrollt mich förmlich. Wie bei der ersten Skiabfahrt, den ersten hundert Metern auf Inlinern, dem Betreten einer Wohnung, deren Mietvertrag man in Aussicht hat, oder wie bei einer kulinarischen Offenbarung. Man spürt es einfach: Das Leben wird nicht mehr dasselbe sein. Die Bekanntschaft mit dem Berger-Katalog ist nicht irgendeine Bekanntschaft. Unsere erste Begegnung findet gezwungermaßen im Internet statt, denn das 550 Seiten starke Original ist zu diesem Zeitpunkt in der Campersaison hoffnungslos vergriffen.

Zunächst empfinde ich eine gewisse Abschreckung, ganz so als gehöre ich nicht hierher, als würde ich etwas Absurdes, irgendwie Unpassendes betrachten. Das Titelbild hat es wirklich in sich. Aber im Grunde genommen ist es auch nicht schlimmer als abgemagerte Mädels in Kriegsbemalung auf Modezeitschriften. Und die schaue ich mir schließlich auch an, wenn ich in einer Arztpraxis oder beim Friseur sitze. Der Berger bietet zur Begrüßung solides Spießertum: Mama, Papa, Tochter, Sohn und Hund, vornehmlich in Blond, der Hund sogar in Weiß, am gedeckten Campingtisch sitzend, der Hund wohlerzogen mit abgewandtem Blick und nur dezent lungernd, Mama schenkt Papa Kaffee ein, die Kinder albern mit einem Croissant herum. Alles ganz locker, im Gegensatz zum Familienzelt der glücklichen Familie, das wohl postiert im Hintergrund steht und stramm abgespannt ist. Okay!? Das ist also der berühmte Berger. Mit Vorurteilen kommt man hier nicht weit. Also blättere ich mit gespielter Unvoreingenommenheit vom Titel zur Seite drei, nicht ohne einen letzten Blick auf die 7/8-Hose des Papas zu werfen. Und dann noch dieser dankbare Hundeblick des männlichen Titelmodels, wohlgemerkt im richtigen Alter und ohne Haarausfall. Abschreckend wirkt es schon. Wer erzählt den Männern eigentlich, sie müssten jetzt 7/8-Hosen tragen? Ach, lassen wir das. Ich bin schließlich am Campingsortiment und nicht an der Aufmachung interessiert.

Und das erschlägt mich förmlich. Was es in dem Werk nicht alles gibt! Eigentlich nichts, was es nicht gibt. Da muss Papa sich bei der Lektüre schon unzählige Tassen Kaffee einschenken lassen, um nur den interessantesten Teil des Katalogs – *Technik* – halbwegs unter die Lupe zu nehmen. Ha, schnell weiß ich alles über *Mover*. Kein Rheinländer wird mich je wieder mit Fernbedienungen oder Fachausdrücken aus dem Konzept bringen können. Stützböcke gibt es im praktischen Viererset. Bei Rex ist eine Stütze kurz vor dem Abknicken. Vielleicht sollte ich in der nächsten Saison alle Drehstützen durch praktische Böcke entlasten.

Beim *Haushaltsteil* wird mir schwindelig. Braucht man so etwas wirklich? Kann man nicht auch ohne klapperfreies Melamin-Geschirr – unter dem Motto »Sonntagsservice zum alltagstauglichen Preis« – glücklich sein? Wer will schon aus einem täuschend echt aussehenden Bierkrug, Sektglas, Weinglas, wahlweise für Rot- und Weißwein, oder gar aus einem Polycarbonat-Caipiglas trinken? Das klingt beim Anstoßen doch nach nichts. Nein, so etwas kommt mir nicht in den Rex! Der Berger enthält sogar eine Rubrik *Literatur.* Das Angebot ist überschaubar und beginnt mit einer praktischen Leseleuch-

te für 9,99 Euro. Eine Handvoll Campingführer über Wohn-
mobilstellplätze in Österreich und anderen exotischen Ländern füllen die erste Seite, einige Camping-Kochbücher und
ein Buch mit Kinderliedern runden das zweiseitige Programm
ab. Geradezu frivol erscheint mir das Buch ›Sex. Basiswissen
für draußen‹. Über den genauen Inhalt ist nichts zu erfahren.
Schade eigentlich. Ein weiteres Buch mit dem gewagten Titel
›How to shit in the bush‹ spricht mich zugegebenermaßen
direkt an. Die Toilette ist verdammt weit entfernt.

Was, bitte schön, macht man mit einem Dusch-Set namens
Novo Super in einem Wohnwagen? Wie duscht man überhaupt in einer Nasszelle ohne Abfluss im Boden? Irgendwie
seltsam. Das Thema *Wasser* ist ein weites Feld, hier finden sich
Raffinessen, die bei mir das Fragezeichen auf der Stirn un-
aufhaltsam wachsen lassen. Wenn ich manche Abbildungen
richtig interpretiere, dann ist der Katalog eher etwas für die
Fraktion *Rheinländer im nagelneuen Südwind mit Mover*. Dabei gibt es auch im Rex einen Wasserhahn, diverse Schläuche,
Kabel, Steckdosen und Lichtschalter, die ich allerdings zumeist entsorgt habe. Einige Leitungen führen ins Nirwana,
das irgendwo hinterm Kühlschrank und vor dem Gasflaschen-
kasten liegen muss. Mein Guter hatte sicher auch mal einen
Standort mit Energieanschlüssen.

Ich blättere und blättere, was leider nichts anderes ist, als
mit dem Finger übers Mauspad zu streichen. Das Studium
offenbart klaffende Wissenslücken in der Welt des Campens.
Das will ich alles lernen, alles wissen, alles ausprobieren. Der
erste Berger-Besuch überwältigt mich so stark, dass mir erst
lange nach dem Akkuwechsel der Laptop vom Schoß rutscht
und weich im Federbett landet. Ich träume von einem gel-
ben Sonnensegel mit Keder, Kederwulst, Kederfahne und
allen anderen notwendigen Kederangelegenheiten. Bei Berger
nennt es sich *Universaldach* und versüßt mir den Schlaf. Ich

sehe mich selbst, wie ich es ruck, zuck durch die Kederschiene ziehe. Pah, alles kein Problem, das Patent leuchtet mir auf Anhieb ein.

Yara und die Frage nach der Zeit

Mein Handy klingelt, was mir manchmal noch durch Mark und Bein geht, weil ich denke, *er* könnte es sein. Aber es ist nicht Thomas. Schon seit Monaten nicht mehr. Wohl nie wieder. Es ist Yara. Viel besser!

»Bist du beim Rex?«

»Ja, ein wunderschöner Tag. In einer Stunde ist Hochwasser und kein Touri weit und breit.«

»Ich komme runter. Soll ich was mitbringen?«

»Mit dem Auto?«

»Ja.«

»Eine Kiste Weizenbier, mit und ohne Alkohol, halbe halbe. Bisschen Vino könnte auch nicht schaden.«

»Alles klar. Bis gleich.«

Es ist Dienstagmittag. Was ist los? Sonst sehe ich Yara nur am Wochenende. Ihr Arbeitstag in einem biochemischen Labor ist lang, und während der Woche findet sie nie Zeit für Besuche beim Rex. Meinen Geschichten vom menschenleeren Strand und vollkommener Ruhe kann sie nur neidisch lauschen.

»Unser Laden ist pleite«, sagt sie und lässt sich auf die blaue Bank fallen.

»Wie jetzt?«

»Aus und vorbei. Pleite. Schotten dicht.«

Sie spricht in einem Tonfall, der überdeutlich zeigt, dass sie von der Rolle ist. Wortlos fragend halte ich die leere Espressokanne hoch. Sie nickt nicht, sondern zieht die Stirn ein wenig kraus.

»Vino?«

»Vino!«

Ein Lob auf den Kühlschrank samt Kühlmanschette, auf kluge Vorratshaltung und formschöne Gläser. Das Sonnenlicht bricht sich in dem leichten Vinho verde und bringt den Grünton zum Schimmern. Rasch reiche ich Yara ein Wasserglas, bevor ich ihr einen zweiten Grünen einschenke.

»Das ist ein Scheiß. Du glaubst es nicht.«

Bruchstückhaft kommen wir der Sache näher. Ihr Betrieb ist in Konkurs gegangen. Ein Opfer der Immobilienkrise. Wir stellen wilde Spekulationen an, wie ein biochemisches Labor auf dem platten holsteinischen Land von der amerikanischen Immobilienkrise betroffen sein kann und die Angestellten ratlos nach Hause schickt. Erst viel später überlegen wir, was es für Yara bedeutet: zunächst einmal Zeit! Eine erfreuliche Aussicht, denn wenn meiner Freundin in den letzten Jahren etwas fehlte, dann war es Zeit.

Yara bewegt sich den Rest des Tages kaum noch von der blauen Bank. Nachdem sie sich in Wald- und Wiesenklamotten geworfen hat und mit Erleichterung den Vorrat an Brennholz inspiziert, stelle ich den Kühlschrank auf volle Pulle. Das kann eine lange Nacht werden. Mit dem jeweiligen Sonnenstand wechselt sie die Ausrichtung der Bank und starrt vor sich hin. Stunden später kann ich an ihrer Körperhaltung ablesen, dass sie an der Feuerstelle verweilen wird, bis das letzte Stückchen Holz verkohlt ist.

So ruhig habe ich sie noch nie gesehen. Normalerweise kann sie richtig gut schimpfen und damit ihren Frust abladen. Ihr Jargon ist dann nur noch Nuancen vom St.-Pauli-Slang während eines wichtigen Spiels im legendären Kiez-Stadion entfernt und meilenweit von den fein akzentuierten Sätzen der promovierten Akademikerin. Frau Doktor kann richtig ablassen, *Megakacke, Volltrottel, vernatztes Ausbeutersystem, faule Säcke* und *voll 'n Rad ab* sind da eher die harmlosen Varianten. Sie schweigend zu erleben ist kein gutes Zeichen. Sie muss unter enormer Spannung stehen, gleichzeitig wirkt ihre Ruhe unglaublich entspannend auf mich. Ich versuche mir vorzustellen, welcher Mensch sie sein könnte, wenn sie nicht permanent überarbeitet die wenigen Stunden des Wochenendes genießen *müsste*, sich erholen *müsste*, sich amüsieren *müsste*, um am Montag wieder zu funktionieren und jeden Tag erst Feierabend zu machen, wenn der Abend nur noch wenige Stunden zum *Abschalten* bietet. Wer würde sie sein, wenn sie sonntags am Feuer sitzen bliebe, mit verrauchten Klamotten ins Bett fiele und am Montag ihren ersten Kaffee am Strand trinken würde anstatt in Eile beim Italiener um die Ecke. Wenn sie endlich wieder Zeit zum Laufen hätte? Der letzte Marathon liegt Jahre zurück, damals hat sie mich bei Kilometer 39 *heimlich* überholt (ohne mich zu sehen). Während ich im Zielbereich nach ihr suchte und mir Sorgen machte, trank sie bereits das erste Bier und hielt mich für die Siegerin unseres Duells. Ihr Überholmanöver ist in unserem Sportverein legendär und wird ihr gern unter die Nase gerieben. An lange Läufe ist bei ihr überhaupt nicht mehr zu denken. Wann denn auch, wenn sie abends erst um acht nach Hause kommt und am Wochenende ausschlafen will und ansonsten auch soziale Kontakte pflegt, die nichts mit Sport zu tun haben, sondern eher mit verrauchten Kneipen? Verdammt! Was wird nun? Was wird aus ihrer Reise nach Südafrika? Im Dezember will sie mich dort besuchen. Ich traue mich nicht zu fragen und lasse sie wortlos in die Flammen schauen.

Welcher Wohnwagen gehört zu wem?

Während Yara im Arbeitsamt sitzt, mache ich einen Spaziergang über den Platz. Noch lieber würde ich mich weiteren Verschönerungsmaßnahmen am Rex widmen, aber irgendwann muss auch mal Schluss sein. Die Saison ist nicht mehr lang, und schon bald müssen alle Wohnwagen ins Winterlager. Erst im neuen Jahr geht's weiter, bis dahin sollte ich Ruhe geben und mich nur noch mit theoretischen Um- und Anbauplänen beschäftigen. Ich muss mich regelrecht zwingen an der Werkzeugkiste vorbeizugehen, ohne sie zu öffnen. Liebend gern würde ich weiterbasteln. Neuerdings üben Baumärkte eine magische Anziehungskraft auf mich aus. Ich kann nur froh sein, dass der letzte Laden dieser Art in meinem Viertel geschlossen hat. Die Verlockung wäre zu groß: Dort gibt es wunderschöne Haken, die sich mithilfe meines Handbohrers (Liebe auf den ersten Blick) wunderbar in Rex' Wände schrauben lassen. An solchen Haken hängen Handtücher, Espressokannen, Tassen, Pfannen, Schöpfkellen und Regenjacken gleichermaßen gut. Gartenschläuche, Holzpaletten und Grünzeugkörbe wecken in mir Begehrlichkeiten, die ich bisher nicht kannte. Eine Säge hat mich geradezu verzückt, und auch ein Kuhfuß bietet mehr als Funktionalität. Wenn ich ein Auto hätte, wäre es um mich und mein Konto geschehen. Auf meinem Spaziergang begutachte ich andere Wohnwagen. Die Nutzung von Solarenergie ist kaum verbreitet, was wohl daran liegt, dass die meisten Camper nur am Wochenende kommen. Zwei Tage ohne Strom sind kein Problem. Was es hier zum

Glück auch nicht gibt, ist laute Musik. Nur selten höre ich leise Melodien aus einem CD-Player, vorwiegend Reggae. Am Samstagnachmittag hat jemand die Fußballbundesliga am Radio verfolgt. Mir reicht das Zwitschern der Vögel, der Wind in den Bäumen, das Rauschen des Wassers, das Kläffen vom Strand, die Rufe der Hundehalter, die fernen Geräusche von Flugzeugen, Schiffsdieseln und die Sirenen der Schiffswerft.

Ein Wohnwagen in der zweiten Reihe macht einen schrottreifen Eindruck. Die Frontscheibe fehlt, die Tür hängt in den Angeln, der »Vorplatz« wirkt wie die Lagerstätte eines Trappers, der Wichtigeres zu tun hat, als sich um das Säubern von Geschirr, Pfannen und Töpfen zu kümmern. Über einer Feuerstelle hängen ein Grillrost und ein Wasserkessel, deren Rußschicht auf regelmäßigen Gebrauch und gänzlich fehlende Reinigung schließen lassen. Metallskulpturen zeigen den Hang eines Künstlers zu weiblichen Körperformen. Leere Bier- und Weinflaschen liegen im wilden Durcheinander unter Büschen und Bäumen. Alles in allem eine eher unkonventionelle Vorgartengestaltung.

Beim Nachbarn in der ersten Reihe ist das genaue Gegenteil zu entdecken. Ein kleiner Wohnwagen der Marke Tabbert, der mindestens vier Jahrzehnte überstanden hat. Das Modell muss hergestellt worden sein, bevor Gelsenkirchner Barock in Mode kam. Der Wagen wirkt schlicht und nicht unansehnlich, aber fast schon steril im Vergleich zum Trapperlager nebenan. Davor steht eine Hollywoodschaukel, mit einer Plane gegen Regen geschützt, Gartenstühle sind zusammengeklappt im Wohnwagen gelagert.

Nirgends ist jemand zu sehen. Der Platz ist vollkommen ausgestorben.

Doch das ändert sich am Samstag schlagartig, als die Temperaturen auf über zwanzig Grad steigen. Noch bevor die Helgoland-Fähre um 9.30 Uhr vorbeirauscht, treffen die ersten Dauercamper mit Sack und Pack ein.

Yara und ich nutzen die Gelegenheit für das Erkennungsspiel *Welcher Wohnwagen gehört zu wem?* An der Elbe scheint sich heute halb St. Pauli zu treffen. Schon kurz nach Mittag wimmelt es am Strand von Totenköpfen auf schwarzen T-Shirts und anderen Emblemen der Kiezkicker. Männlein wie Weiblein zeigen Tattoos bis über beide Ohren. Neben Arschgeweihen, die aus zahlreichen Bikinihosen lugen, gibt es auch aufwändige Kunstwerke zu bestaunen, die den gesamten Rücken schmücken, mit Motiven vornehmlich aus Fernost oder der Südsee. Eine Frau mit feuerwehrroten Haaren trägt ein Herz auf dem Oberarm, wohlgemerkt in der anatomischen Ausführung mit Hohlvenen, Lungenarterien und Hauptschlagader. Zudem erfreuen Metallteile in den Gesichtern und an den Ohren den aufgeschlossenen Betrachter, dabei kommt man selbst sich durchaus nackt und leicht spießig vor. Erst auf den zweiten Blick sind auch einige Normalos auszumachen, überwiegend junge Eltern mit Kindern, die das schöne Wetter zum Strandburgenbauen nutzen. Schnell verlieren wir den Überblick, wer Camper oder nur Besucher ist. Eindeutig ist der Dauercamperstatus bei einem fülligen Nachbarn aus der ersten Reihe, der seine geschätzten hundertzwanzig Kilo zu seinem Flaggenmast quält und die Deutschlandfahne (ohne Totenkopf) hisst, was mir aufgrund der Erfahrungen während der Fußballweltmeisterschaft nichts mehr ausmacht. Ich begreife zwar immer noch nicht, wozu man dieses Stückchen Stoff in den Wind hängt, aber egal. Gegen Nachmittag erhebt sich der beleibte Mastbesitzer aus seinem Liegestuhl und hisst zusätzlich die Flagge der Elfenbeinküste.

Wenig später bekommt er auch schon Besuch von einem freundlich grüßenden Exoten, dem ich im Laufe des Tages mehrmals mein schönstes Lächeln schenke, wenn er auffallend oft und auffallend nah am Rex vorbeistolziert. Seine Herkunft ist selbst für mich ein Rätsel, wo ich doch an Bord von Flüchtlingsschiffen über Jahre in engem Kontakt zu Menschen aus über vierzig Nationen stand und dabei ein Gespür entwickeln konnte. Irgendwie arabisch, aber doch nicht eindeutig. Noch so ein Forschungsfeld. Was macht dieser lächelnde Strandläufer beim Flaggenhisser? Wie gehören die beiden zusammen, frage ich mich in der Hängematte liegend, und Yara ist sich sicher, dass ich die Antwort alsbald präsentieren werde.

Samstagnachmittag, fünfundzwanzig Grad, Sonne, angenehmer Wind, Hochwasser. Ich beschließe mich zu entspannen und die Augen zu schließen. Soll das Rätsel um den Exoten doch warten. Schwer genug mit der Entspannung, wenn man so ganz und gar keine Entspannung braucht, aber ich kann doch nicht ständig durch die Gegend rennen oder am Rex herumwerkeln. Verdammt! Warum kann ich nicht mal *nichts* tun? Und nichts denken. Aber mit geschlossenen Augen sieht man nichts! Ist doch langweilig. Ich versuche es mehrmals. Augen zu und durch! Wenigstens fünf Minuten. Nichts rätseln, nichts planen, nichts formulieren. Ich schaffe es eine Weile, bis ein besonderes Geräusch eine Welle der Erinnerung hochspült und einen irritierenden Schauer auslöst. Das Flattern von Segeln beim Wendemanöver! Ich steige aus der Hängematte. Ein Segler ist zwischen den Buhnen nah an den Strand gekommen, und das unverkennbare Killen des Vorsegels lässt mich für einen Moment selbst die Vorschoterin auf dem Boot sein. Ich beobachte die Halse und warte auf den Moment, in dem der Wind in den Spinnaker treibt, ihn aufbläht und dem Boot einen kräftigen Antrieb schenkt. Sie kommen beängstigend nah ans Ufer, aber die Zweierbesatzung ist geübt und hat ihren Spaß an dem hektischen Manöver. Beinah spüre ich die Gurte des Trapezes, als der Vorschoter das Gleichgewicht des Bootes mit wagemutigem

Baumeln über der Wasserkante ausgleicht. Wie lange habe ich nicht mehr daran gedacht? Mein Herz klopft. Eine andere Liebe. Jahrelange Nachwehen, die durch das Flattern einer Fock im Wind aus den Tiefen der Vergangenheit an die Oberfläche gespült werden. Es war an der Weser, zwischen Bremerhaven und Bremen, an einem ähnlichen Ort wie hier, mit Tidenhub, Campingplatz und endlosen Sommertagen. Ich lache und genieße das Flattern, das geglückte Halsen und meine Erinnerungen.

Zurück in der Hängematte lasse ich meine Augen lieber offen. Und da vier Augen bekanntlich mehr sehen als zwei, ergänzen Yara und ich uns mit Entdeckungen. Wir haben grandiose Aussichtsplätze, freuen uns über die Anwesenheit des bunt gemischten Völkchens auf dem Platz und bedenken es mit entsprechenden Kommentaren. Ausnahmsweise haben wir keine eigenen Besucher und hoffen, dass es so bleibt. Das erste Wochenende ohne aufwändiges Grillprogramm, Gästebelustigung und bergeweise Abwasch. *Des Campers Fluch: Regen und Besuch!* Der Spruch geht mir durch den Kopf und malt ein Dauergrinsen auf mein Gesicht. Es herrscht eine ungewohnt belebte Atmosphäre, ganz nach meinem Geschmack. Offensichtlich regiert hier und heute die Angst der Norddeutschen vor dem einbrechenden Herbst. Auch im August muss man jeden warmen Tag voll auskosten. Es könnte der letzte sein.

Nachdem Yara sich gegen Abend am Feuer ausgetobt hat, unsere Bäuche vollgeschlagen sind und wir ausreichend gefachsimpelt haben, sind wir zum Sonnenuntergang bereit für ein erstes Fazit: Das Äußere eines Wohnwagens kann täuschen. Von der gleichförmigen, langweiligen, ja scheußlichen Gestaltung eines Wagens lässt sich keinesfalls auf langweilige Bewohner schließen. Ein korrekt abgespanntes grau-braunes Vorzelt muss nicht einem Biedermann gehören. Rein äußerlich sind fast alle Wagen gleich (hässlich). Wie eine Reihenhaussiedlung. Wohnwagen für Wohnwagen im gleichen schmutzigen Weiß mit Plastikfenstern und Dachhauben. Längliche Kästen auf Rädern ohne viel Pfiff. In dieser Welt existieren keine ansehnlichen Exemplare. Zumindest nicht auf diesem Platz. Ist das nicht sogar eine echte Marktlücke? Der *andere* Wohnwagen? Der fantasievolle? Der bunte? Der individuelle? Der schnittige! Der gestylte! Ein ganz weites Feld. Auch mein Rex ist rein äußerlich alles andere als eine Schönheit. Ohne mich detailliert mit den Abstufungen vertraut gemacht zu haben, ordne ich ihn sogar in die Kategorie *sehr hässlich* ein. Das zeige ich ihm natürlich nie, im Gegenteil, in seiner Anwesenheit verliere ich kein schlechtes Wort über Rex. Seine Wetterseite ist noch am interessantesten, denn sie trägt einen zarten Moosbewuchs. Beim Rex zählen einzig die inneren Werte, und die sind mittel- bis kamasutramäßig.

Nach intensivem Philosophieren über notwendige Umwälzungen in der Wohnwagenwelt gehen Yara und mir die Getränke aus. Spontan machen wir uns auf den Weg zu einem lodernden Feuer, bei dem wir schließlich Nick kennenlernen. Wir ordnen ihm – ohne große Umschweife – die Trapperstelle und den Wohnwagen ohne Heckscheibe zu.

Nick und das Wunder der Feuertonne

Als ich mich gerade an Yaras permanente Anwesenheit gewöhnt habe, reist sie für einige Tage zu ihren Eltern. Ich nutze jede Stunde, um draußen zu sein. Die Hängematte schaukelt, mein Buch sinkt immer tiefer, bis es auf meinem Bauch liegt.

»Moin. Ich bin Nick.«

Ich blinzle gegen die Sonne. Was soll ich dazu sagen? Ob sein schlechtes Gedächtnis pathologisch bedingt ist? Zugegeben, unsere Begegnung war zu fortgeschrittener Stunde, die Lichtverhältnisse suboptimal und ich im Halbdunkel nur eine Durchschnittsblondine ohne Metall im Gesicht. An jenem Abend hatten Yara und ich erfolgreich aus derselben Quelle Wein abgestaubt wie er. Es war eine Sommernacht nach Maß gewesen – mild, windstill, perfekt –, sie dauerte weit länger als geplant, und im Laufe der Stunden kam es auch zu einem Gespräch mit Nick. Aber davon weiß er offenbar nichts mehr.

»Moin. Ich bin immer noch Bruni«, antworte ich dem Besucher mit den Gedächtnislücken.

Bei ihm klingelt es noch immer nicht, dabei hat er sich sogar auf unangenehme Weise über meinen richtigen Namen *Brunhilde* lustig gemacht, woraufhin ich ihn auf der Stelle doof fand. Bei Licht betrachtet verströmt Nick eine weitaus größere Aura spätsommerlicher Verwilderung als bei Dunkelheit, was ich allemal angenehmer finde als jede Art von aalglatter Fassade. Er gehört zur Marke Naturtyp mit buschigen Augenbrauen, wucherndem Brusthaar, Ackerboden und di-

versen anderen Naturalien unter den Nägeln und Schalk im
Nacken. Seine extravagante Lockenpracht ist gleichmäßig von
grauen Strähnen durchzogen, ebenso seine Gesichtsbehaarung und das Fell auf seiner Brust. Jede Friseurin hätte ihre
helle Freude an dem Anblick, denn die Strähnchen sind wie
mit dem Lineal gezogen. Im Haarsalon würde die Färbepro-
zedur einen ganzen Tag in Anspruch nehmen und ein Ver-
mögen kosten. In gewisser Weise ist Nick schwarz-weiß ge-
streift, wobei das Schwarz dominiert und sich damit nahtlos
der Farbe seiner Fußsohlen anpasst. Beim Zigarettendrehen
verteilt er seine Tabakkrümel über das gesamte Wachstuch
und ich finde mich wieder einmal spießig.

»Wohnste jetzt hier? Ich meine, du bist richtig oft hier.
Dein Nachbar meint, du bist schwer am Wirbeln«, sagt Nick
und rückt den Stuhl, auf den er sich platziert hat, zur Sonne.
Ich rapple mich derweil aus der Hängematte hoch. Beim
Tablaspieler habe ich ihn noch nie gesehen, und es überrascht
mich, dass Kian etwas über meine Arbeitswut verlauten lässt.
Er wirkt mit seinen Pauken stets in sich gekehrt und nicht auf
Kommunikation bedacht. Vielleicht bildet Nick eine Aus-
nahme.

»Ich hab den Wohnwagen entrümpelt. Der sah übel aus.
Aufhören konnte ich erst, als alles fertig war.«

»Darf ich?«, fragt er mit einem Blick zu Rex, und ich lade
ihn ein hineinzuschauen.

»Funktioniert alles?«

»Kühlschrank und Herd laufen super. Willst du einen Kaffee?«

»Gern.«

Hier ist er, der Mann mit der Säge, der Axt, dem waldmän-
nischen Knowhow und anderen lebensnotwendigen Fähigkeiten. Wenige Stunden nach dem ersten Kaffee habe ich eine
Schubkarre voller Holz und einen Einblick in ein Aussteiger-

leben der besonderen Art. Nick lässt sich bewirten und genießt meine kulinarischen Angebote. Zwischen einem bunten Salat mit gebratenem Fenchel und einer Pasta al tonno plaudert er sich warm. Einzelne Spaghetti verheddern sich in seinem Seehundschnauzer, was ihn aber in keinster Weise irritiert. Wozu hat man schließlich einen Hemdsärmel?

Ich gehöre zwar nicht zu den Leichtgläubigen und Naivlingen, aber übermäßig skeptisch zeige ich mich auch nicht, wenn jemand spannende Geschichten zu erzählen hat. Und Nick ist eine sprudelnde Quelle absurdester Storys. Er bezeichnet sich selbst als Künstler mit dem Schwerpunkt Edelmetall. Sein Dasein verläuft in ausgeprägt artistischen Bahnen, was gleichbedeutend ist mit unangepasst und frei. Einige Jahre hat er Schmuck an den Küsten des Mittelmeeres verkauft. Wir quatschen uns fest und lachen über Gott und die Welt. Der Aussteiger, der vermutlich nie ein Einsteiger war, hat einiges auf dem Kasten und scheint ein patenter Kerl zu sein. Sein breites Lachen untermalt er stets mit einem leichten Hustenanfall. Diese Lunge wird bereits einige Kilo Rauchwaren verarbeitet haben müssen. Seinen Andeutungen kann ich entnehmen, dass er in dem Wohnwagen mit der unkonventionellen Vorgartengestaltung lebt. Bingo! Das hatten wir also passend kombiniert.

Mein Wein schmeckt ihm. Ich staune, wie klein und zerbrechlich ein Weinglas in einer schorfigen Männerhand wirken kann. Immer wenn Nick danach greift, erwarte ich das Bersten des Glases unter seiner Hornhautpranke. Als die erste Flasche geleert ist, wird es langsam kühl. Nick kümmert sich ums Feuer und scheint dabei unsichtbare Schutzhandschuhe zu tragen, denn immer wieder zerrt er an brennenden Holzscheiten und ordnet das Astwerk neu. Der Wind treibt den Qualm in alle Richtungen, aber auch das stört ihn nicht. Er zuckt mit keiner Wimper, während mir Tränen über die

Wangen laufen. Ich fluche und jammre, bis mein Gezeter über brennende Augen ihn unerwartet zum Aufbruch treibt. Beim Weggehen grummelt er etwas von Tonne, und ich wünsche ihm eine gute Nacht. Vielleicht sollte ich mich in Zukunft weniger mädchenhaft zeigen. Ach, was soll's? Ich stelle die Bank gegen den Wind, öffne eine weitere Flasche und kuschle mich in die blaue Decke. Mit geschlossenen Augen genieße ich das Geknister der brennenden Scheite. Gelegentlich riskiere ich einen Blick und bleibe auf der Lauer vor dem beißenden Qualm.

Plötzlich taucht Nick wieder auf und stellt ein Metallfass neben die Bank. Beherzt manövriert er das brennende Holz hinein, und erst langsam begreife ich den Sinn seines Mitbringsels. Hier und jetzt werde ich Zeugin der genialsten Erfindung seit der Entdeckung des Feuersteins. Das Nonplusultra: eine Feuertonne! Nicht irgendeine, sondern ein Kunstwerk. Im Nu bilden die Flammen im Innern die Hintergrundbeleuchtung für eine Geschichte aus dem Meer. Das Muster eines prustenden Wals ist in das rostige Fass gebrannt.

»Wie schön ist das denn? Genial! Ich bin begeistert. Und wie warm es abstrahlt!«

»Und das Feuer bekommt genug Luft. Feuertonnen ohne Aussparung sind Mist.«

»Diese Tonne ist ein Meisterwerk! Hast du sie …?«

»Klar, keine große Sache. Brauchst 'n Fass und 'n Brenner. Alles easy.«

»Mann, damit kannst du handeln. Die Dinger werden reißenden Absatz finden.«

»Kein Stress!«

Für einen Moment vergaß ich seine artistische Lebensweise und den Hang zum *Chillen,* den er schon mehrmals erwähnt hat. Immerhin kann ich ihn zu verbaler Tätigkeit nötigen, und Nick erzählt mir im Detail von seiner Arbeit mit dem

Schweißbrenner. Ich gerate ganz aus dem Häuschen, als ich
mir der Funktion einer Aussparung bewusst werde, für die er
ein Drittel der Seitenwand herausgebrannt hat. Wärme pur
ohne Qualm. Nick ist ein Künstler! Wenn er doch nur mal
seine Hände waschen würde. Von sonstigen Körperteilen ganz
zu schweigen. Wir stoßen auf gute Nachbarschaft an.

Der Fremde ist hier draußen am Feuer seltsam vertraut. Im
normalen Leben wären wir uns vermutlich nicht begegnet,
und hier sitzen wir dicht nebeneinander auf der Klappbank
und starren schweigend ins Feuer, als ich ihn endlich nicht
mehr mit Fragen löchre. Wir müssen nicht miteinander reden, weil wir das Feuer haben. Die Flammen reden mit uns
und wir mit ihnen. Ich kann mich sogar an ihnen festhalten.
Sie geben mir, was ich in diesem Moment brauche: ein aus-
geglichenes Gefühl ohne Wenn und Aber, ohne Zweifel und
Fragezeichen, Muße. Einfach nur dasitzen und schweigen und
dem Husten eines Trappers zuhören.

Tag der Wahrheit

Und dann kommt er, der Tag der Wahrheit. Elke reist mit *Verlobtem* und Privatflotte an. Garip, der nette Lockenkopf aus der Rezeption, zieht den Auserwählten per Trecker durch den Sand an meinen Rex heran. Mir fällt partout keine Ausrede ein: Paddeln im Einerkajak steht auf dem Programm. Ohne Widerrede. *Angst*, dieses Wort muss ich fix aus meinem Wortschatz streichen. Soll bei einer winzigen Inselumrundung völlig überflüssig sein, wie ich höre.

Schon laden wir die beiden Kajaks von den Senkrechtstützen des Verlobten herunter, schleppen Paddel und Spritzdecken an den Strand und schauen auf die Elbe: Elke voller Vorfreude und ich unter voller Anspannung. Das Wetter ist grandios, *beste Voraussetzungen,* rede ich mir ein. Kurzzeitig trübt ein Container-Monster meine künstliche Nichtangst. Zunächst klaut der Dreihundertsechzig-Meter-Riese dem Fluss das Wasser, scheint es irgendwie aufzusaugen, um es nach wenigen Minuten wieder auszuspucken. Eigentlich liebe ich das Rauschen nach dem Spucken, aber jetzt hindert es mich am Einsteigen in die winzige Plastikschüssel namens *Einer*. Im Nu bin ich nass, während Elke mit den Wellen um die Wette sprudelt.

»So, Herzchen, jetzt geht's ab. Hab mir das mal im Tidenkalender angeschaut. Wir sausen mit ablaufendem Wasser bis zur westlichen Inselspitze, dümpeln dann auf der anderen Seite rum. Soll da drüben superkuschelig sein. Weiter paddeln wir die Nebenelbe hoch und nehmen die Ostspitze in Angriff.

Bevor das Wasser richtig aufläuft, treiben wir schwups wieder zum Campingplatz. Kleine Inselumrundung. Auf geht's.«

»So einfach ist das?«

»Später kommt uns vielleicht mal kurz das Wasser entgegen, aber so schlimm wird's nicht sein. Hinter der Insel ist es auch nicht tief. Bei Ebbe heizen wir um die Spitze. Geht alles ganz fix. In zwei Stunden sind wir wieder hier. Dann mal rein in den Kahn.«

Leichter gesagt, als getan. Der *Kahn* schaukelt – vorzugsweise von mir weg oder gegen meine Beine –, und ich muss auch noch das Paddel halten. Elke findet die Prozedur offenbar nicht der Rede wert, und so tüftle ich blöd herum. Während ich mich in die Einstiegsluke quetsche und dabei nach Balance suche, quassle auch ich drauflos. Könnte eine Strategie sein.

»Hab gehört, die Insel ist sieben Kilometer lang«, sage ich zu Elke, während ich fast bequem sitze. Möglicherweise schätzt sie unser Vorhaben kürzer ein, und so bleibt eine letzte Chance an einer Umrundung vorbeizukommen.

»Kann sein, kommt dann auch ungefähr mit der Zeit hin.«

»So schnell sind wir?«

»Klar, der Tidenhub wird's schon richten.«

»Der Tidenhub? Wie meinst du das?«

»Erst lassen wir uns von der Strömung ziehen und später anschieben.«

Ich verstehe überwiegend Bahnhof und verlasse mich auf die erfahrene Paddlerin, deren Geschichten über Seenot vor schwedischen, dänischen und kroatischen Küsten mich stets amüsiert haben. Schließlich hat Elke die größten Katastrophen ohne Blessuren überlebt.

»Halt dein Paddel andersherum, die abgeschrägte Kante zum Wasser. Den Spritzschutz über den Süllrand, von hinten nach vorn, die Lasche vorn raushängen lassen, falls es mal zum Notausstieg kommt.«

»Was? Meinst du wirklich, ich soll über die Elbe paddeln? Ich blick jetzt schon nicht mehr durch. Süllrand?«, frage ich, als die nächste Welle übers Boot schwappt.

»Der Spritzschutz hält dich trocken. Das Boot ist super für wenig erfahrene Paddler. Sehr sicher! Ist abgeschottet. Kein Problem.«

»Und wenn ein dicker Pott kommt?«

»Aber du bist doch Sportlerin und kannst paddeln.«

»Was heißt paddeln? Ich war immer nur in Kanadiern unterwegs, meistens mit einem Haufen Kinder und im Schneckentempo.«

»Kajakpaddeln ist viel geiler!«

Endlich sitzt der Spritzschutz, die Lasche hängt heraus und das ablaufende Wasser der Elbe zieht uns aus meiner kleinen Bucht heraus in Richtung Nordsee. Nie zuvor habe ich die dreihundert Meter zwischen den beiden Buhnen als schützende Bucht, ja beinah als Lagune empfunden. Jetzt erscheint sie mir als Hort größter Sicherheit, aber es heißt Abschied nehmen von meinem trauten Heim am Strand. Das Boot lässt sich wunderbar manövrieren, und Elke meint, ich sei talentiert. *Alles kein Problem.* Wo mein Talent nicht reiche, würden meine Muskeln ein Übriges tun, ist sie überzeugt, und dann noch die Kondition! Schließlich sei ich Marathoni. Worüber ich mir überhaupt Sorgen mache, will sie wissen. Für eine Antwort über die Unwägbarkeiten eines tausend Kilometer langen Flusses, der an dieser Stelle von den größten Schiffen der Welt als Seefahrtstraße genutzt wird, fehlt mir der Atem. Die Sonne scheint, es ist warm, und mehr als ein Lüftchen ist selbst auf dem Wasser nicht zu spüren. Wird schon gutgehen. Als wir den Leuchtturm erreichen, ertönt das Kommando.

»Lass mal rüber, du bist jetzt gut eingepaddelt. Klappt doch alles hundertpro. Hab keinen Bock am Kraftwerk entlangzupaddeln. Da habe ich neulich so ein seltsames Schild gesehen: *Achtung! Gefährliche Querströmung!* Da gibt's womöglich Strudel, was weiß ich, irgendeinen Sog. Sieht jedenfalls ungemütlich aus. Wir queren lieber hier.«

»Ey, ey, Käpt'n!«

Meine erste Elbquerung außerhalb eines Tunnels, einer Brücke oder Fähre! Wenn ich nicht in einem Plastikboot sitzen würde, könnte es ein besonderer Moment sein. Doch so lege ich mich lieber ordentlich ins Zeug, tauche das Paddel mal links ein, ziehe kräftig durch, dann rechts eintauchen und durchziehen, links, rechts, links, rechts. Als wir uns inmitten der Fahrrinne befinden, verscheuche ich Gedanken an Plastikschüsseln fressende Containerfrachter. Sie schlucken alles, was ihnen in die Quere kommt, sie können weder bremsen noch manövrieren. Es verhält sich mit den Giganten in etwa so, wie mit einem Spielzeugauto auf einer Carrerabahn: immer stur in der Spur! Zur Not stoßen die Monster allenfalls ein Warnsignal aus, das von Land aus wunderbar maritim und aufregend klingt. Ich höre nichts von einem Schiff, will auch nichts hören, sehe nichts, sondern paddle und bin ein wenig stolz. Doch dann saust ein Motorboot wie eine Pfeilspitze auf mich zu. Es ist Sonntagmittag, der Freizeitkapitän kommt womöglich von einem Frühschoppen, hat seine Brille vergessen und will seiner Liebsten imponieren. Aber nein, alles ist gut. Seine Bugwelle ist erträglich und nach gefühlten dreißig Minuten sind die achthundert Meter geschafft und das andere Elbufer erreicht.

Aus der Nähe betrachtet ist Neßsand noch schöner, der Strand noch breiter und der Baumbestand noch dichter: eine unbewohnte Insel, nur ab und an von einem Vogelwart inspiziert. Manchmal sehe ich ihn anlegen und über den Strand stromern. Ich blicke zurück und bin baff. Ein vollkommen anderes Bild! Der Elbhang ist eine mächtige Trutzburg, tausendmal besser als jeder Deich. Von den Villen ist hier ein klein wenig mehr zu sehen. O là là, einige müssen wirklich einen grandiosen Blick über den Strom, die Insel und bis weit ins Alte Land hinein haben. Irgendwo da oben stand mal ein Karl-Lagerfeld-Anwesen zum Verkauf, kurioserweise geeignet für ein kinderloses Paar, wie es hieß. Ich sehe eine Villa mit hübschen Arkaden in Toskanagelb oder Ocker oder wie das heißt. Der helle Wahnsinn! Bin ich hier an der Riviera? Aber wen interessieren schon Prunkvillen, wo der königliche Rex einen deutlich exponierteren Standort mit Strandzugang hat. Der Campingplatz präsentiert sich als perfekte Playmobil-Welt, in der die spanische Flagge vor Utes und Carlos' Wagen kaum noch auszumachen ist. Im bewaldeten Hang zeigt sich ein Makel. Während Elke bereits unzählige Bootslängen vor-geprescht ist, inspiziere ich eine Lücke. Wie ein fehlender Zahn in einem strahlenden Lächeln klafft ein Loch im oberen Drittel. Aber sicher, das sind die gefällten amerikanischen Ei-chen, mit denen sich die Hamburger Justiz beschäftigen muss. Weit oberhalb liegt die Villa, die nun zwischen die Zahnlücke hinaus in die weite Welt schauen kann. Eine Schneise! *Möge der Holzfäller seine gerechte Strafe bekommen!*

»War doch easy. Jetzt lass mal 'nen Schlach ranhauen, dann sind wir fix an der Westspitze«, ruft Elke mir zu. Schon ist Schluss mit Blick auf den Hang.

»Wird gemacht!«

Ich beginne zu rechnen. Auch wenn ich an ihren zwei Stunden für unsere Tour zweifle, male ich mir doch aus, dass wir in nicht allzu langer Zeit wieder beim Rex sind. Meine Arme melden erste Ermüdungserscheinungen. Elke sitzt in einem eindeutig schnelleren Boot, und auch ihr Paddel muss leichter sein, denn warum sonst fegt sie übers Wasser, während ich mich für jeden Schlag quälen muss? Mein Paddel wiegt gefühlte zehn Kilo, und mein Kajak zieht einen Anker hinterher. Nach über einer Stunde haben wir die Westspitze erreicht. Selbst wenn Zahlen nicht meine Freunde sind, kann ich 1+1 addieren. Wenn wir nach vier Stunden wieder beim Rex sind, dann ist alles gut gelaufen. Und was sind schon vier Stunden, tröste ich mich. Meine Kondition ist gut, nur meine Arme sind erbost über die ungewohnte Anstrengung. Meine Beine sind wesentlich besser trainiert, aber das nützt mir in dieser Nussschale gar nichts. Heute ist eben alles anders.

Kaum haben wir die Spitze umrundet, da tut sich vor unseren Augen eine andere Welt auf. Das Polizeiboot, das täglich mindestens zweimal am Rex vorbeituckert, liegt im seichten Wasser, die Uniformierten halten Kaffeetassen in den Händen und grüßen freundlich. Segler haben Anker geworfen und lassen es in der Kombüse brutzeln. Fern von Containern und Kümos paddeln wir durch ruhiges Gewässer mit Vogelgezwitscher. Paddeln macht Spaß! Die Ebbe hat ihren tiefsten Stand erreicht und es gibt kaum Strömung. Optimistisch gönne ich meinen Armen eine kurze Pause. Puh, das hatte ich mir schlimmer vorgestellt. Am niedersächsischen Ufer steht ein Bauernhof, und von irgendwoher hören wir Kühe muhen. Eine Sandbank ist trockengefallen. Darauf steht ein Plattbodenschiff und wartet auf die Flut. Als mein Paddel auf etwas stößt, schrecke ich auf.

»Wir müssen ins tiefere Wasser. Uns fehlt die berühmte Handbreit Wasser unterm Kiel. Hier gibt es auch eine Fahrrinne, die nicht trockenfällt. Lass uns mal ein Stückchen rüber.«

Der Seitenarm wird immer seichter. Zu unserer Rechten entdecken wir einen Zaun, dahinter muss die Gefängnisinsel Hahnöfersand liegen. Eigentlich ist es nur noch eine Landzunge im Alten Land, unweit von Jork. Einige einst vertraute Gesichter aus meinem früheren Leben als Sozialarbeiterin sind hier gelandet. Von Gefängnisausbrüchen habe ich bisher nichts gehört. Man müsste schon gut schwimmen können. Das Knastgebäude ist nicht zu entdecken, was bei unserem tiefen Aussichtspunkt von knapp einem Meter über der Wasserkante nicht verwundert. Wir sehen kaum mehr als den Uferstreifen, doch dann taucht linker Hand, über den Baumwipfeln von Neßsand, ein Frachter auf. Die Brücke und die obere Containerreihe schieben sich über die Wipfel. Ein Schiff fährt durch den Wald! Juhu! Hier ist alles möglich. Das Eiland ist stellenweise nur fünfzig Meter breit, aber dafür umso länger, fällt mir schlagartig ein. Viel zu lang für meinen Geschmack. Wir haben nicht mal die Hälfte geschafft und sind schon über zwei Stunden unterwegs. Meine Wasserflasche ist auch nur noch halbvoll. Plötzlich sehe ich eine Nasenspitze durchs Wasser schwimmen. Welcher Hund schwimmt denn so weit raus? Und vor allem so schnell.

»Eine Robbe! Da! Vor dir!«, rufe ich Elke zu und kann es selbst kaum glauben. Der kleine Seehund kommt näher und taucht im nächsten Moment unter unseren Kajaks hindurch.

»Wow! Das gibt's doch nicht. Hat das etwa auch was mit dem Klimawandel zu tun?«, will Elke wissen.

»Neulich hat jemand von einer Robbe beim Strand vor dem Campingplatz gesprochen. Ich dachte, der macht einen Scherz.«

Wir spähen nach dem putzigen Tier, das in einiger Entfernung aus dem Wasser auftaucht und dann wieder verschwindet.

»Eine Robbe vor den Toren Hamburgs! Das wird ja immer besser! Was einer Paddlerin nicht alles geboten wird«, sagt Elke.

»Dem Kleinen scheint es gut zu gehen, kein schlechter Auftakt bei meiner ersten Tour.«

Bald sehen wir die Ostspitze der Insel, aber sie kommt leider nur im Schneckentempo näher. Das Paddeln wird immer mühsamer, denn inzwischen strömt uns das auflaufende Wasser entgegen. Mir läuft der Schweiß den Rücken hinab, und ich traue mich kaum einen Schlag auszusetzen, weil ich dann an Fahrt verliere. Meinetwegen könnte die Tour jetzt zu Ende sein, aber davon sind wir nach drei Stunden noch weit entfernt. Die Strömung wird immer heftiger.

»Das ist Mist. Ich dachte, wir kommen zwischen Neßsand und Schweinesand hindurch, aber da liegt noch alles trocken. Wir müssen einen großen Bogen machen, fast bis zu Airbus.«

»Das ist nicht dein Ernst!«

»Doch, guck doch, da ist 'ne Sandbank oder so was.«

»Sandbank? Können wir die Boote nicht rüberzerren?«

»Ist wohl eher 'ne Wattfläche. Da stehen wir dann knietief im Schlamm. Das kannst du vergessen.«

Dieses Gebiet kenne ich von einem gemütlichen Ausguck in Blankenese. Der Miniinsel Schweinesand sind ausufernde Sandbänke vorgelagert, die man bei Ebbe deutlich erkennen kann. Da stecken wir nun mittendrin und haben noch eine Menge Arbeit vor uns.

»Was ist denn mit der Strömung los? Wir kommen überhaupt nicht mehr voran«, jammere ich.

»Wir müssen reinhauen. Wird ein wenig ungemütlich.«

Meine Arme sind bleischwer, ich habe Durst und uns strömt das Wasser mit immer stärker werdender Kraft entgegen. Eine Markierungstonne für das Nebenfahrwasser liegt beängstigend schräg im Wasser, die Fluten spielen nur so damit. Wie sollen wir jemals um die Ecke und auf die Elbe kommen?

»Ich kann nicht mehr.«

»Wir müssen weiter! Ist nicht mehr weit. Wenn wir es um die Sandbank geschafft haben, dann können wir uns dicht am Ufer halten, da ist die Strömung nicht so stark. Und dann nur noch schnell rüber zum Campingplatz«, meint Elke.

»Wenn!«, stöhne ich.

Ich paddle, was das Zeug hält und treibe trotzdem rückwärts ab. Um uns herum scheint das Wasser zu brodeln. Mir wird angst und bange.

»Wie sollen wir das schaffen? Ich bin platt. Wir machen keinen Meter.«

Alle Ufer sind weit weg, wir sind zwei Nussschalen in einem tosenden Meer. Verfluchte Sandbänke, die uns den direkten Weg abschneiden. Wo sich sonst prima paddeln und abkürzen lässt, gibt es nun kein Wasser mehr. Irgendwie sehe ich noch, dass Blankenese aus dieser Perspektive der schönste Ort auf Erden ist, aber ich zweifle ernsthaft daran, ihn jemals wieder zu betreten. Und die verdammte Insel ist auch ein ganzes Stück entfernt. Wohin würde ich treiben, wenn ich jetzt einfach aufgäbe? An den Gefängniszaun? Alles besser, als hier abzusaufen.

»Doch! Los, immer weitermachen!«

»Guck mal auf die Tonne! Wir schuften wie die Irren und treiben ins Fahrwasser von dem Nebenfluss. Ist da nicht ein Sperrwerk oder so etwas? Wenn wir da hineintreiben, was dann?«

In mir steigt Panik auf. Schon sehe ich mich im Nirgendwo aus dem Boot fallen, entkräftet, unfähig zu schwimmen. Ich bin ein Idiot! Was mache ich hier? In einiger Entfernung liegen Sonntagsausflügler am Strand von Schweinesand, ihre Motorboote auf dem Trockenen im Sonnenlicht. Es sind nur hundert Meter bis dorthin, aber mir scheint das endlos weit weg.

»Ich muss raus aus dem verdammten Boot. Meine Arme geben nichts mehr her«, rufe ich.

»Gut, lass uns kurz auf die Sandbank«, schlägt Elke vor, »aber halte dein Boot gut fest.«

In Windeseile lass ich mich auf den Untergrund treiben

und steige aus. Meine Füße sinken sofort ein und wenig später ist das Wasser auch schon wieder da. Trotzdem genieße ich den kurzen Moment der Erholung. Dann steigt erneut die Angst in mir auf.

»Weiter!«, treibt Elke mich an.

»Ich schaffe es nicht. Um die Spitze komm ich nicht herum, auf keinen Fall. Die Tonnen liegen quer in der Strömung. Das sind enorme Kräfte. Wie sollen wir mit unseren Armen dagegen ankommen? Lass uns auf die Insel.«

»Das ist von hier aus nicht so einfach.«

»Ich kann nicht mehr. Wie gibt man denn ein Seenotzeichen?«, will ich wissen.

»Quatsch, jetzt reiß dich zusammen. Wir versuchen es mit der Insel.«

Das Wasser erscheint mir unberechenbar. Es drückt in die Nebenelbe und gleichzeitig kommt es aus ihr heraus. Wie geht das? Ich bin vollkommen fertig. Mein Gott, wie schön ist Blankenese mit seinen weißen Häusern und dem alten Baumbestand. Ist der Blick auf das Fischerdorf am anderen Elbufer mein letzter Blick auf unsere Welt? Nie wieder werde ich ein schlechtes Wort über Blankenese und seine Dekadenz verlauten lassen. Und zur Linken sonnen sich die Badegäste am Strand. Hier will ich nicht ertrinken, nicht heute, niemals. Mit allerletzter Kraft erreichen wir Schweinesand. Mir zittern die Knie, von meinen Armen ganz zu schweigen. Eine Großfamilie sieht meine Not und reicht mir Wasser. Während Elke sich in wenigen Minuten erholt, könnte ich heulen. Eine Frau bietet mir eine Grillwurst an. Die leckerste der Welt und das köstlichste Wasser unter der Sonne. Wir haben nicht mal Proviant dabei.

Schon sprudeln meine Horrorvisionen aus mir heraus, Elke schaut mich entgeistert an, während die Fremde verständnisvoll nickt. Zwei Männer aus ihrer Sippe gesellen sich zu uns.

Der eine schaut mich so mitfühlend an, als sei mir die Panik noch immer ins Gesicht geschrieben.

»Was hattet ihr eigentlich vor?«, fragt er. Ich zeige auf Elke, die an meiner Stelle erklären soll. Ich kaue genüsslich auf meiner Wurst herum, fühle einerseits die Kraft zurückkehren und bin andererseits noch an der Schwelle zum Wehleid.

»Dagegen kommt man nicht mal mit einem Fünf-PS-Motor an. Erst in zwei Stunden wird es besser. Ihr habt euch die schlimmste Zeit ausgesucht«, sagt der Fremde und mir kommen die Tränen. Wenn ich mir vorstelle, heute noch einmal ins Kajak steigen und die Elbe queren zu müssen, dann verlässt mich auch das letzte Fünkchen Mut. Inzwischen ist es windig geworden, aber die Sommeridylle ist trotzdem noch perfekt, und die Gefahr, die ich im Wasser sehe, ist für alle anderen wohl unsichtbar.

»Mir geht es beschissen«, sage ich zu dem Fremden und beiße mir auf die Lippen.

»Können wir helfen? Euch irgendwohin fahren?«, fragt der andere Mann.

»Nein, nicht nötig«, sagt Elke.

»Doch, bitte!«, flehe ich.

»Wohin wollt ihr denn?«

»Nur zum Campingplatz.«

»Jetzt gleich?«

»Sehr gern!«

Im selben Moment fühle ich mich erleichtert, geradezu gerettet.

»Ich bleibe hier und warte ab, bis das Wasser höher gestiegen ist. Sind doch nur ein paar Schläge bis zum Platz«, sagt meine Freundin.

Ein paar Schläge zu viel, denke ich, denn schließlich gilt es die Fahrrinne zwischen Schweinesand und dem Campingplatz zu queren. Vage kann man von hier aus einige Wohnwagen ausmachen. Es sind kaum mehr als zwei Kilometer, schätze ich. In der Ferne sehe ich einen Containerfrachter kommen. Nein, ich will und kann auch nicht mehr.

Das Kajak schaukelt fest vertäut hinter dem Motorboot. Ich sitze hoch und trocken und will es der Elbe nicht übel nehmen, dass sie mir solch einen Schrecken eingejagt hat. Sie kann doch nichts dafür.

»Selbst mit unserem Motor haben wir noch Mühe gegen die Tide und den Wind. Vorgestern war Vollmond. Wir haben Springtide, ziemlich extrem sogar. Das Niedrigwasser war deshalb stärker als sonst, entsprechend heftig läuft es jetzt wieder auf. Der Gezeitenstrom ist heute nicht ganz normal. Was ihr gemacht habt, war keine gute Idee.«

»Ich weiß, kommt nicht wieder vor. Nie wieder«, sage ich und muss erneut mit den Tränen kämpfen. Wie konnte ich so dämlich sein? Wie konnte ich mich derart selbst überschätzen? Warum auch gleich um die Insel herum? Ich kenne die Elbe doch noch gar nicht. Wir verbringen ja erst wenige Wochen miteinander. Ich will, dass sie meine Kameradin wird, aber jetzt möchte ich ihr erst mal aus dem Weg gehen. Die Wahrheit ist: Ich lebe noch und habe heute eine Robbe gesehen. Alles wird gut.

Lagerfeuergeschichten und klamme Betten

Im September verweilen Yara, Nick und ich häufiger gemeinsam am Feuer. Nick kümmert sich ums Holz, Yara ums Feuer und ich mich ums leibliche Wohl. Während ich in die Flammen starre, spüre ich die Angst, mein neues Domizil könnte sich mit dem Ende des Sommers in nichts auflösen. An manchen Abenden erscheint es mir geradezu unwirklich, dass ich seit Wochen wie selbstverständlich am offenen Feuer sitze und mich daran wärme, als habe es nie ein anderes Leben gegeben. Selbst einstellige Gradzahlen stören mich kaum noch. Wozu gibt es warme Decken und dicke Socken?

Nick hat ein gewisses Geschick darin entwickelt, mit Yara die Klappbank zu teilen. Seine Strategie ist nicht leicht zu durchschauen, denn üblicherweise sitzt Yara auf einem Hocker, um dem Feuer nah zu sein und genug Bewegungsraum für ihren Feuerfächer, den Schürhaken und zum Nachlegen der Scheite zu haben. Weil Yara aber eher verfroren als überhitzt ist, kann Nick sie auf die Bank locken, wenn ich gerade im Rex bin oder hinter den Büschen verschwinde. Dafür hat er ihr tatsächlich schon sein Schaffell als Rückenwärmer angeboten. Auch dieser Mann ist gut für Überraschungen. Meine Beobachtungen legen die Vermutung nahe, dass er sich sogar rasiert, wenn Yara auftaucht. Und in ausschweifenden Erzählungen vermutet er offenbar ein weiteres Mittel, um die Waldprinzessin an seiner Seite zu halten. Egal wie kühl Yara auf ihn reagiert, er legt sich im Rahmen seiner Möglichkeiten ins Zeug.

Eines kalten Abends erzählt er uns, er verbringe auch den Winter auf dem Campingplatz. Wir glauben ihm kein Wort. Erstens ist es sicher, dass alle Wohnwagen abziehen müssen, weil es sich bei diesem Elbabschnitt um Überflutungsgebiet handelt, und zweitens kennen Yara und ich dieses Gelände durch unser Winterlauftraining auch bei Eis und Schnee. Während der kalten Jahreszeit sind die Gedanken an liebliches Vogelgezwitscher und Grünschattierungen nichts weiter als ein ferner Traum. Dann regiert hier tristes Grau und schneidender Wind. Und hier will er bleiben?

»Echt jetzt, ich erzähl euch keinen Scheiß. Ich mach mir im Schuppen 'ne Ecke klar und bleibe hier, als Hausmeister. Einer muss ja die Stellung halten.«

Klingt irgendwie plausibel, auch wenn der Schuppen nichts hergibt und Schwindsucht vorprogrammiert ist. Wenn Nick in Redelaune ist, dann plappert er munter drauflos. Der Trapper bietet uns jedoch nie Geschichten übers Fallenstellen oder Fellabziehen in tiefen Wäldern, sondern eher über sein Überleben im Revier der Großstadt. Das Feuer züngelt seit Stunden, als er bei einer haarsträubenden Geschichte über eine Flucht vor der *Staatsgewalt* landet. In gewisser Weise wird er dabei auch Fallen gestellt haben, nämlich den Ordnungshütern. Wollte ich nicht schon immer mit einem wahren Outlaw auf einer Klappbank sitzen? Er schwört uns, dass es in seinem Großstadttrapperleben nie Verletzte gab, weder auf menschlicher noch auf tierischer Seite (kein Polizeihund sei je zu Schaden gekommen), und außerdem sei alles ewig her und er ein friedliebender Mensch. Verfolgungsjagden zu Fuß, über Stock und Stein, durch Hinterhöfe und Treppenhäuser bringen uns zum Lachen und Staunen. Er habe seine Strafe bekommen und abgesessen. Ein konventionelles Leben sei trotzdem in weite Ferne gerückt. *Keinen Bock drauf. Zu viel Stress.* Hust. Hust.

»Warst du bewaffnet?«, will ich wissen, und er blinzelt vielsagend.

»Mir geht's gut. Was will ich mehr?«, sagt Nick und hebt das Glas Bordeaux.

Meine Erfahrungen mit Menschen, die phasenweise auf der anderen Seite des Gesetzes gelebt haben, sind an einer Hand abzählbar, und die Kontakte waren zumeist rein professioneller Art. Etwa zu einem Zuhälter, der für einen Auftragsmord verurteilt worden war, oder zu einem Mörder, der sein Opfer nach der Tat zerstückelt hatte. Außer ihnen und einigen politischen Häftlingen aus Iran, die keineswegs Kriminelle waren, hatte ich bisher wenig zu tun mit Männern, die einen Teil ihres Lebens hinter Gittern verbracht haben.

Das Leben schreibt so viele Geschichten und im Schein eines abendlichen Feuers lassen sich manche ganz einfach erzählen. Ich sammle Geschichten und Nick erzählt gern. Was liegt da näher, als die letzten Abende miteinander zu verbringen? Angesichts des bevorstehenden Winters muss jede halbwegs trockene und milde Stunde genutzt werden, bevor sich der Kälteschleier über die Landschaft legt.

Nicks schwarz-weiße Mähne ist inzwischen so üppig, dass er im Winter auf eine Mütze verzichten kann. Manchmal halten seine borstigen Augenbrauen die langen Stirnhaare von einer völligen Verschleierung seines Gesichts ab. Aber wenn Nick zu seinem heftigen Hustlachen ansetzt und sich dabei windet, ist nicht mehr viel von ihm zu sehen. Manchmal erinnert er mich dann an einen Wischmob, aber das würde ich ihm niemals sagen. Im Grunde genommen habe ich nichts gegen Naturburschen, aber gewisse Pflegerituale und Hygienekriterien sollten auch sie erfüllen. Was spricht gegen gelegentliches Kämmen? Selbst ein Haargummi kann Wunder bewirken. Wenn schon kein Deo, dann zumindest gelegentliches Duschen. Wenn schon eine Vorliebe für grobe Arbeiten im Sand und am Metall, dann doch bitte regelmäßig die Handwaschbürste walten lassen und die gute Norwegersalbe zum Einsatz bringen. An seinen Füßen könnten Podologen ihre Meisterprüfung ablegen und den einen oder anderen Nagel vor dem Absterben retten. Ach, was bin ich wieder spießig. Welch hohe Ansprüche am Elbhang, die diese Sorte Mann nie erfüllen wird. *Gut riechend* und *Naturtyp* schließt sich vermutlich aus.

Yara bleibt neuerdings nie länger am Feuer sitzen als ich, und so ist Nick meist der Letzte, der hustend von dannen zieht.

Nachdem wir im Wohnwagen Kerzen entzündet haben, plaudern Yara und ich noch eine Weile. Es ist so gemütlich, wenn über meinem Bett die Gaslampe zischelt und Kerzenschein den anderen Teil des Raums erleuchtet. Über dem Waschbecken gibt es eine batteriebetriebene Deckenlampe, die beim Zähneputzen und Waschen gute Dienste leistet. Manchmal gehe ich noch einmal nach draußen und schaue mir unseren erleuchteten Rex von Ferne an. Durch die transparenten Vorhänge strahlt das weiche Licht wie der Schein einer Oase im Dunkel der Nacht. Ich sehe die Pfanne, die Espressokanne und die Tassen an Haken hängen, die gemusterte Klebefolie über dem Möchtegern-Holz an den Trennwänden und den roten Sari vor der Nasszelle. Es sieht einladend aus, und so nehme ich rasch die zwei Stufen des Doppeltritts, schlage meine Bettdecke zurück und kuschle mich ein. Die Gaslampe rauscht noch eine Weile, bis wir über den Geschichten des Abends einschlafen.

Die Temperaturen sinken und die Tage werden kürzer. Die Sonne steht merklich tiefer als im August und erreicht erst gegen zehn Uhr den alten Rex. Am Ende der Buhnen ist es eine halbe Stunde früher warm, und so gehe ich manchmal

mit meinem Kaffee an den Strand und blinzle in die Morgensonne. Der Sommer verabschiedet sich, und ich suche nach
dem melancholischen Gefühl, das mich zum Ende der geliebten Jahreszeit so häufig überkommt. Ganz bewusst spüre ich
nach der leisen Trauer, die am Ende einer besonderen Nacht
aufkommen kann, die nicht vorübergehen soll. Wie oft hat
mich der Moment, in dem der Wirt die Stühle hochstellt und
das erste Tageslicht durch trübe Fenster dringt, in eine gewisse
Schwermut versetzt?

Der Elbhang zeigt unverändert sein Kleid in unzähligen
Grüntönen, von herbstlichem Gelb keine Spur. In diesem Jahr
werde ich den Beginn der neuen Jahreszeit genauer beobachten, denn ich bin quasi dabei, hautnah am Geschehen, den
ersten Verwandlungen von Grün zu Gelb live beizuwohnen.
In den letzten Jahren bestand die auffälligste Veränderung
zwischen Sommer und Herbst darin, dass die Kneipen in
meiner Nachbarschaft ihre Außenbestuhlung reduzierten und
Heizstrahler aufstellten. Modebewusste Frauen wechselten
von Flipflops zu Designer-Gummistiefeln. Ab Oktober bekommt man in den Szeneläden die interessantesten Modelle
präsentiert, bedruckt mit Stadtplänen, Blumenwiesen, eng-
lischem Rasen, roten Rosen, in Kroko-Optik oder sogar als
Highheels.

In meinem Hinterhof auf St. Pauli steht eine Linde. Sie ist
das Herz des engen Hofes, ohne sie wäre er leblos und trist.
Ein einziger Baum beschenkt fünf Wohnhäuser mit Natur.
Jedes Frühjahr bin ich der Linde aufs Neue dankbar und
hoffe, sie bleibt gesund. Hier draußen ist das Baum-Mensch-
Verhältnis umgekehrt. Dutzende Bäume kommen auf einen
Anwohner.

Ich möchte den Herbst genießen und mich – zugegeben –
auf einen Miniwinter freuen. Die längste Zeit der kalten Jahreszeit werde ich im südafrikanischen Sommer verbringen.

Also: absolut kein Grund zur Traurigkeit. Wenn da nur nicht der Liebeskummer nagte. Ach, wenn ich doch nur einen wunderbaren Mann an meiner Seite hätte und wenn mein Konto ausgeglichen wäre und wenn Rex eine Solarenergieanlage hätte. Nein, lassen wir das! So will ich nicht denken. Mir geht es gut! Basta. Und Rex auch.

In der Nacht werde ich von etwas Hellem geweckt, das meine Lider zum Flattern bringt. Verwirrt öffne ich die Augen und versuche meine Gedanken zu sortieren. *Jetzt filmen die auch schon nachts am Strand,* schießt es mir durch den Kopf. Fühle ich mich in St. Pauli doch manchmal von Filmcrews umzingelt, die sich mit Vorliebe in unserem Stadtteil tummeln und dabei nicht selten die Nacht zum Tag machen. Und nun vor meiner Tür am Strand! Als mein Gehirn im Normalzustand arbeitet und mich die Neugier aus dem Bett treibt, läuft mir ein wohliger Schauer über den Rücken. Ein Vollmond wie aus dem Bilderbuch! Mir kommen sofort die Tränen. Septembermond! Ich spüre die Magie in diesem Wort. Der Mond steht tief im Südwesten und sein Leuchten spiegelt sich auf dem Fluss. Zum Greifen nah schwebt er über dem anderen Ufer. Der nasse Sand strahlt, und meine Gestalt wirft einen scharfen Schatten. Ebbe. Eine Welt in Silbergrau. Die Nacht hat sich zu einem seltsamen Tag gewandelt. Als sei ich allein auf der Welt, stolziere ich durch dieses unwirkliche Licht. Ich versuche mich an Schattenspielen und halte meine Arme in die Mondstrahlen. Selbst mein Haar ist in allen Konturen zu erkennen.

Auf dem Fluss bleibt es still. Kein Schiff fährt vorüber. Stromabwärts taucht das Band der Elbe in einen dunklen Horizont. Ich habe keine Ahnung, wie spät es ist, und kann den Gestirnen nichts weiter ablesen als pure Schönheit. Unter dem Himmelszelt bin ich nur ein Winzling der Nacht. Als ich den Campingplatz hinter mir lasse und den entlegenen

Strandabschnitt erreiche, zwinge ich mich zum Weitergehen. In Märchenwelten passiert den Heldinnen nichts, rede ich mir ein. Wider besseres Wissen. Es ist unheimlich. Unheimlich schön! Ein Geräusch lässt mich herumfahren. Doch hinter mir gibt es nur den rötlichen Schein der Stadt, der an die wirkliche Welt erinnert.

Bevor ich mich zurück in die Federn kuschle, hocke ich mich zum Pinkeln unter die Zweige einer Weide, die ein wenig Deckung geben und den Mondscheinwerfer mildern. Wer mag schon unter voller Beleuchtung im Freien pinkeln?

Autsch, das Bett ist eisig und klamm, selbst das Laken ist feucht. Ich hätte die Decke nicht zurückschlagen sollen. Wie ungemütlich. Den Wasserkessel aufsetzen und eine Wärmflasche aufgießen? Das dauert doch ewig! Mist! Und am Fußende liegt nun tonnenweise Sand. Regelrecht abstoßend. Mir ist kalt, ich will schlafen und stehe ratlos vor dem Bett. Gisi hat recht gehabt. Federbetten eignen sich nicht zum Campen. Sie ziehen Feuchtigkeit an wie ein Schwamm. Noch zwei Wochen, dann ist die Saison vorbei und Rex muss ins Winterlager. Irgendwie muss ich mich bis dahin behelfen und wohl auch auf das Schlafen bei offener Tür verzichten. Das einsame und klamme Bett entfacht meinen Liebeskummer aufs Neue. Binnen Sekunden lodert es in meinem Herzen oder auch ein Stückchen tiefer im Magen. Mir wird schlecht und meine Zähne klappern. Die Heizung werde ich nicht anstellen. Das habe ich mir geschworen. Niemals in der Nacht! Von *erfahrenen Campern* habe ich gehört, wie gefährlich das ist. Unter wohliger Wärme schläft man ein, und dann mangelt es plötzlich an Sauerstoff. Oder man fliegt in die Luft. Oder so ähnlich. Jedenfalls ist es keine gute Idee, die Heizung laufen zu lassen. Verdammt. Was mache ich hier eigentlich? Allein? Warum habe ich die Beziehung zu meinem Liebsten nicht gründlicher gepflegt? Warum bin ich nicht mehr Kompromisse eingegangen? Warum musste ich auch immer allein in der Weltgeschichte rumreisen, anstatt ein kuscheliges Nest für zwei zu bauen. Warum? Warum? Warum? Wenn ich mich anders verhalten hätte, dann müsste ich jetzt nicht allein in ein klammes Bett steigen. Verdammter Vollmond! Bis vor Kurzem hatte ich noch einen wärmenden (und brummenden) Bär an meiner Seite, einen Baum von Mann mit eingebautem Temperaturregler, nie zu kalt und nie zu warm. Immer wohldosiert. Und jetzt gibt es nur noch eine griffbereite Taschenlampe an meiner Seite. Okay, zugegeben, ein schlechter Vergleich, aber eine Taschenlampe ist immer noch besser als ein Kuscheltier. So etwas wird mir niemals ins Bett kommen. Ich bin kein Typ dafür und werde es auch nie sein.

Als ich mich schließlich in meinen Poncho wickle und ins Bett krieche, kommt die Wärme allmählich zurück. Und mit der Wärme kommt die zündende Idee. Gleich morgen werde ich mir einen Schlafsack kaufen! Angespannter Kontostand hin oder her, und für Südafrika brauche ich ohnehin einen, denn wenn meine Arbeit in Durban es erlaubt, will ich zum Wandern in die Drakensberge. Also abgemacht! Morgen geht es zu Globetrotter. Und jetzt gute Nacht!

Im Draußen-Sein-Kaufhaus

Im Eingangsbereich des Outdoorshops stehen säuberlich gestapelte Holzhaufen. Ob die Deko schon jemandem versprochen ist? Ob ich mal nachfragen soll? Verwendung hätte ich genug dafür. Bei Globetrotter, im Einkaufsparadies der Möchtegern-Waldschrate, gibt es Jacken für Polarexpeditionen, die vom Gros der Käufer an Alster und Elbe spazieren geführt werden. Die Webpelzkragen fächern sich in Windböen hübsch auf und legen tiefere und andersfarbige Schichten frei, richtig cool! Wie bei einem Husky im Schneesturm. Was würden die Polarjackenspazierträger wohl mit den Holzscheiten aus der Deko machen? Die Stube dekorieren? Viel zu schade.

Am Samstag ist hier die Hölle los, ganz so, als würde die halbe Stadt normalerweise im Wald leben, ihre Nahrung selber schießen oder angeln und nun Nachschub an Ausrüstung benötigen. Aber wie sagte sogar der Inhaber des Imperiums in einem Interview: »Die meisten Ausrüstungsgegenstände im Katalog braucht man eigentlich nicht.«

Ich brauche einen Schlafsack für meinen Rex und für die Drakensberge. Nach eingehender Beratung inklusive Liegeprobe erstehe ich ein Leichtmodell plus Innenschlafsack und Biwaksack. Sollte reichen für die Berge im südafrikanischen Sommer. Bin schließlich kein Frostködel (mehr). Im Vorbeigehen kaufe ich noch eine sogenannte Pocket Shower, was nichts anderes ist als ein schwarzer Zehnliter-Wassersack mit Duschkopf, der sich in der Sonne erwärmt. Die nächste Rex-Saison kommt bestimmt!

111

Wenn ich schon mal bei den Profis bin, will ich die Gelegenheit nutzen, ein Rätsel zu lösen. Ich schnappe mir einen der Fachmänner fürs Überleben in der Wildnis, der sich durch üppigen Bartwuchs und schwielige Hände auszeichnet.

»Wo sind eigentlich die guten Welthölzer geblieben?«

Streichhölzer sind meine Favoriten beim Entzünden einer Flamme. Die erstaunliche Wirkung einer winzigen Handlung fasziniert mich ebenso wie das Halten der Flamme in der Hand, die unmittelbare Hitze über dem Hölzchen, das verbreitete Licht und die Möglichkeiten der Anwendung. Da akzeptiere ich keine Alternative. Was ist schon ein Feuerzeug oder eines dieser Ungetüme aus dem Supermarkt, die auf Knopfdruck Feuer speien? Nein, das hat mit dem eigenhändigen Entfachen einer Flamme nichts zu tun. Der Abstand zwischen Flamme und den Düsen des Gasherdes ist perfekt, Hölzchen leicht schräg halten, da brennt kein Daumen und man ist unmittelbar am Geschehen. Was waren das noch für Zeiten, als Mensch auf einen Blitzeinschlag warten musste, um Feuer zu haben? Und erst das Hüten der Flamme! All das steckt nun in einem Hölzchen mit Köpfchen.

Meine Liebe zu Streichhölzern ist groß, aber sie wird übertroffen von meiner Abneigung gegen Streichhölzer, die bei kleinstem Druck abbrechen und deren glimmende Köpfe Schmorlöcher auf der Arbeitsplatte neben dem Herd hinterlassen und mir die Freude am morgendlichen Espresso nehmen. Und damit ist nur eine hässliche Nebenwirkung benannt. An die Gefährdung durch minderwertige Ware mag ich gar nicht denken, da bekomme ich schlechte Laune. Immer wieder stöbere ich in Geschäften und auf Flohmärkten nach brauchbarem Material. Fast immer mit dem gleichen Ergebnis: Taugt alles nichts! Nervig sind auch Streichhölzer, die bei einem Hauch von Feuchtigkeit den Geist aufgeben. In der Küche hat man nun mal feuchte Hände. Ganz zu schweigen von unnützen Reibeflächen auf den Streichholzschachteln, die nach zwanzig Reibungen abgenudelt sind. Und so etwas nennt sich Reibefläche! Genauso unpraktisch sind Schachteln mit bunten Bilderchen auf beiden Seiten, bei denen man nie weiß, wo oben und unten ist. Ständig fliegen die Streichhölzer durch die Gegend, wenn beim Öffnen oben unten war. Bei den Welthölzern gab es dieses Problem nicht. Aber wo ist sie geblieben, die Wunderware mit den roten Köpfchen? Hier erhoffe ich mir Aufklärung. Während ich mit Spezialwachs überzogene wasserfeste Zündhölzer für 4,95 Euro in der Hand halte, holt der bärtige Überlebensspezialist einmal kurz Luft und legt los.

»Ich weiß genau, was du meinst. Es liegt am Zündwarenmonopol«, sagt er mit einem flüchtigen Grinsen, und ich nicke ihm zu, damit er weitererzählt. Hier und jetzt gibt es Erhellendes.

»Das Zündwarenmonopolgesetz ist durch den damaligen Reichstag erlassen worden. Zündhölzer durften bis 1983 nur von der Deutschen Zündwaren-Monopolgesellschaft vertrieben werden. Die Dinger kennen wir noch unter den Markennamen Welthölzer und Haushaltsware.«

»Wirklich? Es kommt mir nicht so vor, als gäbe es seit 1983 keine Welthölzer mehr. Höchstens gefühlte zehn Jahre.«

»Ist aber so. Die gute Ware kam aus Schweden. Es gab einen Deal zwischen Deutschland und einem schwedischen Industriellen. Das alles war kurz nach der Weltwirtschaftskrise.«

Er überschüttet mich mit Zahlen und Kontingenten, bis ich nicht mehr folgen kann. Dabei bleibt er unglaublich ruhig und professionell, ganz so, als wolle ich einen Polaroverall für tausend Euro kaufen und keine Streichhölzer.

»Ich staune! Es gibt wohl nichts, was ihr hier nicht wisst!«

»Wenn es etwas mit dem Leben in der Natur zu tun hat, sollten wir Bescheid wissen.«

Ich verschweige tunlichst, dass ich nur eine Dauercamperin vor den Toren unserer Stadt bin und bis heute sogar unter einem richtigen Federbett auf einer richtigen Matratze genächtigt habe. Ich kann weder einen Elch erlegen noch einen Bären verjagen. Selbst das Fangen eines Fisches würde mich überfordern. Aber das muss der Globetrotter ja nicht wissen. Er sieht verdammt danach aus, als hätte er den K2 schon rückwärts und ohne Sherpa bestiegen.

»Du kannst mir bestimmt auch sagen, wo es haushaltstaugliche Streichhölzer gibt, also keine Spezialhölzer wie diese hier, die auch nach einer Kenterung im Yukon noch brennen. Denk jetzt nicht, dass ich etwas gegen eure wachsgetränkten Dinger habe, aber ich brauche die Hölzer für meinen Gasherd und für Lagerfeuer an der Elbe, gern auch preislich etwas günstiger.«

»Gleich hinter der dänischen Grenze. Die Ware, die es dort gibt, ist made in Sweden.«

»Verstehe, alles klar. Besten Dank.«

Kurze Tage, lange Nächte

Der Zeitraum zwischen dem morgendlichen Erwachen und einem Frühstück unter der Sonne wird täglich länger, und ich überbrücke ihn immer häufiger mit Laufen. Ich bin gut im Training und weite mein Pensum bis auf zwei Stunden aus. Hinter den verschlungenen Wegen der Elbkante, wie der Hang auch genannt wird, gibt es einiges zu entdecken. Oberhalb des Leuchtturms tut sich eine Heidelandschaft auf, die mich staunend zwischen blühenden Eriken stehenbleiben lässt. Die Lilafärbung reicht von blass über leuchtend bis zu obszön. Rosa mischt sich mit Violetttönen bis hin zur Perfektion. Aus der Heidewiese wächst sich ein heller Sandstreifen zu einer Binnendüne aus, die gerahmt von zarten Birken und knorrigen Eichen einem Gemälde gleicht: Mit einem röhrenden Hirsch in der Mitte hat man das perfekte Motiv für ein Kitschbild über dem Sofa oder für eine trendige St.-Pauli-Kneipe. Und das alles vor dem ersten Kaffee! Ich laufe weiter und stoße auf Pferdekoppeln mit edlen Rössern. Hier also befindet sich das Gestüt der morgendlichen Reiter. Nicht schlecht. Wieder eine Szene wie aus einer Vorabendserie, aber hier gibt es sie ohne den Griff zur Fernbedienung. Selbst die Zäune sind frisch gestrichen, und einzig eine Bausünde am Horizont stört das Idyll. Aber ohne Schornsteine kein Kraftwerk und ohne Kraftwerk keine Energie. Das gilt auch für die niedliche Vorstadt.

Als ich auf vertraute Hunderudel samt Frauchen treffe, werfen wir uns einen knappen Morgengruß zu. Am Rande der

Großstadt herrschen bereits dörfliche Sitten. Genauso habe ich es in meiner Kindheit bei Bremerhaven gelernt: *Immer freundlich grüßen!* Diesen Brauch habe ich nach Jahrzehnten in der Großstadt fast vergessen. Das kenne ich eigentlich nur noch von ambitionierten Läufern, die in mir manchmal auch eine ambitionierte Läuferin sehen und einen viertel Atemzug für einen Gruß opfern. *Moin!* aus Hamburger Läuferkehlen und ein *Hallo!* von Zugezogenen. Und ich habe das Grüßen (höchst selten) bei Radrennfahrern erlebt, aber erst, seitdem ich ein neues Fahrrad habe und in einem Affenzahn die Elbchaussee entlangheize. Und nun begegnet mir das *Immer freundlich grüßen* auch in der Nachbarschaft meines zweiten Zuhauses. Was will ich mehr? Während im coolen Szeneviertel die Missachtung des Dresscodes (der angeblich nicht vorhanden ist) unter Umständen zur Nichtbeachtung der nicht standesgemäß Gedressten führt, gibt es hier ein *Moin!* Es sei dahingestellt, ob ich es auch mit Totenkopftätowierung auf dem Hals bekommen hätte. Jedenfalls kann ich nicht meckern: jeder Morgen ein Genuss. Auf dem Rückweg bleibe ich eine Weile beim Puppenmuseum stehen und schaue auf die Elbe. Hier ist der Hang um die fünfzig Meter hoch. Für norddeutsche Verhältnisse ein Berg. Ich versuche mir vorzustellen, wie einst Gletscher diese Landschaft formten und wie es der *Alte Schwede*, ein gigantischer Findling, von Schweden aus bis hierher geschafft hat. Das muss eine irrsinnige Mitschleiferei gewesen sein. Irgendwo soll noch ein kleiner Bruder des Schweden herumliegen.

Wenn ich faul bin, dann mache ich nach dem morgendlichen Erwachen die Tür zu und stelle kurz die Heizung an. Mit schlechtem Gewissen wohlgemerkt. In Sichtweite campiert Cat Stevens weiterhin in einem winzigen Zelt und unter einer Plane. Sobald ich den Qualm seines Morgenfeuers aufsteigen sehe, habe ich das Gefühl, ihn in die warme Rex-Stube einladen zu müssen. Kian spielt in der Morgenkühle deutlich später Tabla als üblich. Nachdem er eine Weile Rauchzeichen abgegeben hat, dauert es mindestens noch eine halbe Stunde bis zu den ersten Schlägen.

Unter meiner Dampf speienden Espressokanne und dem aufgesetzten Milchtopf geben die Flammen so viel Hitze ab, dass es im Rex noch kuscheliger wird. Ein Flickenteppich schützt mich neuerdings gegen die Fußkälte. Vielleicht sollte ich meine Yogamatte darunterlegen. Manchmal mache ich mir Wasser warm, um das Gesicht zu waschen und die Zähne zu putzen. Ein kleiner Luxus. Macht aber nicht so wach wie eiskaltes.

Eines Morgens sehe ich Kian in der Nähe des Zauns unter einer Weide sitzen, wo er von einem breiten Sonnenstrahl getroffen wird, der wie durch ein Wunder diesen Winkel des Platzes früher erreicht als den schattigen Rest. Ich gieße ein weiteres Glas Milchkaffee auf und gehe zu ihm. Er ist mit Fingerübungen beschäftigt, metallene Kugeln gleiten durch seine Hände, während er eine Melodie summt. Kian hat sich das Einsiedlerleben ganz offensichtlich selbst gewählt, und ich will ihn nicht stören. Nichts ist schlimmer als aufdringliche Nachbarn. Bisher haben wir eine freundliche Distanz gewahrt. Er hat einige Bemerkungen über meine Arbeitswut verlauten lassen und seiner Verwunderung über so viel Einsatz für einen alten Wohnwagen Ausdruck verliehen. Ich habe ihn einige Male um Hilfe und Rat gebeten und mich ansonsten auf Grüße und Fragen nach seinem Befinden beschränkt. Wenn er zu mir in den Wohnwagen kommt, zieht er selbstverständlich seine Sandalen aus, und streicht sich den Sand von den Sohlen. Dann geht mir jedes Mal das Herz auf: Das sind die selbstverständlichen Verhaltensweisen eines Orientalen, auch wenn er in einem naturnahen Camp ohne Perserteppiche lebt.

Kian kann nicht ahnen, dass seine Heimat seit Jahren eine wichtige Rolle in meinem Leben spielt. Sein Akzent im fast perfekten Deutsch ist mir vertraut und angenehm. Anfang der neunziger Jahre bin ich zum ersten Mal durch Iran gereist, und seitdem kann ich mich auch mit Iranern und Afghanen verständigen. Iranische Freunde hatten mich derart neugierig auf ihre Heimat gemacht, dass ich einer Erkundung nicht widerstehen konnte und drei Mal allein durchs Land gereist bin. Meine Iranreisen gaben in gewisser Weise den Ausschlag für mein jetziges Leben. Das Schreiben über meine dortigen Erlebnisse hat mich vor zehn Jahren zur Autorin werden lassen.

Ich kenne die Empfindlichkeiten mancher Iraner und Afghanen zu gut, und keinesfalls möchte ich meinem Nachbarn zu nahe treten. Sein Lebensstil fügt sich eher suboptimal in die Kategorie der akzeptierten Lebensentwürfe unter seinen Landsleuten ein. Ein Naserümpfen beim Anblick seiner Behausung wäre noch die harmloseste Reaktion unter den meisten Exilanten. Das übliche Auftreten von Orientalen wird häufig als *stolz* beschrieben, manche sehen in den hocherhobenen Häuptern und ihren geschönten Erzählungen über vergangene Zeiten auch eine Reaktion auf verletzten Stolz. Wenige Exilanten scheinen so stark unter dem Verlust von Ansehen und gesellschaftlicher Stellung zu leiden wie Kians Landsleute. Eine nicht repräsentative Umfrage mit der Fragestellung, ob es wohl möglich sei, dass ein gebildeter Angehöriger der orientalischen Hochkultur in einem Minizelt im Wald campiert, würde sicher zu neunzig Prozent mit *Nein* beantwortet und zu zehn Prozent mit *Ja, aber es ist nicht seine Schuld, die deutsche Kultur hat ihn verwirrt.*

Auch ich bin ein wenig überrascht über Kians Camp, aber wir leben in einer Großstadt mit ausreichend Anonymität und Raum für die eigene Entfaltung. Er wird seine Gründe haben. Der Tablaspieler hockt auf einem Stein und die Kugeln rollen spielerisch durch seine Finger. Als er mich wahrnimmt, hält er inne. Er sieht wirklich gut aus. Ein exzentrischer Künstler! Ich schätze ihn auf Ende dreißig. Erste graue Haare mischen sich unter seine schwarzen Locken. Kian trägt die Spuren eines langen Sommers auf der Haut und an seiner Kleidung. Die abgeschnittene Hose ist zerschlissen und sein Pulli von Brandlöchern gezeichnet. Er ist tief gebräunt und vom Barfußlaufen zeigen seine Fersen und Ballen eine ausgeprägte Natursohle. Erstaunlicherweise ist er immer akkurat rasiert. Kein Härchen tanzt aus der Reihe seines modischen Henriquatre-Barts. Seine langen Haare fallen ihm in dunklen Strähnen ins Gesicht. Er hat eine heisere Stimme, die manchmal einen Ton höher liegt, als man es bei einem Mann erwartet.

»Moin. Ich habe dir einen Kaffee gemacht.«

»Moin, moin. Mann, das finde ich aber stark! Vielen Dank.«

»Schon richtig kühl am Morgen.«

»Ist doch nicht schlecht. So kommen weniger Touris zu uns. Dafür trauen sich die Tiere wieder raus. Der Fasan zeigt sich nur, wenn es hier ruhig ist. Hmm, der Kaffee ist lecker und sieht super aus.«

»Möchtest du Zucker?«

Ich greife in meine Hosentasche nach einem Päckchen.

»Nicht nötig. Der sieht aus wie in einem schicken Café. Echt cool.«

»Mein kleines Ritual am Morgen. Scheint so, als seien wir beide die Einzigen, die sich hier hinten in der Ecke noch blicken lassen. Carlos und Ute tauchen nur noch bei gutem Wetter auf. Sonst sehe ich keinen von den Dauercampern.«

»Ich verstehe das auch nicht. Haben die dicken Wohnwagen, zahlen viel Geld und kommen nicht an die Elbe. Schön blöd. Bald ist schon wieder alles vorbei.«

»Bleibst du bis zum Schluss?«

»Klar, Mann. Und dann haue ich ab, mach die Biege in Richtung Süden.«

»Wo geht es hin?«

»Nach Marokko. Da werde ich überwintern.«

Kian philosophiert übers Tablaspielen und die Geschmeidigkeit von Fingern. Ich würde mich lieber übers Totholz im Hang austauschen und ihn bitten, mir bei einem Stamm behilflich zu sein, den ich seit Tagen im Visier habe. Aber nach einem genaueren Blick auf seine mühsam trainierten Musikerhände verliere ich den Mut. Der Stamm ist schwer und alles andere als handlich. Ich selber habe mir da oben schon einige Blessuren geholt. Bis zum Abzug von Rex sind noch vier oder fünf Feuer fällig, überlege ich. Zur Not kann ich mir die Schubkarre ausleihen, die neben der Kneipe steht, und darin grobes Geäst transportieren. Und wenn ich Glück habe, kommt Freddy mit dem Auto und bringt mir dekadentes Baumarktholz im Sack mit. Nick hat sich seit Tagen nicht mehr blicken lassen. Ohne sein Holz bin ich aufgeschmissen.

»Ich sehe dich morgens manchmal wegfahren. Bist du am Jobben?«

»Ja klar, Mann. Bei einem Maler. Für die Wintermonate brauche ich Kohle.«

Die Vorräte gehen zu Ende, und so schnappe ich mir mein Einkaufsfahrrad, Marke Rustikal, und fahre hoch nach Rissen, dem nächstgelegenen Stadtteil. Dorthin ist die Anfahrt weniger steil als nach Blankenese, wo die Bergetappe eines Radrennens zu bewältigen ist. Auf dem Anstieg kann man die verblassten Schriftzüge *Jan* und *Erik* auch nach Jahren noch lesen. Die sechzehnprozentige Steigung macht mir als Läuferin schon schwer zu schaffen, mit meinem Sportrad ist es eine Qual und mit dem *Rustikal* nicht zu bewältigen.

Rissen weist gemäß meiner persönlichen Studien die höchste Pensionärsdichte neben Miami Beach auf. Dort habe ich mich auf Anhieb wohl (und jung) gefühlt. Wo sonst kann man durch pure Anwesenheit den Altersdurchschnitt um Jahre senken? Ganz im Gegensatz zum Szeneviertel in St. Pauli. Dort dominieren am Abend die Jugend und tagsüber sonnenbebrillte Jungmütter mit Siebzigerjahre-Kinderwägen. In jedem Fall gehöre ich vor meiner heimischen Haustür zum alten Eisen, während ich in Rissen möglicherweise der Jugend zugerechnet werde. Wie sagt Ina Müller doch so passend? *Zwischen Kuscheltuch und Rheumadecke.*

Als Dauercamperin mache ich nicht nur Erfahrungen mit einem Leben im Freien, sondern bekomme zum Zweitwohnsitz auf Rädern auch ein neues Einkaufsviertel. In Rissen gestaltet sich das Konsumieren als erstklassig. Hier ist die Kundin noch Königin. Hier will ich sein und den Einkaufswagen durch die Gänge schieben. Freundliche und kompetente Mitarbeiter tauchen unverhofft zwischen den Regalen auf und lächeln. Als ich zum ersten Mal von einem Verkäufer gefragt wurde, ob er helfen könne, war ich richtig erschrocken. So etwas passiert im Penny auf St. Pauli nie. Zwischen aufgerissenen Pappkartons trifft man allenfalls auf gestresste Minijobber. Alles ist anders am Zweitwohnsitz.

Aus einer Laune heraus habe ich in Rissen den teuersten Espresso der Welt gekauft und wurde nicht enttäuscht. Die Bohnen sollen über Olivenholz geröstet sein, wohlgemerkt: über Oliventotholz, laut Verpackung. Kein Baum wird ihretwegen gefällt. Aber wer kann das schon nachprüfen? Wer fährt extra nach Italien, legt sich hinter der Rösterei auf die Lauer und nimmt Proben aus der kalten Asche? Obwohl? Wenn man grad in der Nähe ist? Jedenfalls ist der Espresso ein Gedicht. Ein wenig Luxus muss sein, wenn man schon keinen Strom, kein fließend Wasser und keine Toilette in der Nähe hat.

Rissen ist zu meiner (heimlichen) Liebe geworden, wofür

ich reichlich Spott ertragen muss. Okay, Blankenese ist zweifellos schöner, konkurrenzlos schön. Ein Spaziergang durch Blankenese, oder noch besser eine Bergabfahrt per Rad durch den Ort, ist *bellissima*. Im Nu fühlt man sich wie in bella Italia! Ein malerisches Örtchen mit Hanglage, Segelclub und Blick auf Ozeanriesen. In Blankenese macht die Schönheit schwindelig und manchmal neidisch. Der Ort zeigt, wie es sich für seine Lage und Bevölkerung gehört, eine gewisse Dekadenz. Braucht man frische Kirschen im Winter, für sechzehn Euro das Kilo? Nirgends scheint die Dichte an allradbetriebenen Kraftfahrzeugen höher zu sein als dort, obwohl die Straßen in einwandfreiem Zustand sind und jede Steigung auch mit einem Polo zu bewältigen ist. Als Radfahrerin machen mir die Monstren Angst, besonders wenn sie getönte Scheiben haben. Wenn ich einen Hummer sehe, überlege ich, ob der *Verteidigungsfall* nun doch eingetreten ist, und verstecke mich im Gebüsch. Wenn ich mich von dem Schrecken erholt habe, rede ich mir ein, dass fürsorgliche Eltern ihre Kinderchen mit solchen Fahrzeugen sicher zur Schule bringen möchten. Außerdem darf man die Wahrscheinlichkeit eines richtigen Winters nicht außer Acht lassen. Wer weiß? Bei meterhohen Schneewehen werden sich die eingebauten Sperrdifferenziale bewähren. Möglicherweise besitzen einige Blankeneser weitläufige Ländereien in Schleswig-Holstein oder gar in Ostpreußen. Ich zumindest habe zweimal im Jahr eine Verwendung für ein Försterauto mit Anhängerkupplung! Haben die Brummer überhaupt eine? Ich werde in Zukunft darauf achten, wenn mich mal wieder einer von der Straße scheucht.

Trotzdem, Blankenese ist und bleibt ein Traum und Rissen mein Einkaufsparadies.

Ich grase vier Geschäfte ab, bald sind meine Packtaschen voll, und radle mit zufriedener Miene durch die schönste Allee der Stadt. Auf dem Kopfsteinpflaster und unter den alten Eichen muss ich mich zusammenreißen, um nicht in Melancholie zu verfallen. Seit wann kann mich der Anblick einer Straße derart rühren? Und seit wann bin ich eigentlich so nah am Wasser gebaut? Ach, egal. Der holprige Abschnitt ist nur kurz, aber lang genug, um mich zu verzücken. Die Straße meiner Kindheit zeigt bis heute ein ähnliches Pflaster, unbearbeitete Natursteine. Auf der letzten Etappe zum Rex ist der Asphalt schnell, und während ich den Berg hinuntersause, vertraue ich auf mein antikes Einkaufsrad.

Nun kann wieder gekocht, gegrillt und geschlemmt werden. Die letzten Tage der Saison will ich in vollen Zügen genießen.

Versöhnung mit der Elbe

Seit drei Wochen schaue ich mit gemischten Gefühlen aufs Wasser und entdecke in jeder Schaumkrone ein Unheil. Treibholz wird in meinen Augen zu einem gefährdeten Paddler und Strandgut wirkt auf den ersten Blick wie eine Wasserleiche. Meine Beinahe-Seenot hat ein gewisses Trauma zurückgelassen. So kann ich nicht in den Winter gehen, nicht mit diesem schlechten Gefühl. Ich will mich mit der Elbe versöhnen, möchte auch in Zukunft in einem winzigen Kajak auf dem Fluss unterwegs sein, allerdings ausgestattet mit dem notwendigen Wissen um die Gezeiten, den Wind, die Wellen und das Wetter. Ich möchte Paddeltechniken erlernen und mich sicher fühlen. Mir ist klar, was ich zu tun habe: so schnell wie möglich zurück aufs Wasser! Aber es ist Ende September und die Wassersportsaison fast vorbei. Am letzten Wochenende kamen Hunderte von Seglern mit den auflaufenden Wassern in den Hafen, und die meisten von ihnen werden erst im Frühjahr wieder hinausfahren. Das *Absegeln* ist der Start in die Winterpause. Für mich gibt es noch eine Chance, am Mittwoch findet der letzte Paddeltreff des Jahres in Blankenese statt. Elke hat mir das Unglücksboot dagelassen. Das Wetter ist gut, und so nehme ich meinen Restmut zusammen. Es ist nur etwas über einen Kilometer bis zum Bootshaus des Clubs. Im Internet hieß es, am Mittwochabend sei ein allgemeiner Treff zum gemeinsamen Paddeln. Ich weiß nicht, was darunter zu verstehen ist, aber irgendwie muss ich mein Trauma besiegen. Mit zittrigen Beinen sitze ich im Boot und paddle tapfer drauflos. Leider ist das Wasser noch zu niedrig, um die Buhnen überfahren zu können, und so muss ich in Richtung Fahrrinne ausweichen. Carlos' spanische Flagge ist das Letzte, was ich von unserem Platz sehe. Niemand weiß, dass ich auf dem Wasser bin.

Als ich beim Bootshaus anlanden will, kommen mir Jugendliche in schnittigen Kajaks entgegen. Die Anlegestelle ist schmal und liegt zwischen zwei Mauervorsprüngen. Ich kann kaum manövrieren und zu allem Überfluss rauscht ein Tanker vorbei. Wellen schwappen gegen die Mauern, um wenig später mit Kraft zurückzuschlagen.

»Zurück! Paddle raus!«, ruft mir jemand zu, und ich versuche mein Bestes. Ein Jugendlicher kentert, was mich in Angst und Schrecken versetzt, während er es offenbar nicht der Rede wert findet und flugs sein Boot vor der nächsten Welle sichert. Er greift es wie ein Spielzeug, damit es nicht an die Mauer kracht. Alle lachen und haben ihr Vergnügen an dem Malheur. Weiter draußen beruhigt sich das Wasser. Die Gruppe paddelt in schnittigen Einern davon, während ich nun endlich mühsam aus meinem Kajak steige und es an Land ziehe.

Bald kommen mir Leute entgegen, sie sind mit ihren Booten in Richtung Strand unterwegs.

»Moin! Bin ich hier richtig beim Mittwochspaddeln?«

Eine Frau schaut erst mich und dann mein Boot an. Skeptischer hätte ihr Blick nicht ausfallen können.

»Hm!«, höre ich oder glaube es zumindest zu hören. Ihr Boot liegt auf einem Handkarren, den sie zum Wasser schiebt. Nur nicht abschrecken lassen, sage ich mir. Ich weiß selber, dass ich kein Rennboot habe, sondern nur ein Anfängerkajak aus schnödem Plastik.

»Ich bin zum ersten Mal hier und würde gern ein wenig mit euch paddeln«, mache ich einen erneuten Anlauf.

»Mit dem Boot? Frag mal den da!«, sagt die Naturtyp-Frau, die demnach wenigstens sprechen kann.

Ein gebräunter und leicht asketisch wirkender Mann kommt lächelnd auf mich zu. Er scheint nur aus Sehnen und Muskeln zu bestehen. Sein Schritt ist tänzelnd, obwohl er ein Kajak geschultert hat.

»Moin, ich würde gern mit euch paddeln.«

»Ja klar! Warum nicht!?«, sagt er und wirft einen dezent prüfenden Blick auf mein Boot.

»Ich möchte in diesem Jahr unbedingt noch mal auf die Elbe, um eine missglückte Fahrt zu vergessen. Im nächsten Jahr würde ich dann gern in euren Verein eintreten und das Paddeln richtig lernen.«

»Bist du denn schon mal auf der Elbe gepaddelt?«

»Ja, erst neulich, einmal um Neßsand herum.«

»Na, dann kannst du es ja schon.«

Ich fasse mich kurz und erzähle ihm von meinem Erlebnis. Er nickt wissend, murmelt etwas von *Springtide.* Ich würde mich für den heutigen Abend gern von ihm adoptieren lassen. Seinen Armen und seiner Hautfarbe nach zu urteilen, legt er das Paddel nur selten aus der Hand.

»Wir sind heute nur wenige. Die Frauen sind schon los. Sie wollen Tempo machen. Ich bleibe bei dir«, sagt er, und ich habe das Gefühl, vollauf verstanden worden zu sein.

»Vielen Dank. Wenn ich zu langsam bin oder mich blöd anstelle, kann ich auch allein zurückpaddeln«, sage ich.

»Auf der Elbe wird grundsätzlich nicht allein gepaddelt. Ich heiße übrigens Manfred.«

Auch ich stelle mich vor und erzähle von meinem Domizil an der Elbe, was er kommentarlos nickend registriert. Er setzt sein Boot ins Wasser. Neben ihm sind weitere Kanuten, für die ich aber kein Auge habe, weil ich vollauf mit dem Einsteigen beschäftigt bin.

»Wir paddeln zunächst gegen die Tide in Richtung Stadt. Es ist ablaufend Wasser. Auf dem Rückweg haben wir es leichter. Die Strömung ist zum Fahrwasser hin stärker, deshalb bleiben wir zwischen den Buhnen und umfahren erst im letzten Moment die Baken, also die Seezeichen.«

»Ich mache, was du sagst.«

Während wir nebeneinander paddeln, fühle ich mich ausgesprochen sicher. Die Frauengruppe ist kaum noch zu sehen. Wenig später ist sie bereits hinter dem Ponton von Blankenese verschwunden. Als auch wir das schwimmende Lokal passieren, bin ich ein wenig stolz. Immer wenn ich hier als Gast am Wasser saß, habe ich neidisch auf die Sportler geschaut. Ich kenne den Ausdruck der abendlichen Müßiggänger genau. Mit einem Glas Wein in der Hand schaut manch einer uns hinterher. Ich bemühe mich um passable Haltung und gleichmäßige Schläge.

Manfred erzählt mir etwas über Grundkurse und Prüfungen, die ich im nächsten Jahr ablegen sollte, um mich sicher auf der Elbe zu bewegen. Im Winter könne ich schon mal im Hallenbad am Kentertraining teilnehmen.

»Dein Boot ist langsam«, sagt er.

»Das bin wohl eher ich.«

»Nein, nein, dein Boot ist für kleine Flüsse mit höherer Strömung und vielen Kurven bestens geeignet. Es ist breit und kurz. Unsere Boote sind schmal und lang. Dadurch sind wir wesentlich schneller, aber nicht so wendig.«

»Interessant.«

Ein weiterer Paddler gesellt sich zu uns, und wenig später unterhalten wir uns wie drei Sportler, denen der Gesprächsstoff nie ausgehen wird. Es ist nicht anders als unter Läufern, Tri- oder Leichtathleten. Es gibt immer etwas zu quatschen, und ich werde niemals müde, über Material, Trainingspläne, Distanzen und Verletzungen zu reden.

Nur mit Mühe erreiche ich den Anleger bei Teufelsbrück, eine Strecke von fünf Kilometern. Die Tempo-Frauen sind uns schon vor einer gefühlten Ewigkeit entgegengekommen und sitzen vermutlich bereits im Vereinslokal. Zurück geht es schneller, aber nicht so schnell, wie ich gehofft habe. Es ist windstill, und der Himmel zeigt sich in Rosa und Violett. Neßsand am anderen Ufer und der Leuchtturm geben Orientierung. Auch wenn der Fluss mir in den letzten Wochen vertrauter geworden ist, so zeigt er plötzlich ein ganz neues Gesicht. Die Sonne taucht regelrecht ins Wasser, ganz so, als seien wir am Meer. Auf der Höhe von Blankenese komme ich aus dem Staunen nicht mehr heraus. Inzwischen ist es dunkel geworden und die Lichter am Hang leuchten heimelig wie aus Zuckerbäckerhäuschen heraus. Es ist ein warmer Abend, und unsere Boote gleiten beinahe lautlos durchs Wasser. Als wolle die Elbe mich milde stimmen, kräuselt sie sich wie ein Ententeich, aus dem ein Fischlein hochgesprungen ist. Immer wieder schaue ich zu den Puppenstuben des Ortes, die wie in Zeitlupe an uns vorüberziehen. Eine Miniaturwelt ohne Makel. Fast habe ich Mitleid mit jenen Blankenesern, die ihren Ort so wohl noch nie gesehen haben. Er ist malerisch.

Es ist weit nach neun, als wir den Bootsanleger erreichen, und ich habe noch ein Stückchen vor mir.

»Im Dunkeln paddeln wir eigentlich nicht. Das kurze Stück heute war eine Ausnahme, weil wir spät dran sind. Übrigens der letzte Abend der Saison«, sagt Manfred.

»Ich weiß. Im April komme ich wieder.«

»Musst du jetzt noch zum Campingplatz?«

»Ja, ich paddle gleich weiter. Meine Arme sind schon ziemlich schwer. In euer Vereinslokal kann ich also leider nicht mitkommen.«

»Ich begleite dich.«

»Nein, das brauchst du nicht. Es ist nicht weit, und ich werde zwischen den Buhnen bleiben.«

»Ohne Beleuchtung ist es gefährlich.«

Manfred hadert mit sich, aber er kann es mir schlecht verbieten. Offenbar hält er es für keine gute Idee, jetzt noch auf dem Wasser zu sein. Aber mir bleibt keine Wahl. Wo sollte ich das Boot lassen? Gemeinsam paddeln wir bis zur vorletzten Buhne vor dem Campingplatz. Erst dort kann ich ihn überreden, mich allein zu lassen und umzukehren. Er hat es schwerer gegen den Strom.

Der Platz ist wie ausgestorben. Nirgends brennt ein Licht. Ich habe keine Ahnung, wie ich das Boot bis zum Rex zerren soll, aber ich bin beseelt von dem schönen Abend auf dem Wasser und kann von irgendwoher Kraftreserven mobilisieren. Eine Schleifspur folgt mir durch den Sand.

Mit kommt es vor, als sei ich allein auf der Welt, gestrandet auf einer unbewohnten Insel. Es ist so finster, dass ich an meinen neuesten Schwur denken muss: auf dem Campingplatz immer eine Taschenlampe dabeihaben! Nicht mal bei Kian brennt ein Feuer. Irgendwo finde ich die super de Luxe Streichhölzer, entzünde die Gaslampe und strecke mich.

»Juhu!«, rufe ich, wickle mich in die blaue Decke und setze mich noch eine Weile an den Strand.

»Danke«, flüstere ich der Elbe zu.

Der Winter kommt, Rex geht

Ich mummle mich ein, lösche das Licht und begehe einen Fehler: Im Dunkeln taste ich nach meinem Handy, stöpsle die Kopfhörer ein und wähle meine derzeitige Lieblingsmusik. Simone White. Ihre Stimme geht mir durch und durch, und kaum setzt sie zur ersten Strophe an, schluchze ich auch schon los, bedaure mich selbst und versinke ohne Gegenwehr in meinem Liebeskummer, anstatt auf Stopp zu drücken.

I didn't have any summer romance, nobody bothered to break my heart in two …

I didn't walk down the beach in a trance, or listen to little white lies that sounded true

Am nächsten Tag kommt das Ende rasch. Innerhalb weniger Stunden gleicht mein Rex einer Rumpelkammer. Gisi & Ingo bringen mir zum Saisonende alles vorbei, was das Camperherz begehrt oder begehren sollte, wenn es denn Kenntnis von den Schätzen hat.

»Das ist ganz wichtig«, sagt Ingo, während Gisi nickt. Er überreicht mir einen Sack mit der Aufschrift *Raumluftentfeuchter*.

»Von Berger?«, frage ich grinsend.

»Das bekommst du auch woanders, in jedem Baumarkt, sogar bei Aldi, und vor allem wesentlich billiger.«

Aktiv ohne Strom steht auf der Packung. Das Wundermittel verhindert angeblich Schimmelbildung, vermeidet schlechten Geruch und sorgt für feuchtigkeitsfreie Lagerung. Klingt gut. Auf dem Schrottplatz-Acker mangelt es schließlich nicht an

Feuchtigkeit. Ich habe mir schon ernsthafte Sorgen um Rex gemacht, zumal ich ihn von November bis Februar nicht besuchen kann. Das Granulat ist drei bis vier Monate wirksam und soll für Räume bis fünfzig Quadratmeter ausreichen. Mein Rex misst keine sechs Quadratmeter.

»Vielen Dank.«

»Das musst du wirklich unbedingt aufstellen. Und denk daran, keine geschlossenen Gläser, Dosen oder Flaschen im Wagen zu lassen, auch keine Plastikflaschen. Wenn es friert, dann platzen sie und du hast im Frühjahr die Schweinerei im Wagen. Und keine Vorräte, sonst kommen Mäuse«, sagt Gisi.

»Du meinst, alles muss raus?«

»Ist besser. Außerdem: Was willst du im nächsten Jahr mit dem alten Zeug!«

»Na ja, ich dachte die Zuckerdose, Salz und irgendwelche Gewürze, Reis und Nudeln können hierbleiben.«

»Nein, nein, alles raus. Auch das Bettzeug und die Polster. Wenn du möchtest, bringen wir es mit dem Auto zu deiner Wohnung.«

»Es sieht so traurig aus ohne Bett und Polster.«

Gisi legt mir den Arm um die Schulter, und ich komme mir ein wenig kindisch vor. Aber ich könnte tatsächlich schon wieder heulen. Rex ist das Beste, was mir in letzter Zeit passiert ist, meine ungewöhnliche *summer romance,* und nun trenne ich ihn von seinen orangefarbenen Glitzervorhängen über der Sitzecke und den leuchtend roten über dem Bett. Die Schlafmatte ist zusammengerollt und selbst die Gol-Bol-Bol-Decke mit den Nachtigallen für die Klappbank verschwindet in einem Sack.

»Wie bekommt man den Wasserkanister wieder sauber?«, frage ich Gisi und schaue mit einem gewissen Ekel auf die Rückstände im Ungetüm. Ich habe es schon mit Gebissreiniger versucht, aber bei einem Zwanzig-Liter-Kanister bräuchte man Unmengen der sprudelnden Tabletten. Meine Versuche, mit Bürstenformationen den seltsamen Gebilden im Innern zu Leibe zu rücken, zeitigten bisher nur mäßigen Erfolg. *Herr und Frau Berger* oder wer sonst mit der Konstruktion von Wasserkanistern befasst ist: Was – bitte schön – sollen winzige Öffnungen, die ein ordentliches Reinigen ausschließen? Warum haben sie keinen anständigen Schraubverschluss in XXL-Größe, durch den eine ausgewachsene Hand passt? Außer einer chemischen Keule, die ich aber nicht in meinem Trinkwasser wiederfinden möchte, fällt mir nichts mehr ein.

»Ingo nimmt Zeitungspapier. Er zerreißt es, stopft die Schnipsel in den Kanister, Wasser drauf, ordentlich schütteln und dann lösen sich die Rückstände. Macht zwar viel Arbeit und erfordert Geduld, aber es hilft.«

»Aha!«

»Was passiert mit deiner Terrasse, ich meine mit den Holzpaletten? Passen sie durch die Tür, oder soll ich das Fenster aufkippen?«, will Ingo wissen.

»Yara und ich machen heute Abend ein Abschiedsfeuer.«

Später drehe ich eine persönliche Abschiedsrunde und sehe Walter in seinem Wagen sitzen. Seine afrikanische Flagge flattert im Wind und ist in den letzten Wochen deutlich ausgefranst.

Er winkt, und so gehe ich an die geöffnete Scheibe.

»Moin, wo bleibt dein Wagen im Winter?«, will er wissen.

»Moin Walter, beim Bauern oben in der Marsch.«

»Das ist gut. Da ist er sicher. Meiner kommt auch dahin.«

Und schon gibt Walter eine seiner Katastrophengeschichten zum Besten. Einer seiner Wohnwagen sei aus einem Winterlager gestohlen worden, mitsamt dreihundert Flaggen, alle aus bestem Tuch, die er den diversen Konsulaten in Hamburg abgeschwatzt oder bei Seeleuten gegen Schnaps und Zigaretten eingetauscht hatte. Dreihundert! Walter lässt nur knappe Nachfragen zu, viel lieber erzählt er mit seiner Radiostimme von den *alten Zeiten*. In einem anderen Winter hatte ein Obdachloser in seinem Wohnwagen Unterschlupf gesucht. Der hatte immerhin einen Zettel hinterlassen: *Vielen Dank für das wunderbare Winterquartier.*

»Gas war natürlich alle, aber was soll's. Hauptsache, der Kerl ist nicht erfroren«, sagt Walter, mit dem ich bisher viel zu wenig gesprochen habe. Der Rentner scheint ein netter Mensch zu sein, nur leider schlecht zu Fuß. Beim Bauern jedenfalls sei den Wohnwagen nie etwas passiert. Dort stehe seiner jetzt auch schon seit fünfzehn Jahren. Zeiträume sind das.

»Ich bin seit 1976 hier«, legt er nach.

»Donnerwetter. Wer hilft dir beim Abbau?«

»Mein Sohn und mein Schwiegersohn. Den einen kennst du schon. Hat er mir zumindest erzählt, dass er mit dir gesprochen hat. Der Dunkle.«

»Er ist dein Schwiegersohn?«

»War er mal, aber wir haben noch immer ein gutes Verhältnis.«

»Deshalb auch die Flagge von Senegal?«

»Elfenbeinküste.«

»Oh, Verzeihung.«

Und dann kommt der Trecker und zieht meinen *Verlobten* durch den Sand. Er schaukelt und klappert. Durch das hintere Fenster sehe ich Suppenkellen, Kochlöffel und Pfannenheber an ihren Haken hin und her baumeln. Die Klappbank ist fest verzurrt und bleibt regungslos. Ein leerer Kanister klopft gegen die Scheibe, als wolle er sich verabschieden. Ich drehe mich um und blicke auf die Elbe. Ein kühler Wind macht den Abschied leichter. Bis auf die Reifenspuren ist nichts mehr von unserem Sommerdomizil zu sehen. Der Campingplatz ist wohnwagen-, vorzelt-, plastik- und alufrei. Weg. Alle weg.

Der Hang ist unverändert grün, aber die Tage der Blätter sind gezählt. Saisonende im Überflutungsgebiet. Ich schwinge mich auf den Sattel und radle in mein anderes Leben.

Ein Seebär im Schnee

Nachdem ich Anfang Februar auf dem Flughafen London Heathrow eine Nacht und zwei Tage auf einem Pappkarton campieren musste, während gefühlte drei Zentimeter Schnee vom Himmel fielen und damit die Stadt und einen Großteil des internationalen Flugverkehrs lahmlegten, hatte ich eigentlich genug vom Winter. Der Aufenthalt war trotz allem amüsant, weil ich gemeinsam mit Menschen aus aller Welt campierte, von denen einige von irgendwoher Schlafunterlagen und Carepakete abgestaubt hatten und den Proviant mit mir teilten. Ansonsten war uns nur das Handgepäck geblieben, und einige Reisende trugen sogar Sommerkleidung. Mein Südafrika-Teint verlor stündlich an Tönung, was mir wie ein Mysterium erschien. Wie kann Haut so schnell verblassen? Zwischen Buckingham Palace und Stuttgart, wohin man mich verfrachtete, weil es in Deutschland liegt, waren nur noch meine Hände gebräunt. Seltsam. Dabei hatte ich den letzten Monat an einem endlosen Strand verbracht, unter ähnlichen Bedingungen wie in meinem Elbparadies, nur war dort alles hundert Nummern größer und die Wohnwagen ein wenig heruntergekommener.

Als ich dann nach einer weiteren Übernachtung im Schwabenländle endlich per Bahn Hamburg erreichte, war ich schon wieder so farblos wie die Elbe bei Schlechtwetter.

Zu Hause verkrieche ich mich so lange in der heißen Badewanne, bis ein stahlblauer Himmel und Neuschnee mich vor die Tür locken. Wie auf Autopilot gestellt, gehe ich zur S-Bahn Richtung Blankenese, setze mich in meinen Lieblingsbus und fahre zu meiner Lieblingshaltestelle im Wald. Winterwunderland. Märchenwald. Hurra.

Ich renne wie eine Irre meinen Lieblingsweg entlang, noch hundert Schritte, dann sehe ich *sie*. Die Elbe. Ich knipse, was mein Apparat hergibt. Neßsand im Winterschlaf, keine Spuren im Schnee, weiße Decken über den Ästen, manche schwer und drückend, eine Kiefer bückt sich unter der Last, glitzerndes Wasser und Eisschollen und dann irgendwo *meine* Treppe. Nur das Geländer schaut aus dem Schnee heraus, von den einhundertdreißig Stufen ist nichts zu erkennen. Ich hangle mich hinunter, wie so oft im letzten Sommer, wenn ich mit schwerem Gepäck, Hackenporsche und Hinkelstein auf dem Rücken den kürzesten Fußweg zum Rex nahm.

Wie eine Fremde taste ich mich an den Platz heran. Ob das Tor offen ist? Der Griff gibt nach, die Scharniere knarren. Kein Wohnwagen, kein Vorzelt, keine Hängematte, sondern eine Winterlandschaft mit Kopfweiden und Linden. Wo stand mein Verlobter? Unter dem Laternenpfahl? Ich kann mich nicht erinnern. Alles weiß und seltsam fremd. Doch dann leuchtet das Vogelhaus aus der Weide heraus, das Geschenk eines Gastes aus Rheinhessen zum Ende der Saison. Spitzenriesling und ein Vogelhaus. Ich schmunzle über den lustigen Abend am Strand, weil jedes noch so kleine Containerschiff Begeisterungsstürme in ihm auslöste. Dort, wo wir in der Wärme im Sand lagen, stapeln sich nun Eisschollen. Kein Laut durchdringt das Märchen. Jeder Schritt zwischen den Buhnen klirrt, als habe man Glassplitter unter den Füßen. Ein Schiff fährt flussabwärts, und sein Wellenschlag bringt den Kristallpalast zum Klingen.

Ganz langsam gehe ich zurück in Richtung Stadt, Kilometer um Kilometer. Hinter Blankenese treffe ich auf einen

Mann mit einer Pistole. Für einen kurzen Moment durchfährt mich ein Schrecken. Doch in der anderen Hand hält er eine Flagge, und ich erkenne in ihm einen Seebären im Ruhestand.

»Moin. Was gibt's denn hier zu schießen?«, muss ich von ihm wissen.

»Moin. Och, eigentlich 'n trauriger Anlass. Gleich kommt 'n altes Lotsenschiff auf seiner letzten Fahrt vorbei. Wird abgewrackt.«

»Wo? In Hamburg?«, frage ich erstaunt.

»Nee, in Indien, wo sie die jetzt alle hinschicken, aber vorher gibt's noch 'ne offizielle Verabschiedung im Hafen mit Erbsensuppe, Grog und so. Das Schiff lag Jahrzehnte in Hamburger Diensten inner Mündung.«

»Ach verstehe, deshalb das wilde Getute, es verfolgt mich schon die ganze Zeit.«

»Ja, sie wird gleich hier sein. Hat am Willkomm Höft in Wedel schon 'nen großen Bahnhof gekriegt. Das volle Programm.«

Der Seebär entrollt eine Deutschlandfahne auf weißem Grund.

»Lotsenflagge«, sagt er und sieht traurig aus. Ich frage ihn, ob er das Hörbuch ›Orkanfahrt‹ kennt. Kapitänsgeschichten, von Otto Sander gelesen.

»Hab selbst genug erlebt, da brauch ich keine Bücher.«

»Es sind wahre Geschichten, kein Spinnkram«, sage ich, und er schaut mich zum ersten Mal an.

»Bin 1967 in der Biskaya abgesoffen«, sagt er und wischt sich mit dem Jackenärmel über die triefende Nase.

»Das war bestimmt kein Spaß.«

»Ganz bestimmt nicht.«

Und dann kommt die alte Lady mit lautem Getöse in Sicht und der Seebär lässt seine Signalpistole knallen. Ihm wird mit einer Leuchtrakete geantwortet. Er dreht mir seinen kräftigen

Rücken zu und schwenkt seine Flagge. Ganz allein steht er dort am verwaisten Hafen des Segelclubs. Ein trauriger Abschied, aber immerhin bringt die Mittagssonne die Aufbauten des Lotsenschiffes zum Leuchten. Es könnte trostloser sein.

»Tschüs denn«, sage ich, aber er hat kein Ohr mehr für mich.

Der Winter geht (hoffentlich), Rex kommt

Es ist ein erhabenes Gefühl, auf einem Trecker zu sitzen. Die Kraft der Maschine verwandelt sich in meinem Inneren zu schierer Macht. Ja, mit Macht wird Rex durch den Sand gezogen. Quer über den Campingplatz, vorbei an Bäumen, die den Frühlingsanfang verpasst haben. Bis auf einige Schneeglöckchen und Krokusse herrscht hier tiefster Winterschlaf. Es ist Ende März. *Nun kommt doch endlich raus, ihr Knospen! Wir warten schon.*

Rex bleibt in der Spur. Der neue Traktor hat gewaltige Ausmaße, er ist so hoch wie zwei Traktoren der alten Bauart. Ich sitze neben Garip und habe freie Sicht auf das Dach meines *Verlobten,* inklusive der neuen Luke über dem Herd und der alten über der Nasszelle. Diesen Anblick hätte ich mir gern erspart. Obwohl? Bei einem (richtigen) Quasi-Verlobten stößt man auch auf manches, auf das man verzichten könnte. Ich denke da nur an behaarte Stellen. Ach, lassen wir das. Nicht nachtragend sein und nicht unfair. Niemand ist perfekt! Was bedeutet schon ein vermoostes und verdrecktes Wohnwagendach? Bei Rex zählen die inneren Werte. Ich schaue schnell wieder nach vorn. Dorthin, wo ein langer Sommer auf meinen Verlobten und mich wartet. Dorthin, wo ich bereits die Hängematte baumeln sehe und abendliche Feuer knistern höre.

Nanu, was ist das? Unseren Platz erkenne ich kaum wieder. Ein Räumkommando muss hier gewütet haben. Sämtliche Weidenbäume sind bis auf die Stümpfe gekappt.

»Garip, was hat das zu bedeuten?«

»Hochwasserschutz. Von Amts wegen. Das wird alle vier Jahre gemacht, damit die Stämme kräftiger werden.«

»Es sieht schlimm aus.«

»Ist aber notwendig. Die Bäume brechen sonst irgendwann unter ihrem Gewicht zusammen. Kommt schon alles wieder. So pflegt man Kopfweiden.«

»Bist du unter die Gärtner gegangen?«

»Quatsch, aber die Arbeiter haben hier wochenlang zu tun gehabt und erzählt.«

Ich überlege, ob Garips Lockenpracht nach einem Schnitt ebenfalls noch üppiger sprießen würde, verkneife mir aber die Anmerkung. Er wirkt ein wenig gehetzt, was kein Wunder ist bei über vierzig Wohnwagen, die er heute und morgen durch den Sand ziehen muss. Aber das Traktorfahren scheint ihm Spaß zu machen. Ich sollte bei Gelegenheit nachfragen, ob ich nicht vielleicht mal ans Steuer darf, denn was er da mit dem Handgashebel anstellt, sieht nach Vergnügen aus.

»Hier?«, fragt er nur, während ich verzweifelt nach einer Markierung suche, die mir den Standort vom letzten Jahr zeigt.

»Rex stand einige Meter weiter vorn, glaube ich.«

»Dorthin stellt sich jemand anderer. Du bekommst neue Nachbarn.«

Ich versuche mir ein Sommerbild vorzustellen. Unmöglich. Was ich als Grün in Erinnerung habe, ist nichts weiter als ein verwaschenes Ocker mit dezenten Anlehnungen an Oliv. Selbst die Elbe harmoniert mit dieser Tristesse in einem glanzlosen Grau, passend zur Nichtfarbe des Himmels. Hamburg at its best! Wie ungastlich sich mein Paradies doch zeigt. Habe ich mich hier wirklich wohlgefühlt? Mit einem letzten Tritt auf das Gaspedal und einem galanten Schwung um einen Laternenpfahl ist das Ziel erreicht. Garip koppelt die Deichsel ab und macht sich auf zum nächsten Wohnwagen.

Da stehen wir. Rex und ich allein auf weiter Flur. Wie soll ich in diesem Nichts aus Sand und Trostlosigkeit den richtigen Standort für mein mobiles Heim erkennen? Im Schutz von japanischem Staudenknöterich habe ich mich am liebsten zum Pinkeln hingehockt, wobei die Tarnung stets perfekt war. Und nun kann hier nicht mal ein Rehpinscher unentdeckt sein Bein heben. Nachdem ich die Tür aufgeschlossen habe, stoße ich auch noch auf die Hinterlassenschaften einer Mäusesippe. Es ist nicht so, dass ich etwas von Kleintierexkrementen verstehe, aber ich mag mir gar nicht ausmalen, welch anderes Getier, außer Mäusen, sich meinen Rex als Winterlager auserkoren haben könnte. Hier handelt es sich um den fluchtartig verlassenen Wohnraum fremder Lebewesen. Ob sie überrascht wurden, als der Traktor ihren Palast ankoppelte? Den Überwinterern scheint Kernseife zu schmecken, die angeknabberten Seifenstücke sprechen eine deutliche Sprache. Einen Jutesack hat die Sippe offenbar als Schlafzimmer genutzt, womöglich sogar als Wochenbett der Mäusemama, denn der Sack ist nestartig ausgeformt und mit den Plastikblumen ausgepolstert, die im Sommer neben der Eingangstür hingen und unterm Bett eingelagert waren. Bevor mich beim Zusammenkehren der Hinterlassenschaften (in Kaffeebohnenform) der Ekel überkommt, rede ich mir ein, dass die Mäuse es im Rex bestimmt gut hatten. Sicher haben sie sich unter all den Wagen im Winterquartier gezielt meinen Rex ausgesucht, weil er wunderbar gemütlich ist und kuschelige Ecken und leckere Seifen und Kerzenreste bot. Rex hat ihnen ein Überleben ermöglicht. Weitere Spuren meiner »Vormieter« lassen mich jedoch stutzen. Warum haben sie Interesse an feuchtem Toilettenpapier? Ich habe einige der einzeln verpackten Premium-Tücher mit Kamillennote zurückgelassen. Die Gäste haben daran genagt, und sie offenbar als ungeeignet abgelehnt. Nur eine einzelne Verpackung ist gänzlich geöffnet worden. Ich hoffe immer inständiger, dass die Gäste Mäuse waren und nicht deutlich größere Nagetiere. Schnell an etwas anderes denken, sage ich mir, um beim Entsorgen der *Kaffeebohnen* meine Lippen zu schützen. Irgendwo habe ich gelesen, dass Herpes durch Ekel (vorhanden), Küsse (seit Monaten nicht vorhanden), Stress (in geringer Dosis vorhanden) und starke Sonneneinstrahlung (nur im Traum vorhanden) ausgelöst werden kann. Auf Ekel habe ich vor Jahren mit Herpes reagiert, aber der Auslöser soll hier nicht genauer beschrieben werden, um die Ausbreitung des Übels auf den Leser zu vermeiden. Nur so viel: Es handelte sich ebenfalls um Hinterlassenschaften an einem sogenannten öffentlichen Ort.

Neue Nachbarn

Die Zeit des Einsiedlerdaseins am Ende des Platzes ist vorüber. Cat Stevens schaut nur kurz vorbei und verdrückt sich beim Anblick der zahlreichen Wohnwagen und ihrer Besitzer, die in Warteschleife ihrem Aufzug entgegenfiebern. Er hat den Winter gut überstanden und hebt sich mit seinem gebräunten Teint deutlich von den meisten anderen ab. Seine Gesichtsbehaarung hat er umgestylt, von Henriquatre- zu Musketier-Bart, aber zum Glück in der gestutzten Version. Er sieht nach wie vor richtig gut aus. Aber der Aufruhr in *unserem* Teil des Platzes ist nicht nach dem Geschmack einer empfindlichen Musikerseele. Er murmelt etwas von *Keinen Bock drauf, wie soll ich hier Tabla spielen?* Mich hat sein stundenlanges Üben selten gestört. Gegen Ende der Saison war er immer besser geworden. Wie schade, dass er auf der Stelle kehrtmacht.

Das Durcheinander des Aufzugs und die neuen Wagen lassen mich ein stilles Mantra murmeln. *Bleib gelassen und ruhig! Gelassenheit und Ruhe! Ruhe und Gelassenheit!* Schnell wird deutlich, dass sich die Atmosphäre dieses Paradieses herumgesprochen und Neulinge angelockt hat. Aber was bedeutet das für meinen Rex und mich? *Abwarten! Abwarten! Abwarten!* Wie sind sie nur zu einem Pachtvertrag gekommen? Es glich doch im letzten Jahr schon einem Wunder, hier einziehen zu dürfen. Alle Welt scheint neuerdings campen zu wollen. Erst kürzlich habe ich gelesen, dass die Zeit des Naserümpfens gegenüber Wohnwagenbesitzern selbst in coolen

Szenekreisen der Vergangenheit angehört. Hier ist der Beweis: Dauercampen ist in! Zumindest, wenn die Betreiber des Platzes der Goa-Fraktion angehören und auf lästige Regelwerke verzichten. Selbst der Besitz einer Schrebergartenparzelle ist den Bewohnern hipper Großstadtviertel kein Graus mehr. Im Gegenteil, ausgestattet mit mehr oder weniger gestylten Gartenmöbeln, möglichst originalen aus den Sechzigern und Siebzigern, gesellen sie sich neuerdings zu den Laubenpiepern. Über die komplette Stürmung der Bastion Campingplatz-an-der-Elbe mache ich mir allerdings bald keine Sorgen mehr, denn unser Platz ist mit fünfundvierzig Wohnwagen definitiv ausgebucht, wie die neueste Info aus der Rezeption rasend schnell die Runde macht. So verlangt es der Naturschutz. Im letzten Winter sind aus ökologischen Gründen auch die allerletzten Gehwegplatten entfernt worden. Selbst als Unterlage für Drehstützen oder meinen Doppeltritt sind sie tabu. Die Gemeinde der Fünfundvierzig muss allerdings enger zusammenrücken, um Platz für Tagesgäste und deren Wohnwagen, Wohnmobile und Zelte zu machen.

Einige alte Pachtverträge sind nicht verlängert und dafür neue ausgestellt worden. So lautet zumindest eines der Gerüchte. Ein alter Mann sei gestorben, ein anderer unangenehm aufgefallen und deshalb gekündigt worden, ein Pärchen will angeblich aus Kostengründen nicht mehr, ein anderes sei nach Afrika ausgewandert. Mehr ist vorerst nicht zu erfahren. Ach, alles wird sich fügen, tröste ich mich angesichts hässlicher Wohnwagen zwischen einem trostlosen Uferstreifen und dem winterlichen Elbhang. Schon bald wollen Yara und ich zur Tat schreiten und unsere Südafrika-Erfahrungen unter Einsatz des mitgebrachten Koch-, Grill- und Backzubehörs zum Besten geben.

Wo ist Yara überhaupt?

»Puh, jetzt habe ich den Aufzug doch glatt verpasst«, sagt

sie, nach Luft schnappend. »Ich war nur kurz auf dem Klo und schon warst du weg. Bin zurück zum Parkplatz gehetzt und Rex war auch nicht mehr da.«

»Ja, irgendwie ging's ganz schnell. Nach vierstündiger Wartezeit hat Garip plötzlich den Rex angekoppelt. Alles etwas undurchsichtig, wie immer. Hab schon Angst gehabt, dass wir einen anderen Platz bekommen. Guck mal, jede Menge neue Nachbarn.«

»Sehen nach St. Pauli aus.«

»Auf alle Fälle. Ute habe ich auch schon getroffen. Sie wartet noch auf ihren Aufzug. Ihr Wagen soll ein wenig weiter nach links. Gefällt ihr wohl nicht.«

»Und Nick?«

»Der rennt hier auch rum, hat aber dieses Jahr keinen Wohnwagen, sondern ein Zelt. Das will er hier in der Nähe aufbauen. Dort, wo Kian vorher stand.«

»Oha, dann heißt es den Kühlschrank füllen und den Kessel aufsetzen. Der Mann hat doch immer Hunger.«

Ich liebe Yaras Andeutungen, die meistens dezenter ausfallen als meine eigenen Bemerkungen, wenn mir etwas nicht passt. Einen Waldschrat durchzufüttern finde ich aber nicht schlimm, zumal er uns seine kräftigen und schwieligen Hände gelegentlich für beschwerliche Arbeiten zur Verfügung stellt. So hoffen wir denn mal.

Gegen Abend hat Rex bereits einen Teil seiner inneren Schönheit wiedererlangt. Yara und ich wirbeln wie die Verrückten, fegen Mäusekötel aus dem Wagen und freuen uns über Geschirr, dessen Existenz wir fast vergessen hatten. Wir haben richtig schicke Gläser. Hier entdecke ich auch das scharfe Messer aus Saigon und die Baumscheibe aus dem Mekong-Delta, die als Schneidebrett dient. So schnell wie möglich muss ich eine Ananas auf vietnamesische Art schneiden. Ob ich es noch kann? Und dann den südafrikanischen gusseisernen *Potjie* anheizen. Und die Jaffle, das spezielle Waffeleisen, überm offenen Feuer testen. Juhu! Es gibt so viel zu tun! So viel zu entdecken! Kulinarische Highlights warten auf experimentierfreudige Gäste. Auch der Mörser verbirgt sich unter angeknabbertem Papier. Was Mäuse nicht alles gebrauchen können. Da hätte ich mir die Suchaktion in der heimischen Wohnung sparen können.

Für eine Übernachtung reicht unser Einsatz jedoch nicht aus. Zu ungemütlich, zu kalt, zu klamm und zu trostlos ringsherum. Nick baut derweil sein ungewöhnliches Zelt mit Improvisationsgeschick auf. Der (Lebens-)Künstler hat tatsächlich die meiste Zeit des Winters auf dem Platz verbracht. Seine Anwesenheit zwischen den neuen Gesichtern gibt der Umgebung etwas Vertrautes. Nick hat sich einen Vollbart und ein üppiges Haupthaar wachsen lassen. Unter anderen Umständen würde ich ihm womöglich meine heimische Badewanne für ein stundenlanges Einweichen und Abschrubben anbieten, aber ich habe mich für eine gewisse Distanz entschieden, denn schließlich muss ich in diesem Sommer besonders fleißig sein und darf mich nicht durch müßiggängerische Nachbarn vom Schreiben abhalten lassen. Ich würde auch gern mal allein zu Abend essen und danach noch ein Stündchen arbeiten, was kaum möglich ist, wenn Nick zu einem seiner weltbewegenden Vorträge ansetzt. Der Mann des Waldes soll meine Waldbekanntschaft bleiben.

In meinem Stadtleben fehlten mir einmal sogar die Worte für ihn. Als er mich besuchte, fühlte sich unsere Bekanntschaft am Küchentisch sitzend anders an als am Lagerfeuer. Stundenlanges Philosophieren und Lebensweisheiten kann ich allenfalls unterm Sternenhimmel ertragen. Im Freien können Worte einfach verfliegen, ohne dass meine Ohren sie einfangen müssen. In der eigenen Wohnung funktioniert das nicht. Ende Februar war ich einem ziemlich verfrorenen

Nick in einem Park in St. Pauli begegnet. Seine Hände waren bläulich verfärbt und seine Schuhe so löchrig, dass die Zehen fatal an Reinhold Messner erinnerten. Von meinem Bruder Wolf standen ein Paar Wanderschuhe in meiner Wohnung, die ich einem Bedürftigen zukommen lassen sollte. Nick passten sie, aber eigentlich fand er die Kälte und seine mangelnde Kleidung nicht der Rede wert. Alles sei *easy,* ich solle *keinen Stress machen* und überhaupt sei das Leben wunderbar und die meisten Menschen elende Spießer, die keine Ahnung vom *Chillen* hätten. Ein Referat über den Zustand der Welt im Allgemeinen und den deutschen Polizeistaat im Besonderen folgte, während mein Kopf noch voller Eindrücke aus Südafrika war. Aber auch über dieses Thema wusste er selbstverständlich Bescheid, sodass ich gar nichts sagen musste.

Einige Tage später zeigt der Campingplatz bereits wieder dörfliche Strukturen, allerdings nehmen die Irritationen weiter zu. Die Nachbarschaft steht beisammen, beäugt sich, gestikuliert und diskutiert über Stellplätze. Man merkt schnell, wer sich kennt, die gleichen Clubs besucht oder die Kinder in derselben Kita hat. Fast alle kommen aus Altona oder St. Pauli. Manche Gesichter sind mir bekannt. Die meisten Neuen wirken angenehm locker. Unter ihren Wohnwagen finden sich mindestens drei Schmuckstücke aus den Sechziger- oder frühen Siebzigerjahren. Ein Wilk im XXL-Format nimmt dem Rex einen Großteil des Elbblicks. Ein alter Robur-Bus unter einer Birke verströmt Ostalgie.

Dort, wo Rex bisher allein auf weiter Flur stand, drängen sich nun eine Handvoll weiterer Heime. *Quer* oder *längs* und *erste* oder *zweite Reihe* sind die entscheidenden Stichwörter, die man sich mehr oder weniger entspannt um die Ohren wirft. Die wenigen alten Camper (aus der Zeit vor der Naturalisierung und Szenisierung des Platzes) sind erstaunt über die fantasievolle Platzierung der Neuankömmlinge. Ihrer Meinung nach steht man in der ersten Reihe selbstverständlich *längs,* die Achse von der Wasserseite abgewandt, die Tür nach links. Diese *Grundregel* des Platzes erläutern sie gern in allen Details. Nur einer der *Alten,* Uwe, der weit jünger ist als die anderen Alten, geht sparsam mit seinen Worten um. Als er seine Meinung kundtut, geschieht dies in der bedächtigen Art von Küstenbewohnern, vorzugsweise bekannt aus der Pils-Werbung.

»Es war schon immer so. Is ja auch logisch. Erste Reihe längs, alles annere is Quatsch. Frach mal die Feuerwehr«, sagt der stattliche Kerl mit den vorzeitig ergrauten Haaren. Im letzten Jahr hatte ich ihn nicht gesehen, da er weiter vorn campierte. Infolge des Zusammenrückens ist er in unserem Bereich gelandet.

»Kapier ich nicht. Wen juckt es, wie ich stehe? Quer ist viel cooler, besserer Blick und viel geschützter. Da ist irgendwie auch mehr Platz vor dem Wohnwagen. Sonst hängt man doch gleich an dem beschissenen Zaun. Mein Platz ist mickrig, im Gegensatz zu denen in der zweiten Reihe«, meint eine Frau mit rosa gefärbten Haaren, deren Namen ich nicht mitbekommen habe. Ihren Wohnwagen kenne ich, weil er mir in der letzten Saison durch fortschreitenden Verfall aufgefallen war. Dagegen ist mein Rex ein Sahnestück, war es selbst vor der Renovierung. Ob sie Untermieterin ist? Sonst habe ich immer einen extrem dünnen und extrem gebräunten Mann vor diesem Wagen in der Sonne liegen sehen.

»Ich bin seit dreiunddreißig Jahren auf dem Platz, und es gab immer klare Regeln, zumindest was die Stellplätze angeht. Wir mussten alle in Reih und Glied stehen, sehr viel enger als jetzt. Es sah schlimm aus. Die meisten hatten ihr Areal mit Zäunchen abgegrenzt. Furchtbar, sage ich euch. Jetzt weht hier doch ein ganz anderer Wind. Auf einen Wasserplatz musste man früher Jahre warten. Ein Nachbar von damals hat sich nach zehn Jahren Wartezeit so sehr über die Zuteilung eines Wasserplatzes gefreut, dass er auf der Stelle einen Herzinfarkt bekam«, sagt Ute und alle schauen sie überrascht und erwartungsvoll an. Niemand sagt ein Wort, aber Ute ist eine gute Rednerin und weiß, was uns interessiert.

»Er ist gestorben! Vor Freude und Aufregung! Hier auf dem Platz. Bis der Krankenwagen ihn endlich gefunden hat, war schon alles vorbei.«

Betretenes Schweigen macht sich breit. Die Geschichten aus der Vergangenheit scheinen die Neucamper zu irritieren. Zudem sind dreiunddreißig Jahre ein beeindruckender Zeitraum. Da waren einige der Anwesenden noch nicht geboren.

»Also, ehrlich gesagt finde ich auch, dass man in der ersten Reihe längs steht. Nur in der zweiten Reihe gibt es den Luxus des Querstellens. Das ist ein Ausgleich für den fehlenden Elbblick«, fügt sie mit Bestimmtheit hinzu.

»Es geht auch um die Sicherheit. Denkt an die Feuerwehrzufahrt. Hier sind schon einige Wagen abgebrannt«, meint Walter, der übergewichtige Mann mit Wasserplatz und Flaggenmast, der sein Areal (mit Zäunchen) kaum verlässt und seinen Gehwegplatten nachtrauert. Mit Mühe hat er sich zu Utes Wagen geschleppt, wo die Diskussionsrunde versammelt ist. »Ich kapiere sowieso nicht, wieso man jetzt alle naslang woanders steht. Früher hatte jeder seinen festen Platz. Aus der zweiten Reihe rückte man irgendwann in die erste vor und bekam einen Wasserplatz, wenn jemand starb oder nicht mehr wollte. So war das! Mit den neuen Betreibern kommt alles durcheinander. Die mosern selbst gegen unsere schönen Flaggenmasten. Früher hatten alle einen. Jetzt machen sie einen auf Natur. Wenn ich das schon höre. Wegen irgendwelcher Gräser müssen wir nun im Sand stehen. Da halten die Drehstützen doch nicht. Und was geben sie uns? Ein paar

Frühstücksbretter zum Unterlegen. Ist doch wohl ein Witz«, schnaubt Walter, der seinen Platz neben der Rosagefärbten hat und nicht möchte, dass sie ihm querkommt.

Uwe, der schweigsame Friese, möchte das auch nicht, denn er ist auf der linken Seite von den Plänen der Frau betroffen. Die Neuen schauen noch irritierter. Auch ich frage mich insgeheim, ob womöglich die Wohnwagenbrände etwas mit dem Gesetz des Vorrückens zu tun haben und manchem die Wartezeit verkürzten. Und auf Flaggenmasten ist von denen sicher keiner scharf. Den St.-Pauli-Totenkopf kann man zur Not auch an einem Besenstiel hissen.

»Warum hat es denn gebrannt?«, will ich wissen und sehe sogleich ein, dass diese Frage wegführt vom eigentlichen Thema.

»Ach, beim letzten Brand war die Alte besoffen und mit 'nem anderen Kerl im Wagen«, gibt Walter zu verstehen, was mein kriminalistisches Interesse weckt. Aber ich reiße mich zusammen und frage nicht nach dem Alibi des Ehemannes.

»Damals sind nur ihre Katzen verbrannt«, sagt Walter, was uns wohl beruhigen soll. Kaum jemand hatte zuvor über Todesfälle auf dem Platz nachgedacht, und nun werden die Neuen schon am zweiten Wochenende mit der traurigen Wahrheit konfrontiert: Selbst im kleinen Elbparadies ist man vor Katastrophen nicht sicher.

Mein Rex hat es gut in der zweiten Reihe, aber wenn die Rosagefärbte sich querstellt, verliere ich womöglich einen weiteren Teil meiner Aussicht. Und wenn der schweigsame Friese ein Vorzelt aufbaut, ist es bald ganz aus mit Blick auf die Elbe. Die Bezeichnung *Frühstücksbretter* für die gratis vergebenen Drehstützunterlagen hingegen gefällt mir ausgezeichnet. Die Dinger sind wirklich ein Witz, aber besser als nichts, denn natürlich hatte ich *nichts,* um die Stützen ordentlich zu platzieren. Rex steht vollkommen schief, was sich auch ohne Wasserwaage erkennen lässt. Es muss dringend was geschehen, aber Yara und ich trauen uns nicht noch einmal an die Stützen, weil ein enormes Gewicht auf ihnen lastet und wir Angst vor einem Abrutschen haben. Vor allem eine Stütze bereitet uns Sorgen. Längst liebäugle ich mit einem Viererset Stützböcke von Berger. Ach, es wird sich alles finden.

Der Sommer kommt und mit ihm ein entspanntes Strandleben. Sollen die Neuen und die Alten doch den ganzen Nachmittag die bedeutungsschweren Worte *Sicherheit* und *Feuerwehrzufahrt* ausdiskutieren. Ich genieße mein Privileg oder auch mein Trostpflaster, wie Ute behauptet, und bleibe *quer*. Außerdem habe ich tatsächlich ein größeres Grundstück als die Erste-Reihe-Camper. Da hat die Rosagefärbte recht. Zumindest theoretisch. Im Boden stecken Markierungspfeiler, die eine gewisse Orientierung bieten und beim Aufzug nicht ganz ernst genommen wurden. Erst jetzt wird deutlich, dass hier genauestens vermessen und entschieden wurde. Der Friese schreitet sein Grundstück ab und Ute macht es ihm nach. Die Neuen – wozu auch ich mich zweifellos zähle – sind erstaunt, die ganz Neuen vollkommen verwirrt. Feste Regeln und alte Traditionen sind nicht nach ihrem Gusto. Schließlich hat man sich in jahrelanger Sozialisation davon getrennt und sich auch rein äußerlich vom Gros der Angepassten und Regelbeachter verabschiedet. Wozu von der Elbe bei St. Pauli an die Elbe hinter dem piekfeinen Blankenese ziehen, wenn man hier *längs* stehen soll, obwohl man *quer* will. Irgendwann einigen wir uns, wenn auch nicht alle mit den Entscheidungen zufrieden sind. Schließlich wollen wir allesamt Dauercamper sein und sind euphorisch angesichts der bevorstehenden Saison, die wir möglichst spannungsfrei genießen möchten. Sechs Monate Wohnwagentür an Wohnwagentür und Lagerfeuer an Lagerfeuer verlangen eine gewisse Toleranz.

Auch wenn die Neuordnung meine grandiose Aussicht beeinträchtigt, so ist ein unverstelltes Panorama schließlich nur ein Teil des Vergnügens. Mindestens genauso wichtig sind Ruhe, frische Luft, freier Himmel, Spaziergänge am Strand und am Hang und das Erleben der Gezeiten. Zudem setze ich auf die Berufstätigkeit der anderen Camper und freue mich auf ruhige Wochentage mit menschenleeren Stränden. Nichtsdestotrotz bekommen die Worte *quer* und *längs* eine neue Bedeutung in meinem Leben, und ich nehme mir vor, dieser Frage auf anderen Campingplätzen nachzugehen.

Nach einem weiteren Tag ist Rex fast schon wieder der Alte. Die südafrikanischen Souvenirs fügen sich in die gute Stube ein und erinnern an spezielle Wochen am Indischen Ozean. Als Gabe des Meeres habe ich meine erste wilde Auster mitgebracht. Sie bekommt einen Ehrenplatz über dem Bett. Das Prachtexemplar hat gewaltige Ausmaße und soll vor meinem genüsslichen Ausschlürfen angeblich zwanzig Jahre im Meer gewachsen sein. Das habe ich allerdings erst später erfahren.

Mit der ersten Nacht warte ich nicht lange. Obwohl der letzte Schnee noch in frischer Erinnerung ist und keine Frühlingsknospe sich zeigt, will ich *draußen* schlafen. Ende März wappne ich mich mit Matratze und synthetischer Winterdecke für ein Miniabenteuer vor den Toren der Stadt. Nick hat nach unserem zufälligen Treffen im Winter ein neues Bett eingebaut, als Rex noch auf dem Acker stand. Die Konstruktion beschert mir einen Panoramarundblick ohne Halsverrenkung, weil die Matratze mit der Fensterkante abschließt. Eine erste Liegeprobe begeistert. Die Heizung läuft, und solange die Tür geschlossen ist, hält sich die Wärme sogar einigermaßen. Ich schaue durch die Kunststofffenster und finde nur ein einziges Wort für diesen Anblick: nackt. Die Landschaft ist nackt. Man möchte ihr einen grünen Mantel umhängen und bunte Broschen anstecken. Als es erschreckend früh dunkel wird, sehe ich ein Feuer vor Nicks Tipi. Sonst ist keine Regung zu entdecken. Wir sind allein auf weiter Flur, aber mir ist nicht nach Plaudern zumute. Stattdessen gehe ich an den Strand, wo die Dunkelheit weniger vollkommen ist und die Elbe glitzert. Ein Wetterleuchten im Westen macht mir bewusst, dass ich meinen letzten Nachthimmel vor sechs Wochen in Südafrika wahrgenommen habe. Seither bestanden die Abende aus künstlicher Beleuchtung in den heimischen vier Wänden oder in Kinos, Kneipen und Restaurants. Ein fernes Gewitter lässt mich stutzen. Im März?

Der Campingplatz bietet ein seltsames Bild, dunkel und menschenleer strahlen nur die Wohnwagen aus der Dunkelheit hervor. Ohne Vorzelt und ohne den Schimmer einer Innenbeleuchtung bieten sie einen trostlosen Anblick. Fast wie ein Schrottplatz. Eine feste Linienführung ist nicht auszumachen, manche Miniheime stehen nun doch auch in der ersten Reihe quer zum Elbufer, andere sind schräg geparkt. Alles weit entfernt von den Vorurteilen gegenüber Dauercampingplätzen mit ihrer strengen Ordnung. Ach, wie schön, dass hier keine Kontrollfreaks das Sagen haben.

Der Sand ist feucht und schwer. Die Elbe ist mir fremd geworden und der Spaziergang wie eine Neuentdeckung des Stroms. So heimisch wie der Fluss sich bei der abendlichen Paddeltour mit Manfred anfühlte, so fremdartig fließt er nun vorüber. Wenn es nur nicht so verdammt kalt wäre. Und so menschenleer. Seit frühester Jugend habe ich ein Lieblingsthema, was mich an manchen Tagen endlos herumphilosophieren lässt. Die Temperatur und das Wohlgefühl! Wie ist das *Sein* unter wärmenden Sonnenstrahlen? Kann man das *Sein* in nordischen Ländern nicht eher als ein *Nichtsein* bezeichnen? Schon als Zwölfjährige habe ich regelmäßig die Seite 64 meines Diercke-Weltatlas aufgeschlagen, um den italienischen Stiefel zu betrachten. Dort ist es warm, dort wollte ich hin.

Meine Reiseroute hatte ich frühzeitig festgelegt. Einmal um den Stiefel! Mit achtzehn war es endlich so weit.

Wärme. Wohlgefühl. Liebe. In meiner Fantasie gehören Wärme und Sex zusammen. Manche These wurde im Laufe der Jahrzehnte widerlegt. Warm war es auch im Iran, aber von knisternder Erotik bekam ich dort nur indirekt etwas zu spüren. Im brasilianischen Urwald hingegen wurden meine Vorurteile bestätigt. Dort rieb man sich gern an verschwitzten Körpern und trug eher weniger Kleidung als nötig.

Hier und jetzt ist es kalt. Bitterkalt. Ich ziehe meine Schultern hoch, was auch keine besonders erotische Haltung ist. Um an meinen Körper zu gelangen, müsste ich mich (oder besser ein patenter Geliebter) aus diversen Schichten schälen. Tja, so hat es das Schicksal gewollt. Ich bin ein Nordlicht mit Sehnsucht nach dem Süden. Mit Hang zum sinnlosen Philosophieren am kalten Elbstrand.

Als ich das Ende des Platzes erreiche, ist es bereits vollkommen dunkel geworden. Ich stolpere über eine Baumscheibe, die ich als Tisch von Cat Stevens wiedererkenne. Irgendwo hier muss er sein neues Lager aufgeschlagen haben. In der Nähe gibt es einen Teich, wo ich vor Jahren einen Waldarbeiter mit zwei Pferden bei der Arbeit beobachtet habe. Ich konnte es kaum fassen. Seitdem betrachte ich diesen Teich mit anderen Augen. Zeltet Cat Stevens etwa bei diesen Temperaturen? Ich sehe nichts und höre nichts. Mühsam taste ich mich voran. Wenn ich doch nur am Nachmittag die Gaslampe gesucht hätte. Als ich Rex erreiche, finde ich zumindest ein Päckchen Streichhölzer. An der Wand neben dem Bett hängt noch die Taschenlampe vom Vorjahr. Die Batterien sind schwach und bieten nur ein Aufflackern. Ich bin weit davon entfernt ein Campingprofi zu sein, wie mir schlagartig bewusst wird. Im Schein einer Kerze, die von den Mäuseattacken verschont geblieben ist, entdecke ich schließlich die Gaslampe. Für einen kurzen Moment muss ich überlegen, wie sie funktioniert, aber dann halte ich ein Streichholz an die Kante des gläsernen Schirms und drehe den Hahn auf. Im Nu springt der Funke mit dem Geräusch einer Verpuffung über. Klingt vertraut. Im Lichtschein wirkt mein Rex kuscheliger denn je, und ich verliebe mich aufs Neue in ihn. Rex ist meine beste Idee seit Jahren. Obwohl? Ach, egal, keine Erbsen zählen.

Das Vergnügen der Ausleuchtung währt nur kurz. Die Gaskartusche liegt in den letzten Zügen und Nachschub gibt es nicht. Ich finde nicht mal einen Zettel, um eine Einkaufsliste zu notieren. Kann man um neun Uhr schon ins Bett gehen? Mit den Hühnern? Oder wie heißt es so schön – mit den Hühnern aufstehen? Ich jedenfalls ziehe nicht viel aus, bleibe bei vier bis fünf Schichten und verkrieche mich unter die Decke. Das alles fühlt sich irgendwie unheimlich an. Bei Nick flackert zum Glück noch das Feuer. Ohne ihn würde ich mich in dieser Kargheit wie eine Aussätzige fühlen. Wenn meine neugewonnenen südafrikanischen Freunde wüssten, in welcher Kälte und Ödnis ich hause. Hätte ich das Angebot der Übersiedlung nach Afrika doch annehmen sollen? Dann würde ich jetzt am Indischen Ozean hocken. In Wärme! Aber die meisten anderen Aspekte im Land waren nicht nach meinem Geschmack. Mein Gott, wie sah es wohl unter der Apartheid aus, wo es sich auch heute noch ziemlich *apart* anfühlt. Und dann die verdammte Gewalt. Trotz aller Ängste (die ich vielleicht auch aus Südafrika importiert habe) zwinge ich mich, meine Tür offen stehen zu lassen. Ich habe mich nicht infizieren lassen von der Paranoia. Nein. Ich habe keine Angst. Alles ist gut. Das haben die Südafrikaner mir nicht geglaubt: dieses Campen ohne Sicherheitsvorkehrungen. Und sie haben mich darum beneidet. Zu Recht. Es ist wunderbar, wenn man angstfrei draußen sein kann, nachts, im Dunkeln, im Kaltem, im Kargen. Einfach *wunderbar* rede ich mir ein.

Alles easy! Alles kein Problem! Mir ist kalt. Ich hab Schiss. Nein, da brennt ein Feuer. Aber ob Nick noch ansprechbar ist, wenn jemand kommt und mich überfällt? Hoffe ich doch mal. Brrr. Wärmflasche. Ich brauche eine Wärmflasche. Es nutzt nichts, ich muss noch mal hoch und Wasser aufsetzen. Aber wo ist die Wärmflasche? Wo ist Licht? Ich dreh gleich durch. Decke über den Kopf. Augen zu. Schlafen.

Wie gut, dass ich wenig später doch noch zum Pinkeln vor die Tür muss, sonst hätte ich eines der weltgrößten Passagierschiffe verpasst. Es schiebt sich fast lautlos ins Bild und posiert in voller Festbeleuchtung vor dem Rex. Ein Binnenländler würde vor Freude in die Luft springen. Touristen kommen von weit her, um den Anblick dieser Flotte zu genießen. Schiffstaufen sind der letzte Schrei und locken unzählige Busladungen an den Fischmarkt, wo das Spektakel zumeist stattfindet. Aber zwölf Kilometer flussabwärts gibt es den Aida-Anblick als Beigabe zum Pinkeln hinter (noch) nicht vorhandenen Büschen. Auf dem Rumpf leuchtet ein Kussmund, und ich frage mich, was aus der Seefahrt geworden ist. Der zweihundertfünfzig Meter lange Palast mit über tausend Kabinen (jede davon sicher kuschelig warm) und einer Höhe von gefühlten hundert Metern, getauft von Jette Joop, Ina Müller oder Sophia Loren (bei den zahlreichen Taufen verliert man leicht den Überblick), scheint zu schweben. Die Maschinengeräusche sind kaum wahrnehmbar. Ich lasse mich locken, ignoriere die Kälte und gehe näher ans Ufer. Die Elbe ist *spiegelglatt*. Das Wort zergeht mir auf der Zunge. Die Lichter des Giganten spiegeln sich auf dem Strom. Das rötlich erleuchtete Theatrium im Zentrum des Schiffes ergießt sich ins Dunkle, um dann aus dem Wasser heraus wieder aufzutauchen. Das Kräuseln der Bugwelle schmiegt sich eng an den Rumpf und bringt den Spiegel nur ein wenig ins Schaukeln. Am Ufer angekommen verabschiedet die Aida-Welle sich mit einem schwachen Rauschen. Aber da hat das Heck bereits den Leuchtturm erreicht und die Gäste bestellen zu dieser Abendstunde ihren Digestif.

Morgenkühle

Kalt. Kalt. Kalt. Selbst die achtzig Zentimeter bis zur Heizung sind zu weit. Wenn ich einen Arm oder ein Bein unter der Decke hervorstrecke, spüre ich nicht nur die frostigen Temperaturen, sondern auch den mentalen Kraftakt, der mir bevorsteht. Aber wozu bin ich eigentlich Sportlerin? Wozu hat mein Geist schon unzählige Male über meinen Körper gesiegt? Vor meinem inneren Auge sehe ich den genauen Ablauf. Tief Luft holen. Aufstehen. Einen Knopf drehen, einen drücken – lange genug –, loslassen und zurück ins Bett. Nicht sofort. Noch ein viertel Stündchen. Ach, bin ich etwa doch nur eine verwöhnte Stadttussi, ein Weichei, eine Memme? Welch quälender Gedankenquark schon morgens um sieben. Bevor ich meine Lider wieder sinken lasse, riskiere ich einen Blick durchs Fenster und schaue über den Strom hinüber zur Insel. Unwillkürlich muss ich blinzeln. Was gestern noch farblos und trist erschien, schimmert nun in Kupfer und Gold. Ich richte mich auf und bekomme den Mund kaum zu. Die Morgensonne beschenkt die Pappeln auf dem Eiland mit einem bizarren Leuchten. Das kahle Geäst gleicht einem Geflecht aus Kapillaren. Ohne ihr schützendes Sommerlaub strahlen die Bäume aus ihrem Inneren heraus. Die Lebensadern der Geschöpfe auf Neßsand wirken in der klaren Luft zum Greifen nah und sind doch so fern. Ein Gemälde, ausgestellt in der natürlichsten aller Galerien. Der goldene Strand strahlt vor Wärme, die der Fantasie der Betrachterin entsprungen ist. An diesem Strand möchte ich liegen, mich wärmen und Momente des Glücks teilen. Ein Boot muss her. Es gibt keinen anderen Weg.

Und dann, als habe jemand einen Schalter ausgeknipst, fällt Farblosigkeit über dieses Bild. Wolken schieben sich vor den Sonnenaufgang, und ich drücke den einen und drehe den anderen Knopf.

Es ist Hochwasser. Absolut. Wetten? Ich suche nach dem Tidenkalender, den Yara mir geschenkt hat. Wer hätte das vor einem Jahr gedacht? Ein Tidenkalender! Ein Geschenk, das ich häufiger in die Hand nehme als einen Lippenstift.

Hm, ein Blick auf die entsprechende Seite führt mir meine Fehleinschätzung vor Augen. Wette verloren. Noch eine ganze Stunde auflaufend Wasser. Oder ist diese Differenz das Resultat zwischen der Entfernung meines Standortes bis nach St. Pauli, für das die Angaben der Maßstab sind? Breite: 53° 33' N, Länge 9° 58' E. Eine exakte Peilung für den Campingplatz muss her.

Nach einer viertel Stunde wird es lauwarm. Angenehm genug, um die Espressokanne aufzusetzen und die Zähne zu putzen. Mit einem Glas Milchkaffee in der Hand lässt sich die Elbe umso besser beobachten. Ein winziges Motorboot kämpft gegen die Strömung, drei Gestalten an Bord, in dicke Parkas gehüllt. Wohin wollen die denn? Was machen sie dort draußen? Ob es Fischer sind, die zu ihren Netzen fahren? Angler? Was ist eigentlich der Unterschied? Es ist Stint-Saison. Zumindest habe ich das kürzlich in der Zeitung gelesen.

Neue Ordnung

Als ich im heimischen Postkasten ein Schreiben der Campingplatzbetreiber finde, stutze ich. Ist nicht alles unter Dach und Fach? Die Pacht etwa nicht bezahlt, der Vertrag nicht unterzeichnet? Ich überfliege die Zeilen und kann mir kaum vorstellen, dass sie von der Goa-Fraktion stammen. Dahinter müssen andere Mächte stecken. Hier wird die unverzügliche Vorlage einer Prüfbescheinigung für Flüssiggasanlagen in bewohnbaren Freizeitfahrzeugen verlangt. Ich grinse, das Ding habe ich längst in der Tasche, mit Brief und Siegel. Außerdem wird der Eintrag von Familienangehörigen oder sonstigen Dauergästen im Wohnwagen verlangt. Die Anzahl ist auf drei beschränkt, sonst wird eine Pauschale fällig. Das klingt nach strenger Ordnung. Außerdem sollen wir das Herausnehmen von Zaunteilen unterlassen. Ein schwerer Schlag, aber ich spekuliere auf einen gemütlichen Freiraum zwischen Theorie und Praxis.

Mit einer gewissen Genugtuung und dem Gefühl, eine echte Dauercamperin zu sein, lege ich am nächsten Tag die Bescheinigung in der Campingplatz-Kneipe vor. Zudem melde ich Yara und meinen Bruder Wolf als Mitpächter an.

Am Samstagvormittag scheint die Sonne, und die Neucamper strömen bepackt mit Taschen und Kisten auf den Platz. Alle haben das dubiose Schreiben dabei und sind erregt. *Gasprüfung?* Nie was von gehört. Ich sonne mich im Wissen um Herrn Glamas und rücke seine Telefonnummer heraus. Die Jungfamilien sind ganz erpicht auf die Prüfung, weil sie nach

Horrorgeschichten über undichte Leitungen Angst bekommen haben, mit Kind und Kegel in die Luft zu fliegen (von mir haben sie das nicht). Verständlich. Von Herrn Glamas spreche ich in höchsten Tönen und rühme seine Kompetenz. Die Frau mit den rosafarbenen Haaren (sie heißt Petra) fertigt eine Namensliste der Prüflinge an. Sie scheint auf Draht zu sein, denn längst funktioniert auch ihr Herd, und heißer Kaffee steht bereit. Sie stammt aus meiner heimischen Nachbarschaft, nur vier Straßen entfernt, aber ich habe sie dort noch nie gesehen. Doch dann stellt sich schnell heraus, dass wir eine Handvoll gemeinsamer Bekannter haben. Hamburg ist eben auch nur ein Dorf. Petras altersschwacher Wohnwagen steht auf Baumstümpfen, weil die Unterkonstruktion ein löchriges Tragwerk ist, das massiven Halt benötigt.

Die meisten Neuen quälen sich mit Drehstützen, Stützböcken, Kederschienen und Vorzelten, sofern sie nicht zur Gattung der Anti-Vorzelt-Typen zählen. Als ich zufrieden vor dem Rex sitze und selber darüber staune, wie wohnlich er bereits wirkt, kommt einer der neuen Nachbarn zu mir.

»Ich hab gehört, du kennst dich gut aus. Meinst du, man bekommt die Heizung in so einem alten Wagen tatsächlich an?«, fragt mich der Mann um die dreißig, der irgendetwas im Musikgeschäft macht. Sein Haar ist kurz geschoren, soweit ich es unter seiner modischen Strickmütze feststellen kann. Er gehört zur Gattung der modernen Familienväter. Alles ganz easy, alles entspannt, kumpelmäßig, sympathisch. Clubbesucher. Davon tummeln sich nun einige auf dem Platz. Sinkende Geburtenraten kennt man in Altona und auf St. Pauli nicht. Der Beweis sind die Bürgersteige vor den Szenecafés, die tagsüber von Kinderwagen zugeparkt sind, und nun auch das Getümmel des Nachwuchses auf dem Campingplatz. Ich habe sogar schon zwei Schwangere in engen Jogginghosen gesehen. Zukunft und Rente sind gesichert. Prima. Die Frau des Musikers

scheint eine Patente zu sein. Sie hat den Siebzigerjahre-Wohn-
wagen mit der goldenen Zierleiste im Internet entdeckt, wie
sie mir letzte Woche erzählte, als ich mich beim Aufzug sofort
auf ihr Schmuckstück stürzte. Völlig ahnungslos hat sie diesen
Glücksgriff gemacht, als sie in einer nächtlichen Sitzung bei
eBay stöberte, während ihr Säugling schrie und sie ohnehin
nicht schlafen konnte.

»Ich hätte den Wagen nie angerührt. Das Teil ist über
dreißig Jahre alt, aber Lena hat 'ne Spürnase«, sagt der entspannte Partner.

»Meiner ist auch fast so alt, Baujahr 1983. Alles läuft einwandfrei. Herr Glamas prüft die Leitungen und kann reparieren. Habt ihr auch einen Kühlschrank?«, frage ich.

»Ja, aber hier gibt es doch keinen Strom.«

»Der läuft mit Gas.«

»Echt? Is ja cool.«

Wenig später inspiziere ich das Innenleben der *Goldenen
Zierleiste* und bin begeistert. Der Wagen ist schön, hier müssen keine hässlichen Schranktüren entfernt werden, und in
das schlichte Holz fügen sich sogar formschöne Griffe ein.
Ein Regal wirkt als Raumteiler und Leisten verhindern das
Herunterpurzeln von Gegenständen, wenn das Fahrzeug bewegt wird. Ein Super-de-Luxe-Familienmodell, ein Schnäpp-
chen für fünfhundert Euro, ersteigert und auf einen Anhänger
geladen, da der Schöne keinen TÜV mehr hat und ziemlich
platte Reifen.

»Der Herd funktioniert irgendwie auch nicht«, sagt der
coole Clubber.

»Lass mal sehen. Hm, da strömt nichts. Hast du die Gasflasche richtig angeschlossen?«

»Hab's versucht.«

»Der Schlauchanschluss hat ein sogenanntes Linksgewinde.
Man schraubt das Ding andersherum auf.«

»Ach so, deshalb ging das nicht.«

Im Nu ist das Problem beseitigt und in der *Goldenen Zierleiste* wird der erste Kaffee serviert.

Im Laufe des Nachmittags gebe ich drei weitere Prognosen zur Nutzung der Technik ab. Hier stoßen Ganzneucamper auf Neucamper. Das Aufstellen der Stützböcke flößt nicht nur mir Respekt ein, aber immerhin weiß ich inzwischen, wie es geht, selbst wenn Rost die vorherrschende Materie ist. Zu Saisonbeginn ist Rostlöser, auch *Caramba* genannt, genauso begehrt wie ein solider Wagenheber. Letzterer ist bei Ute auszuleihen.

Und dann trifft das Berger-Paket ein. Meine erste Sendung an den Strand, und schon fühle ich mich noch heimischer. Wenig später steckt ein gelbes Sonnensegel in der Kederschiene, leuchtet weithin und lockt Trixie an, eine passionierte Camperin, zu der ich bisher wenig Kontakt hatte, weil sie eine gewisse Menschenscheu zeigt. Wir teilen uns denselben Wasserhahn, wodurch man sich zwangsläufig kennenlernt. Trixie hat sich ein verwildertes Gebüsch in der offiziell nicht vorhandenen dritten Reihe als Standort für ihren Wohnwagen ausgesucht, das im Vorfrühling allerdings noch auf Verwilderung wartet. So wirkt es eher, als habe sie sich verfahren und den Wagen aus Versehen abgekoppelt. Trixie fällt durch extreme Blässe, eine schwarzgefärbte Mähne, kräftiges Kajal und Wallewallekleider auf, von denen sie gern diverse übereinander trägt. Ihr Schuhwerk ist von ländlicher Handwerkskunst inspiriert. Esoterische Anwandlungen oder irgendwelchen Hokuspokus habe ich bei ihr jedoch noch nicht entdecken können. Entgegen erster Annahmen scheint sie eher einen Hang zum geregelten Tagesablauf zu haben. Sie duscht jeden Abend um acht. Nach der Arbeit. Ich kann's bezeugen.

»Hallo, guten Tag! Was hast du denn da für eine tolle Markise?«

»Moin, Trixie. Habe ich mir schicken lassen. Von Berger.«

»Wer ist das?«

Und ich dachte bis vor Kurzem, die einzige ahnungslose Camperin zu sein, aber Trixie fällt offenbar in eine Spezial-kategorie: jahrelanges Campen ohne Gedöns aus Spezial-geschäften.

Als ich ihr den Katalog reiche, ist sie vollkommen aus dem Häuschen.

»Darf ich den wirklich mitnehmen? Oh, vielen Dank. Ich bringe ihn dir auch wieder. Ganz bestimmt. Wirklich toll, da werde ich sofort reinschauen. Danke. Wie teuer ist denn die Markise?«

»Um die achtzig Euro. Ich habe auch noch Spezialheringe bestellt, die man tief im Sand versenken kann, um die Halte-stangen zu befestigen.«

»Oh, so etwas gibt es auch?«

Ich bin verwirrt. Trixie ist Hardcore-Camperin, die mich im letzten Jahr tief beeindruckt hat. Obwohl sie in der Stadt eine Wohnung hat, will sie so oft und so lange wie möglich hier draußen sein. Sie nimmt einen Arbeitsweg von drei Stun-den in Kauf, wobei sie im April, September und Oktober über den finsteren Elbhang zur Bushaltestelle gehen muss, nur um kalte Nachtstunden im Wohnwagen zu verbringen. Regen, Sturm und Kälte scheinen ihr nichts auszumachen. Zur Verlängerung der Saison hatte sie im letzten Jahr eine Art Dauercamperinitiative ins Leben gerufen und mich zu über-zeugen versucht, zwei weitere Wochen bei der Goa-Fraktion herauszuschlagen. *Jeder weitere Tag ist ein Geschenk! Ein Tag Leben mehr!* Überrascht von so viel Herzblut und verfroren eingedenk eisiger Nächte hatte ich nach Ausflüchten gesucht, um sie nicht zu enttäuschen. Sie führt ein Leben im Gebüsch, aber ohne Sonnensegel und Spezialheringe.

Meine Markise interessiert sie nur, weil sie keine Sonne verträgt, erklärt sie mir. Elbspaziergänge unternimmt sie auch nur selten. Jeder hat seine eigenen Gründe, das Campen zu lieben.

Trixie wirft einen letzten Blick auf das Objekt der Begierde und ist überrascht von der *merkwürdigen* Halterung für den Schattenspender. Das bietet mir die Gelegenheit, über den Keder und seine nahen Verwandten zu referieren.

»So ist das also, ich gehe dann mal«, sagt Trixie.

Inspiriert von so viel Begeisterung für meine Ausführungen nutze ich meinen nächsten Stadtausflug für eine ausgiebige Internetsitzung und dem Mausklick-Blättern im Berger-Katalog. Unter der verlockenden Überschrift *Sanitäre Einbauteile für ein schönes Bad* finden sich erstaunliche Dinge. Neuerdings liebäugle ich mit einer Campingtoilette, selbstverständlich nicht für meinen persönlichen Gebrauch, sondern für besondere Gäste. Für manch betagten Besucher stellt der weite Weg durch den Sand eine Unannehmlichkeit dar. Ein Freund sitzt im Rollstuhl und muss sich mühsam durch das Gelände quälen. Auch für Kinder wäre es einfacher, wenn sie schnell mal auf der Spezialtoilette verschwinden könnten. Ich kann wirklich nicht jeden Gast auf den Eimer im Hinterzelt schicken.

Während mich niemand mehr mit Fachausdrücken zum Einfädeln der Randverstärkung einer Markise (oder eines Vorzeltes) in den Spannmechanismus irritieren kann und ich meine Fachvorträge zu Trumatic-Heizungen und Gaskühlschränken locker aus dem Ärmel schüttle, weil mir diese Anfängerweisheiten längst in Fleisch und Blut übergegangen sind, lebe ich in Bezug auf Campingtoiletten noch im Tal der ahnungslosen Großstädter. Meine Campingfragestellungen spielen sich inzwischen eigentlich auf einem deutlich gehobenen Niveau ab, aber hier und jetzt – beim Bestellen einer tragbaren Toilette – stehe ich auf dem Schlauch. Es gibt Modelle, die kosten in der Anschaffung weit mehr als mein Rex. Dafür haben sie aber auch ein kratzfestes Keramik-Inlay und einen zu neunzig Grad verstellbaren Sitz, wohlgemerkt in beide Richtungen in jeweils fünfzehn-Grad-Stufen.

Nach reiflicher Prüfung und Vermessung ziehe ich ein bescheidenes Einsteigermodell in die engere Wahl und verfalle dann in einen Kaufrausch. Ohne die genauen Konsequenzen zu kennen, will ich die Porta-Potti-Toilette unbedingt haben und trage die Bestellnummer ein. Für siebzig Euro soll sie mein werden, mitsamt einem sogenannten Frischwasser- und Abwasserzusatz in der praktischen Literflasche. Angeblich sind die Wundermittel biologisch abbaubar. Mir ist der Prozess im Innern des Potti ein Rätsel, ich habe noch nie auf einer Campingtoilette gesessen und falle in freudige Erwartung. Wo ich schon dabei bin, bestelle ich auch gleich Spezialtoilettenpapier. Aber wohin mit der Porta Potti? Die Nasszelle ist nach meiner Putz- und Schraubattacke ohne Tür geblieben. Der indische Sari kann schwerlich als Toilettentür herhalten. Außerdem will ich keinesfalls ein toilettenähnliches Wesen in meinem Rex beherbergen. Ach, wird sich schon finden. Zur Not muss das Hinterzelt umgeräumt werden.

Im Katalog stößt man immer wieder auf die (leuchtend Orange unterlegte) Frage: *Wussten Sie schon?*, die dann von einem Camping-Oberfachmann beantwortet wird. Manche dieser Fragen lesen sich wie Textaufgaben im Matheunterricht, und die mochte ich am allerwenigsten. Im Bereich Technik, Wasser und Versorgung bin ich heillos überfordert. *Wussten Sie schon? Als Faustregel beim Kauf einer Wasserpumpe gilt: 10m Hubhöhe = 1 bar. Druck x 2 als Sicherheitsreserve, damit beim Verbraucher sicher was ankommt!* Ich blättere schnell weiter, bevor ich einen Minderwertigkeitskomplex bekomme.

Als der Herr über Gasleitungen, defekte Kühlschränke und Heizsysteme zwei Wochen später eintrifft, setzt er sich ganz selbstverständlich an meinen Tisch, bekommt schwarzen Kaffee eingeschenkt und legt los. Der letzte Winter, die Zustände auf unserem Platz, die Vertiefung der Elbe, die Tabakpreise.

Einige Fragen brennen Herrn Glamas auf den Nägeln, und er meint in mir eine potenzielle Informantin entdeckt zu haben. Warum nur müssen die Neucamper mit schrottreifen Wagen aus den Siebzigern den Platz verschandeln, will er wissen. Warum kaufen sie sich marode Dinger, wenn es doch schicke Wagen mit vollautomatischem Gasherd, Geschirrspüler, Heizung und Dusche inklusive einer Vollfinanzierung gibt.

Als ich ihm meine Liebe zu einem Tabbert von 1972 gestehe, schaut er mich irritiert an.

»Doch, das ist so. Immer wenn ich Zeit habe oder auch, wenn ich keine habe, aber nicht arbeiten will, dann forsche ich im Netz nach alten Tabberts.«

»Was machst du?«

»Ich suche nach schönen alten Tabbert-Wohnwagen, die zum Verkauf angeboten werden. Vor einigen Wochen gab es im Weserbergland ein Schmuckstück. Erste Hand, Garagenwagen, unverschandelt, alles original.«

»Tabbert is 'n Zigeunerwagen.«

»Der Mercedes unter den Wohnwagen!«

»Joh, nich schlecht. Aber was willste mit so 'nem alten Ding?«

»Der Wagen war nach drei Tagen bei eBay plötzlich verschwunden. Dabei war er erst bei vierhundert Euro gelandet. Ich habe beim Anbieter angerufen. Stellen Sie sich das mal vor, Herr Glamas: Ihm hatte jemand tausend Euro geboten, da hat er ihn aus der Auktion genommen. Ich war stinksauer.«

»Willste deinen Rex verkaufen?«

»Nein, überhaupt nicht. Aber der Tabbert war so schön. Eine ganz andere Raumaufteilung, massive Holzschränke, geteilte Rückscheibe, einfach ein Genuss.«

»So so!«

»Meinen Kühlschrank zünde ich jetzt übrigens direkt über den Brenner an. Der Zünder funktioniert nicht mehr.«

»Lass mal sehen.«

Als er über den komfortablen Doppeltritt in den Rex steigt, kommt er aus dem Staunen nicht mehr raus.

»Donnerwetter! Was haste denn hier gemacht? Von draußen denkt man, das is 'n oller Wagen. Is ja ganz schön bunt hier drin. Gefällt mir.«

»Freut mich. Dieses Jahr habe ich ein wenig aufgerüstet. Souvenirs aus fremden Ländern. Hier, schauen Sie mal! Meine erste Oyster.«

»Was fürn Ding?«

Meine Kühlschrankzündtechnik gefällt ihm zwar nicht, aber er hält sie nicht für lebensgefährlich.

»Den Kühlschrank möchte ich ohnehin kaum nutzen. Ich habe jetzt einen Erdkühlschrank.«

»Erdkühlschrank? Zeich mal! Hatten wir damals in Ostpreußen auch. Einmal inner Woche kam 'n Leiterwagen und hat Eisblöcke gebracht. Die kam'n dann in 'n Erdkühlschrank.«

Ostpreußen? Mein Gott, wie alt ist Herr Glamas denn? Spätestens im kalten Winter 44/45 sind sie doch alle von dort abgehauen, übers Haff, im Schlepptau von Maria Furtwängler. Und ich dachte immer, der Herr über die Wohnwagen sei Hamburger, wegen seiner Mütze und überhaupt. Jedenfalls gefällt ihm meine Konstruktion mit dem eingegrabenen Tontopf auf der Schattenseite von Rex. Ein Erbstück von Erna aus meinem Heimatdorf, die im letzten Jahr vierundneunzigjährig friedlich eingeschlafen ist. Der Topf wird mich immer an sie erinnern und nebenbei meine Vorräte kühlen. Er nickt zustimmend, lüftet seinen Elbsegler und grinst. Als ich erzähle, dass ich kürzlich meine Trumatic-Heizung auseinandergebaut

168

habe, weil sie seltsame Geräusche machte, und dass nun alles tipptopp ist, schaut er mir sogar mal direkt in die Augen. Was ist nur los mit Herrn Glamas? Jetzt interessiert er sich sogar schon für meinen Schnickschnack.

»Kannst bei mir anfangen.«

Als Signal des Aufbruchs steckt er seine Wasserpumpenzange in die Manchesterbüx und verschwindet wortlos zu Prüfungen in der Nachbarschaft. Nach zwei Stunden steht er wieder vor dem Rex.

»Kennste den Besitzer von dem kleinen Knaus?«

»Knaus?«

»Der mit den orangen Streifen.«

»Nur flüchtig. Ist er nicht da?«

»Keiner zu Hause, dabei hat er mich angerufen. Der will auch 'ne Gasprüfung.«

»Soweit ich weiß, ist er Schauspieler. Vielleicht hat er ein Engagement. Ich habe ihn dieses Jahr überhaupt noch nicht gesehen.«

»Was hat der?«

»Ach nichts. Ich kümmere mich drum und gehe mal nach vorn und frage.«

Der Schauspieler hat seinen Schlüssel in der Kneipe hinterlegt, und ich übergebe ihn an Herrn Glamas. Während ich in die Tastatur haue und mit meinen Gedanken bei passenden Formulierungen zum Thema HIV in Südafrika bin, steht Herr Glamas schon wieder neben meinem Tisch.

»Beim Theaterfuzzi kann ich nix machen. Der lagert seine Gasflasche liegend. Stell dir das mal vor! So was is mir auch noch nich untergekommen. Da kann ich für nix garantieren. Sachst ihm das?«

Zur Sicherheit erkunde ich den genauen Sachverhalt und begreife, dass Herr Glamas ein Mann allerhöchster Ansprüche ist. Zumindest wenn es um Gasprüfungen geht.

»Ich werde es ihm ausrichten. Schauen Sie noch mal vorbei? Soll ich ihm einen Termin nennen?«

»Nächsten Samstag komm ich zu dein Nachbarn vorn, erste Reihe, die mit 'm Wilk. Wie heißen die? Brett? Ist das ein Name?«

»Ach so, Brat, der ist Engländer. Wenn ich dort jemanden sehe, sage ich Bescheid.«

»Und du bist immer hier?«

»So oft wie möglich. Nur wenn ich in der Stadt was zu erledigen habe, geht's in die heimische Wohnung. Leider ist es hier ein wenig mühsam ohne Strom. Ständig muss ich in die Kneipe und die Akkus aufladen. Manchmal bleibe ich ein paar Tage zu Hause und arbeite dort umso fleißiger.«

»Und was is mit Solar?«

»Mal sehen. Die Anschaffung ist nicht billig, und ich bin grad nicht so flüssig.«

»Verstehe. Wer ist das schon?«

Und dann sitzt er auch schon wieder auf der Bank und schwelgt in Erinnerungen. Angeblich sind früher an den Wochenenden auch die Zuhälter aus St. Pauli an den Strand gekommen. Einem von denen hat er mal eine *verpasst*, weil der sich schlecht benommen hat. Und einem *Wildcamper* hat er eine *eingeschenkt,* weil er ein Boot klauen wollte. Herr Glamas scheint ein mächtiger *Einschenker* gewesen zu sein. Wie gut, dass er mit dem Alter zahmer geworden ist. Geschichten über eine betrunkene Wirtin auf dem Platz und ihren Männerverschleiß finde ich wenig amüsant. Lieber soll er mir etwas über alte Wohnwagen, die er immer nur *Camping* nennt, erzählen. Nur mühsam kann ich ihn in die Gegenwart lotsen und ihm entlocken, dass er einen Schausteller kennt, der einen alten Tabbert mit zwei Doppeltüren hat. Zwei Doppeltüren? Ich kann es kaum fassen. »Wie kommt man an solch ein Liebhaberstück?«

170

»Ach vergiss 's! Der gammelt dir unerm Arsch wech. Den kriegste irgendwann nich mehr den Hang nach Rissen hoch.«

»Und in einer kleineren Ausführung? Mit einer Doppeltür?«

»Weiß nich. Die modernen sind doch viel praktischer oder willste etwa noch mit Öl heizen? Die alten Campings taugen nix.«

»Aber sie sind schön.«

Aus ihm ist absolut keine Quelle für alte Schaustellerwagen herauszubekommen. Das ist irgendwie nicht seine Welt. Außerdem hatte Herr Glamas gestern *Besuch*, wie er verlauten lässt, und ist müde, denn die Dame trinkt gern Whiskey. Ihm geht es heute nicht so gut, *Brummschädel,* und er will langsam wieder los.

»Schöne Terrasse«, sagt er noch und schaut sich um. Diesen Blick fürs Detail hätte ich ihm wirklich nicht zugetraut.

»Europaletten!«

»Nicht schlecht. Haste noch ein Problem? Soll ich noch was nachgucken?«, fragt er, und ich fühle mich geehrt. Dieses Angebot gilt außerhalb der üblichen Ordnung. Das gibt er mit einem kleinen Grinsen zu verstehen. Ich zögere nicht lange.

»Die eine Flamme am Herd funktioniert nicht gut. Die Düse bekommt keinen Zunder.«

»Zeich mal her«, sagt er, und schon stehen wir im Rex.

Der erfahrene Wohnwagenspezialist hockt vor dem Herd und ich halte die Taschenlampe bereit.

»Joh, kricht keine Luft. Typisches Problem, wohl alles verfettet. Die Kappen lassen sich nur schlecht abschrauben.«

»Habe ich längst gemacht. Seitdem funktionieren die anderen beiden Flammen einwandfrei.«

»Und haste die alten Schrauben etwa wieder draufbekommen?«

»Nein, das nicht. Die waren hin.«

»Siehste! So is das nämlich mit den ollen Kappen. Und was haste denn gemacht? Die Dinger krichst doch nirgends mehr.«

»Stimmt, habe ich auch gemerkt. Das war ein Theater!«

Herr Glamas scheint gerührt über meinen Einsatz. Als ich ihm erzähle, dass ich schließlich Schrauben auftreiben konnte, die nur zwei Millimeter zu lang waren, und mit diversen Unterlegscheiben experimentiert habe, zieht er seine Mundwinkel anerkennend nach unten und nickt.

»Wenn de schon alles entfettet hast, dann kann es nur die Luftröhre sein!«

Wie er kniend vor dem Herd arbeitet, bekomme ich Angst um seinen Meniskus. Mit Seelenruhe entzündet er alle Flammen und hält Löcher neben den Regulierungsschaltern zu, von denen ich immer dachte, sie hätten etwas mit dem nicht vorhandenen Stromanschluss zu tun. Dann pustet er alles in die Löcher hinein, was seine Lungen hergeben. Stichflammen lodern auf und schon brennt die dritte Flamme.

»Und was sachste nun?«, will er wissen und sieht plötzlich sechzig Jahre jünger aus, wie ein vorwitziger Schuljunge.

»Klasse. Lag also nur am Staub in der Luftröhre.«

»So ähnlich.«

»Wow, jetzt habe ich einen dreiflammigen Herd. Ist ja wie in einer Luxusherberge.«

»Du machst mir aber Spaß. Scheinst ja keine großen Ansprüche zu stellen.«

»Kommt drauf an!«

Er lacht und rappelt sich auf. Dann steckt er das Handy in den Latz seiner Büx, rückt den Elbsegler zurecht und verschwindet mit einem kurzen Abschiedsgruß hinter den sprießenden Knospen des Staudenknöterichs.

Sommersehnsucht und das Wunder fließenden Wassers

Wie kann es nach warmen Frühlingstagen zu einem derartigen Kälteeinbruch kommen? Ist es die *Kalte Sophie* oder gar die berüchtigte *Schafskälte*? Ich muss mich dringend meteorologisch schulen. In Norddeutschland bleibt einem auch nichts erspart. Will der Sommer denn gar nicht kommen? Schlotternd stapfe ich über den Platz und fülle den Wasserkanister auf. Nur nicht nass werden, nur keine feuchten Hosenbeine und Ärmel bekommen. Der Hahn spritzt wie eh und je in alle Richtungen, was meine Nachbarn nicht zu stören scheint. Irgendwann besorge ich einen passenden Aufsatz, wobei so ein Besuch im Baumarkt – wie bei anderen Frauen im Schuhgeschäft – ein gewisses finanzielles Risiko birgt. Schon sehe ich die Regale mit den praktischen Haken, Ösen, Schrauben und Klemmen vor mir, die wunderbaren Draußen-sein-Dinge und den ganzen Schnickschnack rund ums Feuermachen.

Aber jetzt heißt es zunächst *Wasser marsch!* Das Problem mit dem kostbaren Nass ist das alte: Kanister tragen! Wenn ich mühsam einen Zehnliterkanister schleppe, denke ich neuerdings immer an Zanele, die Protagonistin meines neuen Buches. Dreiundzwanzig ist sie, und ihre Freunde nennen sie Smiley. Sie hat mir erzählt, wie sie schon als Kind in einem Township bei Durban täglich Wasser heranholen musste. Da war sie kaum sechs Jahre alt und der Wasserhahn weit entfernt von ihrer erbärmlichen Behausung. Man hat sie als Arbeitskraft ausgenutzt und später – als sie noch immer ein Kind

173

war – missbraucht und mit dem HI-Virus infiziert. Zanele und ich haben im November und Dezember einige Wochen miteinander verbracht, zunächst in Durban und dann in KwaZuluNatal, im Hinterland. Diese gemeinsame Zeit wirkt seltsam fern. Auch dort war es grün und fruchtbar, aber mit rötlicher Erde auf den Feldern und Höfen vor den Rundhütten. Eine weite Landschaft mit einer Morgenkühle, die einen ähnlichen Geruch trug wie der Elbstrand. Immer wenn dort ein Feuer brannte, dachte ich daran, und manchmal bekam ich Heimweh. Aber das lag sicher auch an der humanitären Tragödie in KwaZuluNatal, wo es keine Menschen in meinem Alter gibt. Sie sind längst an der Krankheit gestorben. Übriggeblieben sind Alte und Kinder sowie einige Helferinnen, zumeist einheimische und ausländische Nonnen.

Plötzlich fällt mir das Gewebe-Klebeband von Ingo ein, sein wenig damenhaftes Einweihungsgeschenk vom letzten Jahr. Die Gartenschläuche vom Vorbesitzer liegen nach einem gescheiterten Anschlussversuch unter einer Bank im Rex. In der Werkzeugkiste mit den hundert *Unbekannten* finden sich interessante Verbindungsstecker. Es funktioniert tatsächlich. Zumindest einigermaßen. Die Schläuche und altersschwachen Verbindungen haben zwar Lecks, aber mein Lebensstandard erhöht sich trotzdem enorm, denn das Flickwerk reicht bis zur Terrasse. Auch wenn ich den Fünfliterkanister weiterhin fantasiereich über dem Möchtegern-Waschbecken in der Nasszelle befestigen muss, sind es immerhin nur noch wenige Schritte Schlepperei. Leider tropft der Hahn und die fünf Liter sind viel zu schnell verbraucht. Der Winter muss irgendetwas mit der Dichtung angestellt haben. Das Waschbecken hängt auch nur noch am seidenen Faden und muss verstärkt werden.

Den Abend versüße ich mir mit dem neuen Berger-Katalog, der *new and limited edition*. Bei den Technikseiten wird mir warm ums Herz. Ich spüre einen inneren Bezug zur Materie. Meine Campingerfahrungen lassen mich mit anderen Augen auf das exotische Zubehör schauen, wobei mir das Thema *Wasser* keine Ruhe lässt. Ich nehme die abgebildeten Pumpen unter die Lupe, oder soll ich lieber sagen Pümpchen? Aha, sie lassen sich durch Batterien betreiben und benötigen keinen Strom. Das erweitert die Möglichkeiten immens. Die Nacht ist gerettet. Im Morgengrauen ist die Bestellliste komplett. Nicht auszudenken, dass in naher Zukunft wirklich Wasser aus dem Hahn über dem klapprigen Waschbecken fließt. Hähne gibt es in allen Preisklassen, das ist wie anderswo auch. Arme Autorin ergibt Einsteigermodell für zwanzig Euro aus Plastik in Milchkaffeebraun. Die kleinste Pumpe kostet dreizehn Euro, zwei Batterien zwölf Euro, einen passenden Kanister gibt es für zehn Euro.

Am nächsten Morgen ist der Platz wie ausgestorben. Nicht mal ein Kaninchen ist zu sehen. Selbst die Vögel schweigen, frustriert von ausbleibender Wärme, wie ich haarscharf kombiniere. Wer will bei den Temperaturen schon singen oder Nachwuchs aufziehen?

Die Ruhe ist ungewohnt, und ich fühle mich abgeschnitten von der Welt. Soll ich nicht einfach auf mein Fahrrad springen und in mein anderes Leben radeln? Dort ist die Wohnung kuschelig und die Nachbarn nah. Mein neues Leben ohne Fernseher und morgendliche Zeitung und nur mit sporadischer Internetverbindung ist manchmal zu viel des Urlaubsgefühls. Ich will hier schließlich nicht pausieren, sondern *leben*. Ein Radio muss her, am liebsten ein Kofferradio! Gibt es die überhaupt noch? Und wenn ja, werden sie noch so genannt? Seltsam, wie man einen simplen Alltagsgegenstand aus den Augen verliert, wenn er in Zeiten moderner Medien keine Rolle mehr spielt. Selbstverständlich weiß Freddy Rat. Nach seiner Recherche bin ich innerhalb weniger Tage Besitzerin eines Radios mit Solar-Akku und Kurbelfunktion. Von nun an gehört das morgendliche und abendliche Radiohören zum Campen, zumindest solange es draußen kühl ist und die Abende lang und dunkel sind.

Als das Berger-Paket kommt, bin ich richtig nervös. Jetzt sofort will ich alles montieren. Kann doch nicht so schwer sein. Neben einem Schlauch führt auch ein Kabel zum Hahn, dann gibt es noch den Batteriekasten mit der Möglichkeit, ein weiteres Kabel anzuschließen und die Pumpe. Wie soll das gehen? Wo ist An und Aus? Kann man eine gewischt bekommen?

Mir fehlt ein patenter Mann. Es ist Mittwoch und kein anderer Dauercamper in Sicht. Nick ist neuerdings schwer beschäftigt und kümmert sich um seine Metallarbeiten, und außerdem findet er fließendes Wasser in einem aufgeräumten Wohnwagen sicher oberspießig. Ihn werde ich nicht fragen.

Der Kabelwirrwarr bringt mich zum Verzweifeln. Undurchschaubar. Ich liege seit mindestens zwei Stunden unterm Becken und bin mit dem Wasserzufluss beschäftigt, als ich das Geräusch eines Vorzeltreißverschlusses höre. Ich orte es in der hintersten Ecke des Platzes, dort, wo der *Sonnenanbeter* seit Neuestem steht. Bisher haben wir uns noch nicht bekannt gemacht. Im letzten Jahr war er mir dadurch aufgefallen, dass er jeden verfügbaren Sonnenstrahl mit seinem gebräunten Gesicht einzufangen suchte. Das Gleiche praktiziert er auch in diesem Jahr, sobald die Wolken sich verzogen haben. Bevor er sich in seinen Sonnenstuhl setzt, muss ich die Chance ergreifen.

»Moin, wir haben uns noch nicht vorgestellt. Ich bin Bruni.«

»Winfried. Moin, freut mich.«

»Haben sie dich von vorn zu uns geschickt?«

»Ja genau, aber mir gefällt es ganz gut hier. Ein wenig mehr Betrieb.«

»Findest du? Die meisten sind doch nur am Wochenende da.«

»Ich komme, so oft ich kann, meistens nach der Arbeit.«

»Kennst du dich zufällig mit Wasserpumpen aus? Ich habe mir eine gekauft.«

Und dann liegt er auch schon unter meinem Waschbecken und versucht Ordnung in das Chaos zu bringen. Eines merken wir dabei ziemlich schnell: Wir sind beide nicht vom Fach.

»Ich hab zwar auch fließend Wasser in meinem Wohnwagen, aber andere Anschlüsse«, sagt der Sonnenanbeter.

»Was?«, rufe ich so laut, dass er unterm Becken liegend zusammenzuckt.

»Entschuldigung. Tut mir leid. Das platzte so heraus, weil ich nicht damit gerechnet habe. Ich dachte, nur ich hätte diese geniale Idee.«

Er schaut mich ein wenig verdutzt an, und ich versuche mit einem Lächeln seinen Eindruck von mir aufzubessern.

»Ich habe einen Fußschalter, dafür hat mein Wasserhahn kein Kabel, denn der Kontakt wird unten ausgelöst«, führt der Sonnenanbeter aus. Schon habe ich ein schlechtes Gewissen, dass er meinetwegen entscheidende Strahlen zur Tiefentönung verpasst.

»Verstehe ... äh, das heißt ... ich kapier überhaupt nichts«, stammle ich. Bei Fußschalter denke ich an Nähmaschinen, aber was hat das mit fließendem Wasser zu tun?

»Ich kapiere es irgendwie auch nicht. Wollen wir mal zu mir rüber und du schaust dir das an?«

Wir tüfteln und werkeln, bis Freddy überraschend um die Ecke kommt. Mein Mann für alle Fälle. Mein Retter in der Not! Der Umweltingenieur mit dem Elektrikerdiplom. Er will eigentlich nur eine Pause bei seiner Feierabendradtour machen. Winfried verlässt den Ort des Geschehens, und in weniger als zehn Minuten ist der Anschluss perfekt.

»Wahnsinn. Unglaublich. Das gibt es doch nicht«, sage ich, als das Wasser fließt. Immer wieder drehe ich den Hahn auf und bin fasziniert. Das Pümpchen schafft es tadellos, nirgends tropft es. Ich kann meine Hände unter fließendem Wasser waschen, meine Zähne putzen und alles Mögliche mit den zwölf Litern in dem Kanister anstellen. Nobel!

»Das wird deinen Verbrauch erhöhen«, meint Freddy.

»Ein wenig Luxus muss sein. Derzeit verbrauche ich ungefähr fünfzehn Liter Wasser am Tag.«

»Bist du sicher? Das ist ja fast nichts.«

»Bis letzten Dienstag habe ich noch jeden Liter geschleppt, da weiß man, was man verbraucht. Nun fülle ich vor Ort alles per Schlauch in die Kanister. Höchstens zwanzig Liter, Abwaschen inklusive. Wenn es wärmer wird, werde ich wohl auch draußen duschen, dann kommen vielleicht noch mal fünf Liter dazu.«

»Schätz doch mal, wie hoch der Durchschnittsverbrauch eines Deutschen ist, pro Person und Tag.«

»Puh, du stellst Fragen. Hundert Liter.«

»Nicht schlecht, aber es sind einhundertsiebenundzwanzig Liter.«

»So viel? Das liegt bestimmt an der vielen Duscherei.«

»Und am Baden.«

»Duschen wird vollkommen überbewertet. Was soll das? Jeden Morgen, manche duschen sogar morgens und abends. Vollkommen übertrieben. Wir leben doch nicht in den Tropen.«

Als Freddy nichts sagt, bin ich verunsichert.

»Rieche ich manchmal komisch?«, will ich wissen.

»Quatsch. Wie kommst du denn darauf?«

»Nur weil ich nicht jeden Tag dusche, heißt das nämlich noch lange nicht, dass ich mich nicht ordentlich wasche, ich meine, an den markanten Stellen.«

»Keine Details, bitte.«

»Aber *du* kannst mal ein paar Details rüberschieben. Wofür braucht man denn einhundertsiebenundzwanzig Liter Wasser am Tag?«

»Aus dem Kopf soll ich das sagen? Hm, also, wenn ich es richtig erinnere, dann gehen vierzig Liter fürs Duschen und Baden drauf, die gleiche Menge für die Toilettenspülung.«

»Da haben wir's. Toilettenspülungen sind auch vollkommen überbewertet.«

»Nicht jeder lebt im Busch, so wie du.«

»Trotzdem kann man sparen. Es gibt Leute, die betätigen die Spülung, um ein benutztes Papiertaschentuch wegzuspülen.«

»Wer macht so was?«

»Keine Namen.«

»Verstehe, also dein Ex. Die Ossis haben sowieso ein anderes Verhältnis zum Energieverbrauch.«

»Was soll das denn jetzt?«

»Ist einfach so. Dazu gibt es Statistiken. Spülmaschine zehn Liter, Waschmaschine fünfzehn, Haus putzen, Blumen gießen und so etwas zwanzig Liter und einige Liter fürs Essen und Trinken, das macht ungefähr einhundertdreißig Liter.«

»Wieder was gelernt. Bekommt man einen Orden, wenn man weniger als ein Fünftel davon verbraucht?«

»Als Ordensträger würde ich Nick vorschlagen«, sagt Freddy, und ich pruste los. Gegen Nick bin ich wirklich eine Verschwenderin schlimmster Sorte. Man kann das Waschen schließlich auch auf ein Minimum beschränken.

»Übrigens entsprechen fünfundzwanzig Liter exakt der Wassermenge, die ein Inder täglich verbraucht.«

»Was du alles weißt.«

»Ist wirklich so. Bei den Amis sind es zweihundertfünfundneunzig Liter. In Deutschland ist man extrem sparsam, tendenziell werden wir sogar immer sparsamer. Fast alle anderen Europäer verbrauchen deutlich mehr.«

»Auch die Holländer? Die sind doch dauernd mit ihren Wohnwagen auf Tour. Die sparen bestimmt auch viel Wasser.«

»Muss ich bei Gelegenheit mal nachschauen, aber ich glaube, die Holländer verbrauchen nur wenig mehr als die Deutschen. Problematisch ist es mit den Spaniern, aber das liegt an deren maroden Bewässerungssystemen.«

»Ich jedenfalls bin oberstolze Besitzerin eines Wasserhahns im Wohnwagen und werde auch in Zukunft sparsam sein. Kannst du mir bitte noch eine Zeichnung vom Anschluss machen? Die möchte ich gern Winfried zeigen. Wir waren ein wenig frustriert, weil wir es nicht hinbekommen haben.«

»Zeichnung!?«

Als ich später den Wasserschlauch vom Hahn stöpsle, sehe ich Nick am Zaun stehen und auf die Elbe starren. Er dreht sich um und ruft mir etwas zu. Aus Richtung Hafen kommt ein ungewöhnliches Schiff, und ich habe eine Vermutung. Das kann nur *sie* sein. Sie, die Abramowitsch-Yacht. Gigantisch. Gigantisch groß und gigantisch unangenehm. In der Zeitung stand etwas über ihre baldige Vollendung und anstehende Probefahrten. Seit Monaten liegt sie in der Werft. Das Schiff erinnert an eine Fregatte, selbst wenn es weiß und nicht grau ist und (noch) keine Geschütze trägt. Ein erstaunlich gesichtsloses Schiff. Und das will schon was heißen, bei einer Investition von angeblich zweihundert bis achthundert Millionen Euro, wie die Presse nicht müde wird zu berichten. Der genaue Preis bleibt Geheimsache.

»Da will einer zeigen, dass er die dicksten Eier hat«, meint Nick. »Und da heißt es immer, Diebstahl lohne sich nicht.«

Wir grinsen und mir fällt nichts Besseres ein, als *Dinge, die die Welt nicht braucht* zu sagen.

In der Kühle der Dämmerung sind Bikinischönheiten an

Bord kaum vorstellbar, die dem *Spielzeug des Herrn* etwas von seiner militärischen Ausstrahlung nehmen könnten.

Mich fröstelt ob des Anblicks *und* der einstelligen Gradzahl. Wahrlich kein Camperwetter. Ich habe nicht mal Lust auf ein Feuer. Mir schwebt ein Abend im geheizten Wohnwagen und mit zischelnder Gaslampe vor. Jeder für sich in seinem Wagen. Typisch nordisch. Bei zehn Grad mehr wäre ein vollkommen anderer Ablauf des Abends keine Frage. Beisammen am Feuer sitzen, solange man Lust hat, zwischendurch ein Gang ans Ufer. Aber so? Nein! Nur schnell rein in die gute Stube.

Als ich mich von Nick verabschiede, nehme ich aus den Augenwinkeln die Mondsichel wahr. Selbst zu einer Mondbetrachtung kann ich mich kaum überreden. Immerhin zwinge ich mich zu einer kurzen Würdigung, denn der Mond strahlt in Vollkommenheit. Er befindet sich im ersten Viertel, eine scharfe Sichel, deren Schein den gesamten Himmelskörper von hinten erleuchtet. Warum spielen die Gestirne in meinem normalen Leben eigentlich keine Rolle? Hat das Großstadtleben mich derart abstumpfen lassen?

Goethe lässt grüßen

Wohnwagen. Überall sehe ich nur noch Wohnwagen. Wo waren sie die ganze Zeit versteckt? Oder war ich blind für sie?

Man sieht nur, was man weiß, behauptete Goethe. Das kann ich nur bestätigen, wobei ich neuerdings eine Steigerung dieser Weisheit erlebe. Ich sehe nur noch, was mich interessiert. Seitdem ich von der Existenz eines Eriba weiß, bin ich auf die Entdeckung von Eribas gepolt. Ich sehe sie ständig herumfahren, sie sind überall, auf Tankstellen, vor Baumärkten, an roten Ampeln, und sie werden immer schöner. Auf dem Weg zu meinem Sportverein steht ein Eriba Puck. Zuckersüß. Jeden Mittwoch radle ich an ihm vorbei. Der Puck ist einer der kleinsten in Serie gebauten Wohnwagen, wie ich unlängst erfahren habe, und hat seinen Ursprung in den Fünfzigerjahren. Es gibt Eriba-Puck-Fanclubs, und schenkt man deren Internetseiten Glauben, so dürften die Mitglieder in ihrer Freizeit nichts anderes tun, als ihre Puckis aufzupäppeln, zu hegen und zu pflegen. Der Puck ist genauso klein wie sein Name. Im Vergleich zum Schäferhund Rex ist er nur ein Rehpinscher. Eribas sind keine rollenden Wohnzimmer, sondern eher Spielzimmer für Kleinwüchsige. Der Name steht für Erich Bachem. Fast alle Modelle erinnern an Fabelwesen, *Puck, Faun, Troll, Pan,* wer so viel Fantasie bei der Namensgebung der mobilen Heime beweist, der muss auch andere zündende Ideen haben. Mir würde er gefallen, vielleicht nicht grad der Puck mit zwei Meter achtzig Länge, aber vielleicht der Pan mit drei Meter vierzig. Je mehr ich mich mit dem Eriba beschäftige, desto sympathischer wird er mir. Richtig stylisch, aber nicht besonders hoch, selbst wenn das Hubdach ausgefahren ist. Ich würde locker hineinpassen, aber wie sieht es mit einem ausgewachsenen Kerl aus? Statistisch gesehen habe ich Aussicht auf weitere Männer in meinem Leben und zurückblickend ist unumstritten, dass meine Partner – mit wenigen Ausnahmen – größer waren als ich, um einiges sogar, jedenfalls zu groß für einen Eriba. Wäre doch irgendwie seltsam, wenn der Auserwählte aus physischen Gründen nicht ins Gemach passte. Verdammt, was ist schon wieder los mit mir?

Neben Eribas bestätigen insbesondere Holzhaufen die Weisheit Goethes.

Holzhaufen! Ich sehe sie selbst in der Großstadt. Wenn ich in der S-Bahn sitze und zum Campingparadies fahre, führen die Schienen quer durchs Eldorado für Holzfetischisten. In den Villenvierteln des Hamburger Westens gehört es anscheinend zum guten Ton, einen Holzvorrat anzulegen, zumeist fein säuberlich an die Hauswand gestapelt, vor Nässe geschützt und zudem dekorativ. In manchen Vorgärten gibt es Kreationen, die Kunstwerken gleichen. Manche sind kreisrund und tragen einen Hut. Eines von diesen Prachtexemplaren steht kurz vor der Haltestelle, sodass mir beim Abbremsen der Bahn immer eine halbe Minute für meine Studien bleibt. Der Haufen hat einen Durchmesser von mindestens zwei Metern und eine Höhe von drei Metern. Sein spitz zulaufendes Dach aus Holzscheiten findet meine größte Bewunderung, sind sie doch wie Schindeln übereinandergeschoben. Ich klebe an der Scheibe und erblasse vor Neid. Wie wunderbar die Scheite aus diesem Haufen wohl auf dem Feuer knistern, wie viel Wärme sie abwerfen würden, wie kuschelig es auf der blauen Bank wäre, die Beine nah an den Flammen, den Schein im Gesicht. Holz über Holz. Aber das werden die Hausherren doch nicht selbst gespalten haben! Niemals! Die gepflegten Hände! Der Zeitmangel! Die Gefahr!

Ich brauche Holz. Trockenes Holz. Ganz dringend! Flugs sitze ich am Computer und recherchiere. Wenig später habe ich einen Holzspezi am Telefon, der laut Internetauftritt berät, verkauft und liefert. Sein *Moein* klingt vollkommen unbeeinflusst von jedweder Mundart, die außerhalb der Hansestadt gesprochen wird.

Bei meiner Frage, ob er sein Holz auch ans Elbufer bei Blankenese liefert, wird er hellhörig. Entweder hält er mich für eine gelangweilte Hausfrau aus einer Elbblick-Villa oder für eine Hausangestellte.

»Wir liefern nach überallhin. Preis geht nach Raummedern, Lieferung ab drei Gidderboxen is für fünfundzwanzich Euro kein Problem. Das gildet für fuffzehn Kilomeder um meine Firma rum. Wir sitzen im Hamburger Osten. Jeder zusätzliche Kilomeder kostet neunundvierzich Cent.«

»Raummeter? Wie viel ist das denn?«

»Na sach ich doch, Raummeder. Wir liefern keine Schüttmeder.«

»Schüttmeter?«

Wenn ich eines nicht mag, dann ist es unbedarft bis dämlich zu klingen. Ich schnacke lieber auf gleicher Wellenlänge. Doch da habe ich beim Holzspezi null Chance, aber ich kann ja später nachrecherchieren. Das Thema Holz scheint ein weites Feld zu sein. Hektisch kritzle ich Notizen auf einen Block.

»Unsere Gidderbox ist voll bestes Buchenholz und 'n büschen Eichenholz. Zweieinhalb Jahre in der Box ist das Holz von allen Seiten luftig abgelagert. Absolut trocken.«

»Eignet es sich für Lagerfeuer?«

»Was?«

»Ich möchte es für Lagerfeuer am Strand nutzen. Wie brennt Eiche denn so?«

»Also, das ist Kaminholz. Verstehn Se, fürn Kamin.«

»Ja, das verstehe ich schon. Brennt es auch auf einem offenen Feuer oder qualmt es, benötigt es eine besondere Hitze, um ordentlich abzubrennen? Ich frage nur, weil ich es bisher noch nicht mit Holz aus Schüttmetern ... äh ... Gitterboxen probiert habe. Kostet ja auch alles Geld.«

»Ich biete ofenfertiges Kaminholz mit einer Restfeuchte um die zwanzich Prozent, eher drunter. Das is topp. Luftgetrocknet, nich kammergetrocknet.«

»Ich würde gern wissen, ob Ihr Holz auch draußen auf einem offenen Feuer gut brennt. Ich habe schlechte Erfahrungen mit qualmenden Stämmen gemacht. Und manches Holz bekommt auf offenen Feuern nicht die richtige Hitze, ist mein Eindruck.«

Diese Aussage ist zwar gewagt, aber irgendwie muss ich ihm ja verwertbare Infos entlocken, bevor ich *investiere.*

»Die Scheitlänge is zwanzich bis dreiunddreißich Zentimeder.«

»Hm, kommt mir aber ein bisschen klein vor, wie die Dinger im Baumarkt, die in diesen seltsamen Netzen verkauft werden.«

»Hörn Se bloß damit auf! Wer Holz im Baumarkt in Raschelsäcken kauft, zahlt für einen Raummeder schon mal hundertvierzich Euro oder mehr und erhält dafür nur minderwertiges Mischholz.«

»Hauptsache, es brennt – oder nicht?«

»Sie machen mir aber Spaß. Wir verkaufen Holz aus norddeutschen Wäldern, kein kammergetrocknetes Eschenholz aus Osteuropa.«

»Es geht mir darum, große Scheite zu haben, die gut brennen und nicht qualmen. Sie müssen kein Gardemaß haben.«

Der Vortrag des redseligen Holzkenners nimmt kein Ende, auf meine Fragen geht er grundsätzlich nicht ein, und ich wundere mich, wie er jemals Zeit zum Ausliefern seiner Tipp-topp-Buche findet. Als er mich über Holzfeuchte-Messgeräte aufklärt, die nur drei Millimeter in das Holz hineinmessen und dort eine Feuchte von um die zwanzig Prozent registrieren, während im Inneren des Holzes meistens noch über vierzig Prozent liegen, suche ich nach Rettung.

»Ich werde mir das alles noch mal durch den Kopf gehen lassen. Würden Sie denn auch nach Blankenese liefern? Ich meine, dort an den Strand. Die Anfahrt geht auf den letzten hundert Metern durch tiefen Sand.«

»Wir fahrn, so weit wir können. Dann kippen wir das Zeuch ab, aufstapeln und so is nich. Googeln Sie mal unter Kaminholz-für-Hamburg. Dann wissen Sie, wo die Preise stehn. Was die andern liefern, das macht kein Spaß beim Anheizen.«

»Spaß soll es schon machen.«

»Sach ich doch.«

»Ich rechne mir das durch und melde mich dann wieder. Die Gitterbox holen Sie dann später wieder ab?«

»Was? Wieso speder? Die nehm ich gleich wieder mit.«

»Ach so! Das Holz liegt dann quasi im Sand!«

»Wo auch immer.«

»Wie gesagt, ich überlege es mir.«

»Joh, alles klar. Aber eins wollt ich noch sagen. Wir kaufen und verkaufen kein Tropenholz wie Bankirai oder Teak, dass Se das gleich wissen. Wir wollen, dass der Wald lebt, denn davon leben wir alle. In unsern heimischen Wäldern da gibs genuch gudes Holz für uns alle, und es wächst genuch davon nach, pro Sekunde in Deutschland 1,8 Festmeder.«

»Ach, nun bin ich aber baff! Das klingt gut. Finde ich toll. Übrigens war ich mal am Amazonas. Da wird abgeholzt, dass einem ganz übel wird.«

»Schlimm is das. So was würden wir nie machen.«

»Und wie sieht es mit größeren Stücken aus?«

186

»Meterenden? Die müssen Se vorher bestellen. Kann ich alles besorgen.«

»Ist das billiger als die maßgeschneiderten Stücke?«

»Kaum. Wird auch kaum nachgefragt.«

»Aber das macht doch viel weniger Arbeit, weniger Sägerei, oder? Da muss man nichts spalten und ofengerecht zuschneiden.«

»Beim Holz ist das Trocknen das Teure, nich das Seegen.«

»Wieder was gelernt.«

So weit zu den Fakten, die ich erst noch verdauen muss. Eigentlich will ich nur wissen, ob mir jemand Holz liefern kann und was es kostet.

Während ich mich noch Stunden später durch meine unübersichtlichen Notizen und die Frage nach dem Raummeter quäle, finde ich in dem Durcheinander und den vielen Zahlen partout keinen Preis für eine Gitterbox.

Ein anderes Telefonat mit einem Holzhändler bringt mich vollkommen aus dem Konzept. Die entsprechende Firma liefert Pakete und Platten. Ein Raummeter soll aus vierzehn Paketen bestehen und *knochentrocken* sein. Auf Nachfrage werden fünfzehn Prozent Restfeuchte genannt. Eine Platte wiegt fünfhundert Kilo. Ich verstehe nur noch *Holzbahnhof.* Wenn ich doch nur einen anderen Mathelehrer gehabt hätte! Bis zur vierten Klasse ging alles gut. Herr Rüger hat mir wunderbar das Einmaleins beigebracht. Damals war ich sogar im A-Kurs. Dann kam Herr Plesse und es ging rapide bergab. Irgendwie bin ich auf dem Stand von Herrn Rüger stehengeblieben, ohne Dreisatz und Prozentrechnung.

Weiterhin starre ich überneidisch aus dem S-Bahnfenster auf die Holzstapel vor den Villen der Stadt. Herr Holzspezi könnte mir alles über Stapeltechniken erzählen, über runde, eckige, mit Hut und ohne. Mit jeder Bahnfahrt werden es mehr Haufen, denn man sieht nur, was man weiß.

In der Nacht träume ich von Holzhaufen. Ähnliche Phänomene kenne ich gut genug, um die einzig mögliche Konsequenz zu ziehen: weiterforschen, bis ein befriedigendes Ergebnis erzielt ist. Denn sonst bekomme ich Schlafstörungen. Verdammt. Eigentlich sollte ich den Arbeitstag nutzen, um im Internet nach dem katholischen Orden aus Deutschland zu recherchieren, der in KwaZuluNatal umfangreiche Aids-Projekte durchführt. Jeden Tag werde ich an Schwester Sola erinnert. Die fast Neunzigjährige ist in den Fünfzigerjahren aus Bayern nach Südafrika gegangen. Ihr kleines Häkeldeckchen leistet mir gute Dienste beim Schutz meiner Getränke gegen Insektenattacken. Aber statt mich an das Manuskript ranzuhalten, gebe ich den Begriff *Holzhaufen* in die Suchmaschine ein und bin im Nu entzückt. Es gibt ein Foto mit dem Hinweis *German Holzhaufen in perfection.* Ist es Zufall oder meiner eigentlichen Aufgabe geschuldet, dass dieser Haufen wie eine Rundhütte im Zululand aussieht? Form und Größe sind beinah identisch und die spitz zulaufende Bedachung kann nur dem traditionellen Können und der Erfahrung eines großartigen Baumeisters entsprungen sein. Das amerikanische Ökomagazin ›Mother Earth News‹ widmet der Kunst des Holzhaufenbauens in Deutschland einen schönen Artikel. Prompt träume ich in der folgenden Nacht von einer Hütte am See, irgendwo in Nordamerika. Dort lebe ich mit einem wunderschönen Holzhaufen vor der Tür. Im Traum gab es einen Hund, aber keinen Mann. Alles erinnerte an das Buch ›Walden‹, das ich kürzlich gelesen habe. Vielleicht hätte ich vor fünfzehn Jahren doch in Pennsylvania bleiben sollen. Dort gibt es solche Seen wie in meinem Traum und solche Holzhütten. Den Haufen könnte ich mir selber bauen, nach der Anleitung in ›Mother Earth‹. Ach, eines Tages, wenn ich nicht mehr in einer Etagenwohnung auf St. Pauli lebe, werde ich mich gänzlich dem Holz und seinen vielfältigen Verwendungen widmen. Bis dahin müssen es Raschelsäcke, edle Spenden von Freunden und gelegentliche Ausflüge in den Elbhang richten. Der Rex ist hoch genug aufgebockt, um einigen dicken Brocken ein trockenes Dach über der Rinde zu geben.

Es lebe der Wohlgenuss

Ein langes Wochenende steht bevor, der Wetterbericht verspricht Gutes, aber ich bin trotzdem ein wenig betrübt, weil ich meinem Abgabetermin für das Manuskript hinterherhinke und die Disziplin einer (ehemaligen) Marathonläuferin aktivieren muss, um mich keinesfalls der Feierlaune hinzugeben. Auch wenn mir durchaus bewusst ist, dass es in unserer Welt größere Probleme gibt als ein verpasstes Sonnenwochenende, muss ich ehrlicherweise zugeben, momentan an nichts anderes denken zu können und persönlich betroffen zu sein. Aber ich kann nicht *freimachen* wie die meisten anderen Freunde, um das *Wochenende* zu genießen. Für mich gibt es kaum Unterschiede zwischen Werktagen und Feiertagen. Seit über zehn Jahren habe ich mich nicht mehr darum gekümmert, wie das Weihnachtsfest liegt und wie viele freie Tage *theoretisch* herausspringen. Nächstes Wochenende muss ich mich zusammenreißen und arbeiten. Basta! Komme, was da wolle!

Und es kommt bereits am nächsten Tag ganz dicke.

»Bruni, stell dir vor, ich habe meine Prüfungen nun doch bestanden. Ich kann endlich zu dir nach Hamburg fahren und vier Tage bleiben. Ich freue mich so«, sagt Sharzad aus Karlsruhe, die ich allerdings in Teheran in einer Frauenpension kennengelernt habe. Damals lernte sie Deutsch und war vollkommen aus dem Häuschen, als sie mich ansprach und merkte, dass ich aus ihrem geliebten Deutschland stamme. Das ist vier Jahre her, und inzwischen kennt sie das Land ihrer

Träume aus eigener (weniger träumerischer) Anschauung und studiert Physik.

»Super, Sharzad. Ich freue mich auch. Wann kommst du?«

»Morgen Mittag um elf bin ich am Hauptbahnhof.«

»Hm, also … es ist so, Sharzad, ich bin nicht in meiner Stadtwohnung, sondern außerhalb in einem Wohnwagen. Dort schlafe ich auch. Ich hoffe, das ist kein Problem für dich. Es ist gemütlich hier draußen. Ein Bett für dich ist auch da.«

»Nein, nein, kein Problem, alles ist gut. Ich bin so befreit. Die Prüfungen waren schrecklich. Ich will nur weg. Endlich zu dir nach Hamburg.«

»Hier bist du ganz weit weg von deinem normalen Leben.«

Entgegen den Gepflogenheiten persischer Höflichkeit biete ich ihr nicht an, sie vom Bahnhof abzuholen, aber sie hat Verständnis und wird sich in die S-Bahn nach Blankenese setzen.

»Bruni? Eine Frage noch: Was ist ein Wohnwagen?«

Und dann läutet erneut das Handy, was mich zunächst in Verlegenheit und dann auf eine Verkupplungsidee bringt.

»Mein Tennisspiel fällt aus. Ich komme zum Rex«, sagt mein Bruder kurz und knapp.

»Toll, wie schön. Und wann?«

»Morgen Mittag. Ich bringe Wein, Olivenöl und Fisch mit. Fehlt sonst noch etwas?«

»Nein, nein, es ist alles da. Wir können am Samstag immer noch einkaufen.«

Langsam stellt sich die Platzfrage, und ich rufe Yara an. Neulich sagte sie noch etwas von einem Ausflug zu ihrer Familie nach Schwerin, aber ganz sicher war das nicht.

»Bei mir ist Plan B angesagt. Ich komme mit meinem Neffen, Jannis will unbedingt mal in einem Wohnwagen übernachten«, ist ihre freudige Antwort auf meine Frage, was sie an den Feiertagen vorhat. »Wollen wir nicht ein paar Leute einladen und das ganze Südafrika-Gedöns auffahren? Wäre doch die Gelegenheit. Wetter soll auch super werden«, fügt sie voller Euphorie hinzu.

»Ja, nein, äh, keine Ahnung.«

»Hast du mitgekriegt, dass die Queen angekündigt ist?«

»Wann?«

»Keine Ahnung, irgendwann am Wochenende. Und dann noch einige andere Kreuzfahrer aus der Kussmund-Fraktion und dieses blaue Teil, *Mein Schiff* oder wie das heißt, und einige Segler. Hamburg hat irgendwelche maritimen Tage erfunden. Habe ich heute in der Zeitung gelesen.«

Das kommt also davon, wenn man im Schreibwahn ist und keine Zeitung liest. Das Wochenende wird immer verlockender.

»Ich habe im Internet auf der Poikie-Pot-Seite ein tolles Rezept gefunden. *Coq au Vin* auf Südafrikanisch. Mit interessanten Zutaten, nicht so chichimäßig wie das französische Original, eher die derbe Variante mit ordentlich Speck, Brandy, Wein ohne Ende, Ingwer und indischen Gewürzen. Hört sich superlecker an.«

»Toll«, sage ich und spüre, dass es für mich keinen Plan B geben wird.

»Ich kaufe alles ein. Jannis und ich kommen übermorgen früh. Was meinst du, wie viele Leute sollen wir einladen? Großes Programm oder eher gezielt?«

»Puh, also wenn schon, denn schon! Ich sage Judy, Skip, Markus und der Läuferfraktion Bescheid.«

»Dann kümmere ich mich um die St.-Pauli-Leute.«

»Alles klar, bis dann. Ich freu mich schon.«

Tja, so ist es, wenn alle drei Pächter gemeinsam den Rex nutzen wollen und ein langes Wochenende ansteht. Man soll die Feste feiern, wie sie fallen.

Mein Bruder trifft kurz nach Sharzad ein, die bereits in der Hängematte liegt, als sei sie Pächterin Nummer vier. Sie strahlt vor lauter Freude und hat allen Stress im Nu abgeworfen. Bei unserem letzten Treffen im Herbst war sie ein Nervenbündel, blass und fahrig, vom Kulturschock und von Leistungsanforderungen gezeichnet, ein Schatten ihrer selbst. Ich bin gerade am Spültisch beschäftigt, als mein Bruder hinterm japanischen Knöterich auftaucht.

»Der Verkehr war eine Katastrophe, der Elbtunnel dicht, manche Idioten haben am Steuer wirklich nichts verloren. Achtzig soll man fahren, das ginge auch, wenn nicht irgendwelche Trottel mit fünfzig unterwegs wären und alles blockierten. Denen sollte man den Führerschein abnehmen, aber lebenslänglich. Ich kapier das nicht. Wie kann man nur so bescheuert sein?«

»Hallo, Bruderherz! Guten Tag! Wie geht es dir? Willkommen im Elbparadies.«

»Es ist echt nervig.«

»Darf ich dich mit einer Freundin bekannt machen?«

Endlich schaut er mir in die Augen, realisiert auch, dass er die Begrüßung vergessen hat, und stellt seine schweren Taschen ab. Vom Tennisspielen und Aufsätze-auf-dem-Balkon-Korrigieren ist er gebräunt, seine Haare sind frisch geschnitten und sein hellblaues Shirt außerordentlich kleidsam. Ein stattlicher Mann. Noch hat er Sharzad nicht gesehen, die unter der Sommerlinde schaukelt, und ich versuche auch nicht, ihn zu einem Gruß zu nötigen. Das macht in der jetzigen Lage keinen Sinn. Die Osterferien sind lange vorbei, die Sommerferien noch in weiter Ferne. Eine kritische Phase für einen Lehrer. Er muss erst mal Luft ablassen: über die schlechte Welt, die blöde Schule und die verdorbenen Schüler. Das legt sich alles ganz schnell, wie ich aus Erfahrung weiß, aber heute sollte es möglichst schneller gehen, am liebsten wäre mir: sofort.

»Ach, das ist doch die hübsche Dame aus deinem Buch«, begrüßt er Sharzad, deren Strahlen nun blendend ist. Wie schön, wenn man sich auf die Familie verlassen kann.

Mein Bruder adoptiert meine Freundin, und ehe ich einen Vorschlag machen kann, sitzen sie schon in seinem Cabriolet und rauschen davon. Hürde Nummer eins gemeistert. Flugs setze ich mich an den Laptop und schreibe auf Vorrat für die nächsten Tage. Nacharbeiten klappt selten, aber wenn ich heute fünf Seiten anstatt der üblichen drei schaffe, dann kann ich mir später ein Gläschen Rotwein gönnen und gepflegt grillen. Morgen stehe ich um sieben auf und arbeite bis zehn. Die Rechnung müsste aufgehen. Tipp tipp, tipp tipp.

Als die beiden gegen Abend zurückkommen, höre ich ihr Lachen schon von Weitem.

»Dein Bruder ist so süß. Er hat mir alles gezeigt, den Hafen, die Alster und auch St. Pauli. Und sein Auto! Das macht so viel Spaß«, sagt Sharzad.

Wolf zeigt mir die Fotos ihres Ausflugs, und so weiß ich, dass sie sogar in meinem Stadtteil in einem Café saßen.

»Hunger?«, frage ich.

»Und wie, was sollen wir tun?«, fragt mein Bruder.

Nachdem ich Vorschläge für das Grillprogramm gemacht habe, bin ich auch schon wieder *arbeitslos*. Ich solle ruhig weitertippen und alles ihnen überlassen. Das fällt mir schwer, denn Sharzad gegenüber möchte ich mich als gute Gastgeberin zeigen. Sie hat in Deutschland genug unschöne Erfahrungen mit meinen – zur Unaufmerksamkeit neigenden – Landsleuten gemacht, wo sie doch aus einem Land stammt, in dem man selbst den größten Feind wie einen willkommenen Gast bewirtet.

Nur aus den Augenwinkeln nehme ich wahr, wie meine *Gäste* am Tisch sitzen und persisches Kabab vorbereiten. Sharzad ist nicht mehr zu halten, seitdem sie im Rex original

iranische Spieße entdeckt hat, deren Metall flach und breit ge-
formt ist, damit das Hackfleisch an ihnen haften kann. Mein
Bruder schneidet Zwiebeln und entsaftet sie durch ein Tuch,
während Sharzad die Zutaten verknetet. Bald ist ihr Kichern
und Feixen ein angenehmes Hintergrundgeräusch und der
Hauch eines schlechten Gewissens verflogen. Kochen kann
mein Bruder, aber Grillen ist überhaupt nicht sein Metier. Ich
möchte ihm die Peinlichkeit ersparen, vor einer jungen Dame
kein Feuer entzünden zu können, denn ich kenne seinen rat-
losen Blick angesichts solch praktischer Anforderungen, die er
lieber seiner kleinen Schwester überlässt.

Doch auch dieses Problem löst sich wie von selbst und
gänzlich ohne mein Einschreiten. Schade eigentlich, denn
nun habe ich keinen Grund mehr, meine Arbeit am Text
zu vernachlässigen. Sharzad hockt im Sand und fächelt den
zündelnden Flammen in der Feuerschale Luft zu.

»Jetzt weiß ich auch, warum ich dir von meiner letzten
Heimreise *Badbesan* mitbringen sollte. Wie heißt das auf
Deutsch?«, ruft sie mir zu.

»Yara und ich sagen nur noch *Badbesan,* aber man könnte
sie *Feuerfächer* nennen, *Feuerwedel* oder *Windfächer.«*

»Muss es nicht Windschläger heißen?«, erkundigt sich
Sharzad, die seit unserer ersten Begegnung unglaubliche Fort-
schritte im Deutschen gemacht hat. Ich frage mich immer,
wie sie es schafft, in einer Fremdsprache Physik zu studieren,
allein in einem fremden Land zu leben und dann auch noch
mit badischem Dialekt umzugehen.

»Das macht irre Spaß«, ruft sie und wirbelt mit dem Feuerfächer aus ihrer Heimatstadt Isfahan über die Flammen. Wie
sie mit nackten Beinen auf dem Boden hockt und ihre wilden
Locken ungezähmt über ihren Rücken fallen, sieht sie aus wie
ein glückliches Mädchen. Mein Bruder hält diesen Moment
mit seiner Kamera fest, und ich höre, wie sie ihm Geschichten

aus ihrer Heimat erzählt. Dort war es immer die Aufgabe ihres Vaters, für die Familie Kabab-Spieße über dem Feuer zu grillen. Sie versucht sich an alle Details zu erinnern, und Wolf assistiert ihr mit Vergnügen. Als die Beilagen in Form ganzer Tomaten auf dem Grill landen, ist es Zeit, den Laptop auszuschalten.

»Wenn mein Papa mich nur sehen könnte!«

Nach einem Abend am Feuer schlafe ich zum ersten Mal auf einem der seitlichen *Betten* im Rex und überlasse Wolf mein Gemach. So ist der gebotene Abstand zur Orientprinzessin gewahrt.

Als Yara und ihr Neffe am nächsten Vormittag eintreffen, machen wir es uns am Strand bequem, um das Einlaufen der Schiffe zu beobachten. Nachdem der letzte Hafengeburtstag enttäuschend war, weil es nur wenige Segler, aber dafür umso mehr Fregatten gab, schauen wir nun verblüfft elbabwärts, wo sich kurz vor der Einfahrt in Hamburger Gewässer ein wahrer Mastenwald zeigt. Der Wind weht mäßig aus Südost, und so können die Segelschiffe nach Lust und Laune manövrieren. Aus dem Hafen kommen mittelgroße Schiffe, um die Großsegler in Empfang zu nehmen, und wenden direkt vor unserem Strandabschnitt.

Seit Neuestem bin ich stolze Besitzerin einer Liege aus den dreißiger Jahren, einem wahren Schmuckstück aus Holz und Spanngurten, das wie eine Ziehharmonika auseinandergezogen wird. Der Stoff ist original und zeigt lediglich einige abgestoßene Ecken, die ruck, zuck mit Lederflicken ausgebessert waren. Ich throne fröhlich auf der Jahn-Liege und platziere Getränke auf einem passenden Tisch. Petra bietet schon am frühen Nachmittag Erdbeerbowle an. Zumindest beim ersten Gläschen sage ich nicht Nein.

Der Eisbrecher Stettin beansprucht Platz und tutet einige Jollen aus dem Weg. Die Mare Frisius ist eine alte Bekannte aus den Niederlanden, die jeden Abend am Rex vorbeisegelt. Sie ist ausgebucht mit Passagieren, die sich auf dem Deck drängen und das Schauspiel genießen. Eine Liveband bringt Karibikklänge zu Gehör. Und dann schiebt sich ein gewaltiger Tanker ins Bild. Es ist Niedrigwasser und so bleibt nur wenig Raum zum Ausweichen. Die Freja Polaris präsentiert sich in Signalrot, wie es sich für Schiffe mit gefährlicher Ladung gehört. Im gleichen Farbton sind die Lettern – *no smoking – safety first* – auf der weißen Brücke zu sehen. Das Alarmhorn dröhnt in steter Abfolge, und man kann sich ausmalen, wie die Lotsen alle Hände voll zu tun haben, um eine Kollision zu vermeiden. Sharzad löchert mich mit Fragen, und ich tue so, als sei ich eine Seemannsbraut und würde mich auskennen.

Im Laufe des Tages trudeln unsere Gäste ein, und es genügt ihnen, tatenlos aufs Wasser zu schauen. Innerhalb weniger Minuten setzen sie eine Schönwetter-Urlaubsmiene auf: ein Phänomen, das sich hier immer wieder beobachten lässt, zumeist begleitet von Ausatmen, Dauergrinsen und gelegentlichem Strecken aller Gliedmaßen. Für die einen ist das Verweilen an diesem Ort wie Auszeit, für die anderen ist es ein kleiner Urlaub und für manche sogar ein Dauerurlaub. Wenn Urlaub allerdings wirklich nur die bezahlte Freistellung von einer beruflichen Tätigkeit zur Erholung des Arbeitnehmers ist, wie es laut einer Definition heißt, dann habe ich überhaupt keinen Urlaub. Aber es gibt noch eine andere Erklärung, die zumindest die Fantasie anregt: Demnach kommt das Wort *urlauben* von *erlauben*. Also, ich erlaube mir ein Leben am Strand.

Als meine Kindheitsfreundin Skip eintrudelt, hat sie jemanden im Schlepptau, den ich seit Jahren nicht gesehen habe.

»Ich habe Ralph mitgebracht. Er hat feuchte Augen bekommen, als ich ihm von deinem Wohnwagen und dem Platz erzählte«, sagt Skip.

»Moin, hab mich quasi selbst eingeladen. Hoffe, das ist okay. Gratuliere zum Platz. Ein Traum.«

»Danke, freut mich, dich zu sehen.«

Ralph stammt aus demselben Dorf wie Skip und ich, aus Loxstedt bei Bremerhaven an der Wesermündung. Dort waren wir nie weit entfernt von großen Schiffen, Wind und Wellen.

»Oh, ein Wilk!«, ruft Ralph und steht im nächsten Moment vor einem Wagen in der Nachbarschaft. »Mit geteilter Heckscheibe, ich fass es nicht. Der hat bestimmt eine Bar.«

»Was? Woher weißt du das?«

»Ich habe meine halbe Kindheit in einem Wilk verbracht.«

»Der Wagen ist offen, zum Auslüften. Hat sicher keiner was dagegen, wenn wir mal reinschauen«, sage ich und will unbedingt die Bar sehen. Der neue Nachbar gehört zur lockeren St.-Pauli-Fraktion. Mir war der Wagen zwar auch schon als hübsch aufgefallen, aber mir fehlt das geschulte Auge für die Feinheiten. »Da, guck mal, mit Kinderzimmer. Und hier die Originaltrinkbecher. Und die Bar!«, ruft Ralph.

Er ist total aus dem Häuschen, und auch mich beeindruckt das Gefährt, wenn ich mir unter einer Bar auch einen Tresen mit entsprechenden Hockern vorgestellt habe. Nun ja, in einem Wohnwagen ist eben alles ein wenig kleiner. Hier gibt es einen winzigen Spiegelschrank mit Trinkbechern und Platz für einige Fläschchen. Die Nasszelle in dezentem Grau und Kacheloptik verströmt ebenfalls einen gewissen Charme.

»Ach, die goldenen Sechziger. Ich habe erst neulich ein Foto des Firmeninhaberpaares gesehen. Unschlagbar. Frau Wilk mit Hochfrisur im Wilk am gedeckten Tisch.«

»Foto? Wo sieht man denn so etwas?«

»Im Netz. Es gibt coole Campingseiten. Geh doch mal auf

www.caravan-museum.de. Da kannst du unter *Hersteller* alles
Mögliche finden. Dieser Wilk ist wirklich süß. Schau mal, die
Trennfenster mit richtigen Glasscheiben.«

»Bist du etwa in einem Wilk gezeugt worden?«

»Nee, in einem Burg-Familienzelt am Bodensee, erwiese-
nermaßen. Der Wohnwagen kam erst später. Zuerst hatten
wir einen Exoten aus Schottland, einen Thomson Glendale
T-Line. Der war damals schon gut isoliert, mit Heizung und
Kühlschrank. Meine Eltern waren hartgesottene Wintercam-
per im Harz.«

»Wintercampen? Wie geht das denn?«

Ralph berichtet von Eisblumen an den Innenseiten der
Fenster, vom Schneeschaufeln, bevor man aufs Plumpsklo
stapfte, und von extrem ungastlichen Temperaturen, wenn
mal das Gas ausging. Nichts für Warmduscher. Die frostige
Harzsaison zog sich bis Ostern hin, bevor es an den Wochenenden nach Sandstedt an die Weser ging. Zur Abwechslung
wurde der Wilk in den Sommerferien an Rhein und Mosel
und sogar bis nach Bayern kutschiert.

»Die harte Campingschule scheint dir nicht geschadet zu
haben. Du hast richtig leuchtende Augen, wenn du davon
erzählst.«

»Ich liebe alte Wohnwagen. Und wenn ich die Schiffsdiesel
und die Wellen ans Ufer schlagen höre, dann bin ich wieder
in meine Kindheit zurückversetzt.«

Mir wird schlagartig bewusst, dass ich zu den Ahnungslosen gehöre. Und da nenne ich mich Dauercamperin. Das ist
ja wohl ein Witz.

Ein weiterer Gast aus der alten Heimat begrüßt mich mit
den Worten *Eine Frau braucht ein Messer.*

»Als ich hörte, du bist Camperin geworden, habe ich mich
gefragt, was du wohl gebrauchen könntest«, sagt Johnny, ein
Freund aus Kindheitstagen, umarmt mich und drückt mir

ein Päckchen in die Hand. Es ist in grobes Papier gewickelt, die schönste aller Verpackungen für dieses Geschenk. Als ich das Messer zum ersten Mal in der Hand halte, bekomme ich Herzklopfen. Es ist das gleiche, das auch mein Vater immer bei sich trug. Ich erkenne es sofort, obwohl ich noch ein Kind war, als er starb. Jahrzehnte habe ich nicht mehr an dieses Messer gedacht. Als ich es näher betrachte, habe ich sofort den Geruch in der Nase, den sein Messer immer trug. Die Klinge roch ein wenig nach Rost, metallisch. Hoffentlich bekommt auch dieses Messer eines Tages den gleichen Duft. Nun erinnere ich mich auch an den liegenden Löwen auf der Klinge und die Einkerbung für den Daumennagel, um es auszuklappen. Schön. Einfach nur schön. Löwenmesser! So hat er es immer genannt. Ganz bestimmt werde ich es gebrauchen können.

Yara bringt die Holzkohle zum Glühen, ich grabe ein Loch für den Potjie und bereite die Zutaten für unsere Kochpremiere im Gusseisernen vor. Zunächst müssen zwei Kilo Hühnerfleisch und geräucherter Speck angebraten werden. Anfangs fehlt die richtige Hitze, aber sobald Yara Kohlen nachlegt und für Luftzufuhr sorgt, brutzelt es wie bei den Sterneköchen. Das Fleisch nehmen wir nach dem Anbraten wieder heraus, was bei der Sandlandschaft und dem Mangel an Abstellmöglichkeiten keine einfache Angelegenheit ist. Aber zum Glück haben wir einen Klapptisch im Fundus, der nun als Arbeitsplatte neben der Feuerstelle dient. Wir lassen Zwiebeln, Möhren und Champignons im Topf schmoren, und Petra mixt eine Sauce aus Wasser, Rotwein, Tabasco, Worcestershiresauce, Ingwer, Kreuzkümmel, Lorbeer und Garam masala, die nach und nach in den Potjie geschüttet wird.

»Mit Brandy flambieren«, erinnert uns Yara, die das Rezept im Kopf abgespeichert hat wie eine chemische Formel.

»Und wie sollen wir das anstellen?«, will ich wissen.

»Keine Ahnung, du bist doch die Fachfrau fürs Kochen. Vielleicht aufs Fleisch kippen und anzünden.«

Gesagt, getan, aber es wollen partout keine Flammen lodern.

»Unser Schnaps hat nur zweiundvierzig Prozent. Brennt es nicht erst ab fünfzig?«

Keine Antwort ist auch eine Antwort. Es muss auch ohne Zauberei gehen, und schon schüttet Petra den Rest der Sauce übers Gericht. Damit ist der Topf randvoll und wir schauen erwartungsvoll hinein. Binnen kurzer Zeit brodelt es munter weiter.

»Super Teil. Keine zehn Kohlen und diverse Liter Eintopf blubbern vor sich hin«, sagt Yara.

»Du hast aber auch einen prima Windkanal fabriziert, die Luft zieht gut durch die Furchen im Sand. Jetzt brauchen wir weniger Hitze. Es soll nur köcheln.«

Wir experimentieren mit der Feuerstelle, schieben mal mehr und mal weniger Kohlen unter den Topf, aber es wird immer deutlicher, wie wenig Hitze er braucht, wenn er einmal aufgeheizt ist. Weiße Siedler haben den Topf nach Südafrika gebracht, auf ihrem unsäglichen Treck vom Kap ins Landesinnere. Ein Essensrest vom Vortag war stets im Pott, ersparte das Abwaschen und sorgte für die Basis zu einem neuen Gericht. Inzwischen ist der Topf im gesamten südlichen Afrika bei allen Volksgruppen verbreitet. Im Internet finden sich Fotos von Feuerstellen in entlegenen Ortschaften, wo Potjies wie selbstverständlich in der Glut stehen. Yara und ich hatten uns im letzten Winter auf Anhieb in den Potjie verliebt.

Nach einer guten Stunde verbreitet sich ein derart köstliches Aroma, dass wir nicht länger widerstehen können und eine Kostprobe nehmen.

»Der Wahnsinn«, sagt Yara, schlürft einen Löffel Sauce und stöhnt genüsslich.

»Schaut mal, die Farbe des Hühnerfleischs, dunkel und kräftig, wie Rindfleisch. Hmm, selten so etwas Leckeres gegessen«, kommentiert Petra ein Stückchen Keule.

»Der Tisch ist gedeckt. Es kann losgehen«, sage ich, und die Gäste suchen sich ihre Plätze. Das Huhn in Rotwein ist nur der erste Gang, denn Yara hat auch einen vollen Grillrost unter ihren Fittichen. Sharzad hat Köfte vorbereitet und mein Bruder sich um das leibliche Wohl der Vegetarier gekümmert. Käse, Gemüsespieße und Maiskolben werden mit Dips gereicht.

Am Abend warten wir auf die Queen, die sich wie eine richtige Diva nicht an den Zeitplan hält. Es dämmert bereits, dabei war sie für zwanzig Uhr angekündigt. Unsere Gäste liegen mit vollen Coq-au-Vin-Bäuchen am Strand und zeigen als typische Großstädter nicht die erforderliche Geduld. Schon wird genörgelt, werden Heimfahrpläne geschmiedet. Petra hat eine weitere Bowle angesetzt und ist komplett in die Bewirtung unserer Gäste eingestiegen. Aber auch sie kann die Nörgler nicht besänftigen. Von solcher Ungemütlichkeit weit entfernt, entern Yara und ich kurzerhand ein Boot, das einem entfernten Bekannten von Nick gehört, wenn unser Waldschrat die Besitzverhältnisse korrekt wiedergegeben hat. Wir zerren es unter einem Weidenbaum hervor und versuchen sorgsam zu sein. Nick meint, das sei alles kein Problem. Also hören wir ausnahmsweise mal auf seine Worte.

Schon sitzen Nick, Yara, Jannis und ich im Schlauchboot und schippern hinaus auf die Elbe. So zumindest sieht es vom Ufer aus. In Wirklichkeit bleiben wir zwischen den Buhnen, in sicherer Entfernung zum Fahrwasser. Dort legen wir uns auf die Lauer und warten auf die Queen. Abwechselnd halten wir uns an der Bake fest, um nicht abzutreiben. Es ist Hochwasser und unser Gummiboot hat auch am Ende der Buhne Wasser unterm Kiel. Inzwischen ist es bereits so dunkel, dass wir vom Ufer kaum noch auszumachen sind, was unsere Freunde beunruhigt. Aber davon bekommen wir Freizeitkapitäne nichts mit. Wir genießen unseren Ausblick: Im Osten leuchten die Stadt und der Hafen, im Norden schimmert unser Strand, im Westen zeigt sich noch immer der zarte Schimmer einer untergegangenen Sonne, die inzwischen andere Erdteile mit Licht und Wärme beschenkt. Wir hören verhaltenes Stimmengewirr vom Strand. Alles in bester Ordnung. Nur die Lady lässt weiter auf sich warten. Zur Abwechslung paddeln wir ein wenig hinaus.

»Sie kommt«, schreien wir los, als das Hochhaus namens Königin vor der Hafensilhouette auftaucht. Vom Strand ist keine Reaktion zu hören, der Südwind weht ihre Stimmen in den Hang. Bis unsere Freunde die Queen sehen können, wird es mindestens noch zwanzig Minuten dauern. Die stolze Mary scheint die Langsamkeit entdeckt zu haben oder sonnt sich genüsslich in den Blicken der Schaulustigen am Ufer. Aus der Ferne ertönt ihr Horn. Blankenese bekommt seinen Gruß, wir vermutlich nicht. Hier werden die Passagiere von Bord aus nur den dunklen Hang wahrnehmen können, was natürlich kein Vergleich zum pittoresken Blankenese ist. Schließlich erreicht uns ihr Bug. Die Lady ist dreihundertfünfundvierzig Meter lang und über fünfzig Meter hoch. Bei einer Fahrrinnentiefe von fünfzehn Metern wird ihr nicht allzu viel Wasser unterm Kiel bleiben. Aus unserer Perspektive hat sie eine geradezu magische Anziehungskraft, und so müssen wir einfach näher heran. Und schon schauen wir eine schwarze Wand hinauf. Von Bord hören wir Musik und Stimmengewirr. Es sind nur wenige Meter, die uns von ihr trennen. Für einen kurzen Moment denke ich an die Schraube. Die Geschwindigkeit ist ein Witz, eher eine Zeitlupenvariante. Unsere Lage fühlt sich unwirklich an. Wir albern herum und machen spontan einige Paddelschläge in Richtung Strand. Kann ja nicht schaden. Diesen Anblick werden wir so schnell nicht vergessen. Die Bordwand erinnert an die Titanic. Aber selbst die Rettungsboote der Unglückseligen waren zigmal größer als unser Schlauchboot. Und dann ist sie an uns vorbei.

Von hinten betrachtet, habe ich das Bild der sinkenden Titanic noch deutlicher vor Augen. Das Heck hat fatale Ähnlichkeit. Als die Titanic kurz vor ihrem Untergang senkrecht im Ozean stand, um dort minutenlang zu verharren, klammerten Kate und Jack sich an die Reling. Das war eine der perfektesten Szenen des Films. Zu dem Zeitpunkt hat Kate auch noch nicht so gepiepst wie beim Abtauchen ihres Geliebten in den eisigen Fluten des Atlantiks. Ihr *Jack!* habe ich sofort wieder in den Ohren. *Jack!* Aber vielleicht war es auch nur die deutsche Synchronstimme, die so entsetzlich wimmerte. Ich will Kate Winslet nichts unterstellen. Das Heck jedenfalls erinnert an die Titanic. Und plötzlich erklingt das Schiffshorn. Es vibriert durchs Wasser, durch unser Boot, in unsere Bäuche hinein. Welch ein Abschiedsgruß. Wow! Wir schreien unsere Begeisterung hinaus. Und wieder erklingt ihr Typhon. *Auf Wiedersehen!* Oder ist es ein letzter Warnruf an idiotische Paddler in Schlauchbooten?

Und dann kommt die Welle.

»Juhu!«

»Ja, so wollen wir es haben. In der Heckwelle der Queen eine Runde schaukeln«, ruft Yara.

»Super«, schreit Jannis.

Hoffentlich wird der Zwölfjährige nicht plaudern. Angemessenes Verhalten einer Patentante sieht wohl anders aus. Die Gigantin macht eine damenhafte Welle, nichts Dramatisches, zumindest dort nicht, wo wir herumdümpeln. Doch dann hören wir vom Strand ein lautes Geschrei, als sei ein Tsunami übers Ufer gefegt.

Vorwurfsvolle Blicke sind noch das Mildeste, was wir ernten, als wir Seeleute an Land kommen.

»Seid ihr eigentlich wahnsinnig geworden?«

Nur Ralph nimmt mich zur Seite und grinst.

»Super Aktion, ich war total neidisch. Und dann seid ihr in eurem Gummiboot auch noch trockener geblieben als wir hier am Ufer.«

Am nächsten Tag kommt das große Verabschieden. Inzwischen kenne ich diesen Moment viel zu gut. Seitdem auch Yara wieder eine aufreibende Arbeitsstelle angenommen hat, bleibe ich nach dem Wochenende fast immer allein zurück. Manchmal ist es richtig traurig.

»Danke, Schwesterchen, für den schönen Urlaub.«

»Urlaub?«

»Erholung pur. Ich war ganz weit weg und komme nächstes Wochenende wieder.«

»Dann ist aber keine persische Prinzessin vor Ort.«

»Ich weiß, wegen des *Königs* möchte ich kommen.«

»Oh, das höre ich aber gern. Rex wird sich freuen.«

»Es ist so ein tolles Gefühl, mit dem Handtuch um den Hals auf dem Sattel zu sitzen und vom Duschen zurückzuradeln. Richtig super. Mehr braucht man doch nicht.«

»Mhm.«

»Dann also bis Freitag. Bis dreizehn Uhr habe ich Schule, um fünfzehn Uhr bin ich hier.«

»Irgendwelche kulinarischen Wünsche?«

»Kann man eigentlich auch Fisch grillen?«

»Und ob. Dann also an einem Abend Fisch, am anderen etwas Afrikanisches aus dem Potjie.«

»Bin schon gespannt. Der Coq au Vin war eine Offenbarung. Was kannst du denn noch in dem Ding kochen?«

»Im Potjie? Eigentlich noch nicht viel. Gestern war die

Premiere, aber in Südafrika habe ich einiges gesehen und gekostet. Yara hat ein Rezept für Schweinekrustenbraten in Biersauce entdeckt.«

»Krustenbraten? Wie soll das denn gehen?«

»Der Topfdeckel hat eine tiefe Rille. Dorthinein legt man heiße Kohlen. So bekommt der Braten Oberhitze. Lass uns das mal ausprobieren.«

Routine im kleinen Paradies

Am Montag beginnt eine *normale* Woche. Ich kann im Wohnwagen bleiben, muss nirgendwohin reisen, habe keine Verpflichtungen, außer zu einer möglichst schnell wachsenden Seitenzahl links unten auf meinem Bildschirm. Es schleicht sich Routine ein. Nach dem Wachwerden lausche ich dem Specht, dessen Klopfen mich zum Aufstehen animiert. Bei Windstille oder Ostwind höre ich um sieben Uhr die Sirene der Sietas-Werft, die zur Arbeit ruft. Manchmal treibt auch ein *kuckuck kuckuck* von Neßsand herüber. Meistens schwinge ich mich dann mit Handtuch und Kulturtasche aufs Rad und statte den Waschräumen einen Besuch ab.

Auch ohne Sirene versichert mir ein Blick aufs Handy, wie exakt meine innere Uhr tickt. Im weiteren Verlauf des Tages schaue ich nicht mehr nach.

Wenn ich Frühsport treibe und gleich nach dem Aufstehen eine Stunde lang laufe, versuche ich bis halb zehn mit dem Frühstück fertig zu sein. In der neuen Saison ist die Jaffle aus Südafrika meine Freundin geworden. Zum Frühstück fülle ich das Waffeleisen mit Toastbrötchen, mal in der pikant-süßen Variante, mit Camembert und Marmelade, mal deftig mit Schinken und Rucola. Wenn das Geräusch der Helgolandfähre um neun Uhr dreißig mich nicht bei der Schreibarbeit erwischt, sondern noch bei Brot mit Honig oder beim Befestigen irgendwelcher Haken und Schrauben, dem Hochbinden der Wicken oder Entlausen der Kapuzinerkresse, dann mahnt spätestens der Wellenschlag des Katamarans meine Disziplin an.

Morgens arbeite ich mindestens eine Akkuladung lang. Wenn ich viel zu tun habe oder die Ideen nur so sprudeln, dann stolziere ich mit dem leeren Laptop zur Kneipe, setze mich auf die Terrasse und nutze die einzige Außensteckdose. Dort erledige ich meine Internetpost und anfallende Recherchen. Schreiben kann ich dort nicht, denn weder esoterische Klänge noch Salsamusik können mich anregen. Ich will nur Strom und meine Ruhe. Wenn meine Post erledigt und der Akku voll ist, radle ich zurück zum Rex und widme mich Haus & Hof. Jeden zweiten Tag spüle ich mein Geschirr. Mit Hingabe tauche ich schmutzige Gläser und Teller ins Spülwasser und sorge für perfekten Glanz. Manchmal greife ich danach zu Hammer oder Beil oder räume das Gerätezelt auf. Mit solch sinnvollen Arbeiten könnte ich den ganzen Tag zubringen. Holz hacken, aufräumen, tüfteln: alles Wohltaten, die den Geist beruhigen und befriedigen. Als mein neuer Duschsack endlich in der Sommerlinde hängt und ich nach einem Bad in der Elbe das sonnenwarme Wasser spüre, rufe ich meine Freude in die Welt hinaus und weiß nicht, ob mich jemand hört.

»Ich dusche unter einem Baum! Jippie!«

Wenn ich mich gezielt vom Schreiben abhalten will, dann grabe ich schon mal den Pfosten für die Hängematte ein Stück tiefer ein, prüfe den Stand, unterziehe anschließend die Schaufel einer gründlichen Inspektion, löse den gelockerten Spatenstiel, spitze ihn an, führe ihn wieder ins Spatenblatt ein und befestige ihn besser als zuvor. Eigentlich brauchen sämtliche Gerätschaften Pflege. Diese wunderbaren Aufgaben übernehme ich an manchen Tagen deutlich lieber, als den Laptop hochzufahren und mich dem Thema Aids zu widmen. Leider ist mein Fundus an Gartengeräten bescheiden, was mich dann doch zurück zum Manuskript führt. Nur noch schnell die Pflanzen gießen und ausputzen. So vergeht die Zeit auf angenehmste Art. Zeit. Alle Welt redet über Zeit, die an-

208

geblich fehlt. Wie kann sie fehlen? Sie ist doch einfach da! Ich möchte Zeit für meinen defekten Spaten? Also nehme ich sie mir. Nanu? Kann man sich Zeit einfach nehmen? Oder steht sie ohnehin unbegrenzt zur Verfügung? Sofort fällt mir Yara ein, die einen zermürbenden Kampf gegen die Zeit führt, der schon morgens beginnt, wenn sie unausgeschlafen aufsteht, um abends möglichst früh nach Hause zu kommen. Haben wir wirklich ein begrenztes Zeitkontingent, mit dem man sorgsam umgehen muss?

Wie sieht es eigentlich bei den anderen Campern und ihrer Zeiteinteilung aus? Inzwischen kommen sogar die ganz Neuen eher selten. Waren sie an den ersten vier Wochenenden auch bei mäßig gutem Wetter vor Ort, sieht man sie im Juni nur noch sporadisch. Selbst bei strahlendem Sonnenschein am Samstag bleiben viele Wagen leer. Ob sie keine Zeit haben oder Angst davor, ihr Kontingent anzuzapfen? Den Dauercampingplatz gibt es schließlich nicht umsonst. Tausend Euro im Jahr kommen mindestens zusammen, was Saisonpacht, Auf- und Abzug sowie das Winterlager auf dem Acker einschließt. Zuzüglich zwei Gasflaschen für jeweils achtzehn Euro fünfzig, aber wir wollen keine Pfennigfuchserei betreiben. Tausend Euro für einen Wohnwagen, der an über dreihundert Tagen im Jahr unbewohnt ist?

Vielleicht genügt den abwesenden Campern bereits das Gefühl, sie *könnten* an den Strand kommen und vor ihren Wohnwagen in der Hängematte liegen, wenn sie *wollten*. Sie könnten in der Sonne dösen und am Abend ein Lagerfeuer machen. Sie könnten Köstlichkeiten grillen und genießen und unter einem Baum duschen. Sind die tausend Euro gut angelegt, um allein dieses Gefühl zu erzeugen?

Nicht wenige der neuen Pächter sind Kunst- und Kulturschaffende. Ein Musiker hat gerade sogar einen Hit in den Charts, ein anderer verdient sein Geld als DJ, eine Frau produziert Videoclips für Bands. Eine andere macht irgendetwas mit Werbung. Ich-AGs im Bereich der EDV sind ebenfalls vertreten, ein Krankenpfleger, ein Festivalbetreiber, der im Sommer eigentlich nie Zeit hat, weil er im ganzen Land Getränke verkaufen muss. Eine Frau verkauft auf Märkten indische Kleidung und Schmuck, vorzugsweise zu Weihnachten, während der Wohnwagen ohnehin auf dem Acker steht. Hier fragt zwar niemand den anderen nach seinem Beruf, aber trotzdem spricht sich nach und nach herum, was man macht oder eigentlich machen möchte. Handwerker sind zu meinem Leidwesen rar gesät. Ein Pärchen betreibt ein Café in St. Pauli, eine Schauspielerin wird angeblich bald in einem Kinofilm zu sehen sein. Früher modelte sie, wie es heißt. Es soll auch mindestens einen Arzt und eine Ärztin geben. Ein Rentner war früher Zigarettenautomatenaufsteller. Er freut sich, rechtzeitig in Rente gegangen zu sein. Die neuen Automaten und das allgegenwärtige Rauchverbot sind nicht nach seinem Geschmack. Ihn würde ich gern häufiger besuchen und seinen Geschichten aus der *guten alten Zeit* lauschen, aber in seinem Wohnwagen leide ich unter Atemnot. Inzwischen bin ich mir sicher, dass er seine Rente mit Testrauchen aufbessert.

Wenn ich dann irgendwann endlich über den Laptop gebeugt bin, sollen mich für eine Weile allenfalls spezielle und lieb gewonnene Geräusche ablenken. Inzwischen erkenne ich einige Schiffe an ihren Motoren oder weiß zumindest, ob sich ein Aufblicken lohnt. Die Wasserschutzpolizei hat einen Höllenmotor, der entweder uralt oder von besonderer Stärke sein muss. Selbst im Schneckentempo gurgelt und hustet er. Giganten der Meere lassen sich an der Extremdrosselung ihrer Maschinen ausmachen. Wie bei einem Rennpferd, das im Schritt läuft, spürt man die enorme Energie, die in ihnen steckt und nur darauf wartet, endlich losgelassen zu werden. Wenn ich dann aufschaue, gibt es noch immer Momente der

Überraschung angesichts ihrer Größe. Dreihundertsechzig
Meter können verdammt lang sein. In spätestens zwei Jahren
werden Vierhundertmeterschiffe hier passieren. Darauf freue
ich mich nicht. Täglich rauschen die Güter dieser Welt an mir
vorbei. Auf dreihundertsechzig Meter passen mehr als fünf-
zehntausend Container. Den Inhalt möchte man vielleicht
lieber nicht kennen. Nachschub für Billigketten, Fleisch aus
Argentinien, Stofftiere aus China, Wein aus Neuseeland. Eine
Flasche neuseeländischen Weins wird angeblich energieeffi-
zienter von dort nach Hamburg transportiert als rheinhessi-
scher Riesling von Worms an die Elbe. Kann das eigentlich
wahr sein? Noch so ein Forschungsfeld. Es sind erschreckend
viele große Schiffe. Wofür? Muss das sein?

Meine beiden speziellen Freundinnen auf der Elbe sind
Kaja Josephine und Sophia Soraya, zwei Binnenschiffe, die
täglich vorbeibrausen. Die beiden müssen Zwillinge sein und
pendeln eifrig hin und her. Aber woher kommen sie und
wohin schippern sie? Und warum tragen sie derart schöne
Namen? Was haben sie an Bord, das so eilig transportiert
werden muss? Sie sind groß, mindestens siebzig Meter lang
und können eine enorme Ladung aufnehmen. Wenn ich eine
von ihnen sehe, halte ich einen Augenblick inne und nehme
mir vor, den Geheimnissen der schnellen Schwestern baldmöglichst auf den Grund zu gehen.

Seitdem ich über einen USB-Stick Internetzugang habe,
widme ich mich manchmal schon morgens vor dem Aufstehen meinen eingegangenen Mails und hoffe auf schmei-
chelnde *Fanpost*. Auf meine Leser ist fast ausnahmslos Verlass.
Sie können mir selbst einen trüben Morgen versüßen und
eine mögliche Schreibfaulheit vertreiben. Ihre Briefe erheitern
mich stets und sind zu einem nicht unwichtigen Teil meiner
Arbeit und meines Antriebs geworden. Oft handelt es sich
dabei um Iranreisende, die mit meinen Büchern in der Hand

durchs Land gezogen sind und vielleicht sogar den einen oder anderen Protagonisten ausfindig gemacht haben. Ich überlege ernsthaft, beim Deckendrucker aus Isfahan oder dem Teppichhändler am *Halbe-Welt-Platz* nach Provision zu fragen. Neulich kam eine Mail aus Vietnam von zwei Schweizer Velofahrern. Sie hatten mein letztes Buch dabei und sahen das Land dadurch aus einer anderen, weniger rosarot gefärbten Perspektive, wie sie schrieben.

Neuerdings stehe ich in regem Austausch mit einem Kapitän. Für seine netten Worte zu meinem schriftstellerischen Schaffen habe ich mich selbstverständlich bedankt, jedoch interessierte mich seine Zeit auf den Weltmeeren viel mehr, und ich löchere ihn seitdem mit Fragen. Nun habe ich einen erstklassigen Informanten für alle Themen rund um die Seefahrt. Wir tauschen uns aus über Knoten, Wellenschlag, die schönen Frachter aus der alten Zeit, auf denen er noch gefahren ist und von denen der schönste im Hamburger Hafen vertäut ist: die Cap San Diego. Aus einem förmlichen Briefwechsel ist ein lockerer Plauderton geworden.

Das Abschweifen von der Arbeit ist so wunderbar im Vergleich zum Schreiben über ernste Themen wie Aids und Kriegserlebnisse. Der Rex und das ganze Drumherum bringen mich seltsam weit fort von den Dramen unserer Welt. Schon ertappe ich mich dabei, wie die Sorge um meine Kapuzinerkresse oder um das Vogelhäuschen mich ebenso beschäftigen – wenn nicht gar stärker – wie Selbstmordanschläge in Afghanistan. Geht das? Ist das richtig so?

In einer mondlosen und stockfinstren Nacht, wie ich sie seit Monaten nicht mehr erlebt habe, kann ich nicht schlafen. Ich habe noch Akkuladung für mindestens eine Stunde und schalte den Laptop an. Kaja Josephine und Sophia Soraya gehen mir nicht aus dem Kopf, und so suche ich im Internet nach der Reederei Schramm, deren Namen auf den Schiffen zu sehen ist.

Schramm hat seinen Sitz in Brunsbüttel an der Elbe, achtzig Kilometer flussabwärts von hier, an der Einfahrt zum Nord-Ostseekanal. Kurzerhand schreibe ich eine Mail an die Reederei und frage nach der Herkunft der schönen Namen und den Geheimnissen des Hin und Her.

Dann endlich kann ich schlafen.

Es dauert nur einen halben Vormittag, bis die erste Mail der Reederei eintrifft.

Hallo Frau Prasske,
vielen Dank für Ihr Interesse an den beiden Binnenschiffen, die in der Tat fast täglich zwischen Brunsbüttel Elbehafen und Hamburg/Müggenburger Kanal verkehren.
Die Schiffe dienen der Versorgung der Kupferhütte der Aurubis (ehemals Norddeutsche Affinerie) mit Kupfererzkonzentraten. Pro Schiff werden 2400–2700 to transportiert. Die Namen der beiden Schiffe: Kaja Josephine (Tochter von Herrn Hans Helmut Schramm – jetzt 10 Jahre alt) und Sophia Soraya (Tochter des damaligen Logistikleiters der Aurubis, jetzt ebenfalls 10 Jahre alt).
Ich hoffe, hiermit etwas Licht in das »Geheimnis« der beiden Binnenschiffe gebracht zu haben. Für weitere Rückfragen stehen wir Ihnen gerne zur Verfügung.
Mit freundlichen Grüßen / with kind regards
T. A.
Managing Director

Ich bin entzückt. Eine angehängte pdf-Datei informiert mich über weitere Details. Bereits am Mittag erhalte ich eine kurze Mail vom iPhone des Kapitäns, der heutzutage offenbar eine andere Bezeichnung trägt: *Moin Frau Prasske, na, schon Antwort erhalten? Lg, I. v. H. T. Manager Technical Department*

Nun bin ich aber platt und schicke sofort Antworten an die Reederei. Dann lege ich mich auf die Lauer, um kräftig zu winken, aber die Schwestern machen sich ausgerechnet heute rar.

Am Abend meldet sich der *Kapitän* erneut: *Moin noch mal, bin gerade das Schiff in HH docken. Hätte ich Ihnen zeigen können. Lg, ht*

Mit den Schwestern ist es ein wenig so wie mit meinem Rex: Es zählen die inneren Werte und nicht die schöne Hülle. Die modernen Transporter glänzen durch Effektivität und Energiesparmodus und sind in einer anderen Liga als die hübschen Binnenschiffe mit holländischen Gardinen vor den Fenstern und Geranien im Führerhaus. Sie nehmen sich eher wie eine schwimmende Hafenanlage aus, nicht wie ein gemütliches Heim auf dem Wasser. Vielleicht sollte ich mal eine der Schwestern am Deich entlang bis nach Brunsbüttel begleiten. Achtzehn Stundenkilometer – so schnell sind sie unterwegs – sind mit dem Fahrrad locker zu schaffen. Jedes Schiff hat vier Einzelkabinen und eine Messe, die sicher alles andere als ein kuscheliges Stübchen ist. Auf die beiden ist Verlass. Wenn der Regen waagerecht über die Elbe peitscht und man Strom und Himmel kaum noch auseinanderhalten kann, dann scheint es nur noch uns auf dieser Welt zu geben. Während ich mich gegen den Wind stemme und die Wasserdichte meiner Gummistiefel prüfe, gleiten Kaja oder Sophia gelassen vorüber und zaubern mir ein Lächeln aufs Gesicht. Auch wenn ihr Bug mit seiner Kantigkeit eher an ein Räumfahrzeug als an ein Schiff erinnert, so sind sie meine treuen Gefährtinnen geworden. Sie fahren auch dann, wenn Rex bereits im Winterlager friert und das rote Vogelhaus der einzige Farbfleck am Elbufer ist.

Der andere Campingplatz

Seit einigen Wochen setze ich mich regelmäßig in ein Kajak. Ich habe einen Grundkurs absolviert, kenne diverse Schläge, Ein- und Ausstiegsmöglichkeiten von Land und aus dem Nassen heraus, habe eine Prüfung bestanden und sehe Wasser und Wellen mit anderen Augen und aus einer anderen Perspektive, vornehmlich aus einer Höhe von einem winzigen Meter über der Oberfläche.

Mein neues Sportlerleben führt mich mit *Vereinskameraden* nach Missunde an der Schlei. Wie es sich für Paddler gehört, campieren wir. Schon bei unserem Eintreffen wird eines sofort deutlich: Die Betreiber des Campingplatzes haben sich ein schönes Fleckchen ausgesucht. Hier ist der Ostseefjord schmal wie die Taille von Sophia Loren in den Sechzigern, eine Seilzugfähre pendelt zwischen den Ufern, und beim Anblick des Fährhauses und der Nachbarschaft denkt man an *Ferien in Bullerbü*. Heile Welt und davon jede Menge. Allein der Gedanke an Katastrophen ist hier fehl am Platz. Fast möchte man sich die Schuhe abputzen, bevor man aus dem Auto steigt und die Puppenstubenidylle betritt.

Auf dem Campingplatz muss ich sofort meine unkonventionell gefärbte Brille absetzen und den Tatsachen der Raumgestaltung ins Auge blicken. Gehwegplatten sind hier groß in Mode, vorzugsweise wird die Gesamtfläche der Wohnwagenstellplätze damit zugepflastert. Nun ja, Natur ist ringsherum genug vorhanden, sie muss nicht auch noch auf dem Platz vorherrschen. Schmutzt doch auch so furchtbar.

Wir sind eine Meute von zwanzig Personen, VW-Busse, Bootsanhänger und Zelte inklusive.

»Moin, moin. Willkommen an der Schlei. Am Nachmittag gibt's Grillen für jedermann. Is ja Feiertach«, begrüßt uns Otto, der Platzwart.

Klingt schon mal gut. Otto ist brauner als braun. Er zeigt das Äußere eines Mannes, der Innenräume meidet. Vermutlich sogar im Winter. Seine Figur lässt auf hoch dekorierten Paddler schließen, muskulöse Oberarme und vernachlässigte Beine. Entsprechend ist sein Teint unterhalb der Wasserlinie einige Nuancen heller. Er ist der Chef auf diesem Abschnitt des Campingplatzes, der aufgrund komplizierter Vereinbarungen mit dem Deutschen Kanuverband (die ich wohl niemals durchschaue) für uns spottbillige Übernachtungsmöglichkeiten bietet.

»Da hinten könnt ihr eure Zelte aufschlagen«, sagt Otto und deutet auf eine Wiese etwas abseits der parzellierten Anlage. Die Sahneplätze in der ersten Reihe sind von Dauercampern besetzt, die sich beinahe häuslich niedergelassen haben. Schon von Weitem sieht man Flaggen wehen und Veilchen in Blumenkästen leuchten.

»Hier habt ihr erst mal 'n paar Toilettenschlüssel auf Pfandbasis. Duschen kost extra, 'nen Euro. Müll dahinten hin«, sagt Otto und zeigt quer über den Platz. Wird sich schon finden.

»Dann ma' viel Spaß aufm Wasser. Is ja 'n büschen Wind aus Osten, aber soll nich mehr werden. Richtung Schleswig pustet es von vorn. Auf dem Rückweg habt ihr's besser.«

Bis zur ersten Paddelei auf der Schlei bleibt Zeit für eine Platzinspektion.

Nach einem Gang durch die vier kurzen Reihen mit dreißig Stellplätzen für Dauercamper komme ich ins Grübeln. Sehen so normale Campingplätze aus? Muss das sein? Nur zwei übriggebliebene Wohnwagen aus den Siebzigern begeistern mich mit ihrer Nostalgie, ein liebevoll gepflegter Wilk mit goldenen Zierleisten sowie ein Eriba Pan. Ein Tabbert nennt sich *Diadem* und scheint ebenfalls nicht mehr der Jüngste zu sein, aber wohl jung genug, um die Mode des Gelsenkirchner Barocks mit Wolkengardinen in die Wiege gelegt bekommen zu haben. Ob die Firma Tabbert dem Untergang des Kaiserreichs nachtrauert? Comtesse, Baronesse, Diadem: klingt irgendwie seltsam. Obwohl: Bei Rex ist der königliche Anspruch auch nicht gerade verschleiert.

Vorzelte gibt es hier vorzugsweise in XXL-Ausmaßen, sie nehmen drei Viertel des gepflasterten Vorhofs ein. Ihr Inneres besteht aus Küchenzeilen, von denen manche Kantine träumt. Vorzelt und Wohnwagen sind mittels des beliebten Flauschvorhangs voneinander getrennt.

Auf jeden dritten Wagen kommt ein Wasserhahn und schürt meinen Neid. Rex teilt den Hahn mit knapp fünfzehn Wagen. Ein Schild weist auf *Trinkwasser* hin, ein anderes auf *Grauwasser*. Hinter einem Windschutz, den man getrost als Gartenmauer bezeichnen kann, sehe ich das kahle Haupt eines Mannes, der mit einem Staubwedel über eine Markise streicht.

»Moin, entschuldigen Sie bitte. Können Sie mir sagen, was Grauwasser ist?«, frage ich, und er lugt über den Schutzwall hinweg.

»Moin, Grauwasser? Joh, kann ich Ihnen gern mal zeigen!«

Und schon kommt er mit einer Spülschüssel aus seiner Plastikumzäunung hervor und gießt Abwaschwasser unterhalb der Grauwasser-Beschilderung über einen Bodenrost.

»Wollte ich sowieso grad erledigen. Gebrauchtes Wasser, sonst nichts.«

»Machen Sie einen Großputz?«

»Nee, nur mal eben die Spinnweben wechmachen.«

»Vielen Dank. Jetzt habe ich ein Wort mehr in meiner Sammlung.«

»Joh, kann ja nich schaden, nech.«

Und dann stehe ich vor einer Art Hochsicherheitstrakt mit Absperrgittern und dem Warnschild *Dieser Bereich wird VIDEO-überwacht. Der Hafenmeister.* Auweia, es wird ja immer besser. Sofort studiere ich die Abhandlung des Hafenmeisters zur korrekten Müllentsorgung, die am abgeschlossenen Tor montiert ist. Jede Tonne ist farblich gekennzeichnet und für bestimmte Abfälle gedacht. Zuwiderhandlungen führen zur *Einführung fester Müllentsorgungszeiten unter Aufsicht.* Diese Drohung ist wirklich beeindruckend. Wenig später läuft mir ein Mann mit dem Schild *Hafenmeister* am Hemd über den Weg.

»Moin, Meister, wie wird man denn hier seinen Müll los, ohne eine Fahndung auszulösen?«

Er lacht und schiebt sein Basecap nach hinten. Auch er ist brutzelbraun. Es gibt doch noch Jobs auf der Welt, die für eine *gesunde* Farbe sorgen.

»Mit dem Toilettenschlüssel, is alles eins.«

»Und warum solch ein Aufwand? Ich meine: die Absperrgitter, die Kamera und das Schloss?«

»Hier wurde widerrechtlich entsorgt, und zwar nicht nur von den Campern, sogar von Leuten aus dem Dorf.«

»Aus Bullerbü, äh … aus Missunde?«, rutscht es mir heraus.

»Vermutlich sogar aus Schleswig. Sie glauben nicht, was wir hier alles gefunden haben: Hausmüll im Papiercontainer, sogar Autoreifen!«

»Donnerwetter, das klingt ja kriminell.«

Er schaut mich an, als habe er Zweifel an der Ernsthaftigkeit meiner Aussage. Ein Hafenmeister lässt sich nicht aufs Glatteis führen.

»Scheint hier ja schlimmer zu sein als vor meiner heimischen Haustür auf St. Pauli. Da werden vorzugsweise leere Schnapsbuddeln abgelegt.«

»Hier passiert so einiges«, sagt er geheimnisvoll und macht sich von dannen. Ich studiere derweil die Anleitung für das korrekte Verhalten im Mülltrakt und erfahre, dass man Eisen und defekte Rasenmäher hier nicht entsorgen darf. Es bleibt ein Rätsel, wofür ein Dauercamper auf einem gepflasterten Grundstück einen Rasenmäher braucht. Oder entsorgen sie ihre Geräte genau deswegen?

Hinter der Müllzentrale tut sich eine Wiese auf. Dort stehen vereinzelte Zelte und zwei Wohnmobile. Ich setze mich ins Gras, schaue auf die Schlei und die Segelyachten und lasse meine Gedanken schweifen. Im Fjord glitzert das Wasser, gerahmt von Eichengrün und einem sanft geschwungenen Rapsfeld in Kitschgelb. Heckenrosen locken Bienen an, und am Ufer scheint es einen Wildblumenwettbewerb um die schönste Blüte zu geben. Eine Frage geht mir dabei nicht aus dem Kopf: Warum quetschen sich Millionen Bundesbürger zur Urlaubszeit in Flugzeuge, wo es doch die Schlei gibt? Hier ist das Paradies, erfunden von Naturgottheiten mit dem Hang zur Harmonie, beschrieben von Astrid Lindgren und nachgebaut von braven Holsteinern. In dem Moment treffen zwei Großraumwohnmobile ein. Das lange Wochenende beginnt!

Die Führerhäuser der Giganten ähneln Schaltzentralen in Cognacbraun. So viel Platz hat kein Airbuspilot. Die Frontscheiben haben die Ausmaße von Garagentoren, dahinter bedienen Männer Lenkräder mit Joysticks. Fällt das Verweilen in diesen Heimen auf Rädern eigentlich noch in die Kategorie *Campen*? Und wenn ja, wie nennt sich das Nächtigen auf einer Isomatte in einem Igluzelt?

Je mehr der Feiertag voranschreitet, desto mehr Wohnmobile reihen sich nebeneinander und desto weniger Eichengrün bleibt sichtbar. Dem Eintreffen der Karossen folgt stets eine ähnliche Prozedur. Das Einparken erfordert hier kein besonderes Geschick, und so dürfen die Damen zunächst im hinteren Bereich des Heims sitzen bleiben, vermutlich Wohnzimmer genannt. Ihre Betätigung als Einweiserin ist hier überflüssig. Nach dem Rangieren werden die Fahrzeuge auf Keile bugsiert, die jede Unebenheit ausgleichen. Im Nu stehen die Mobilheime in der Waage. Daraufhin beginnt der Einsatz der Damen am Herd, jetzt, wo das Öl plan in der Pfanne schwimmt. Die Herren richten derweil die Terrassen her, fahren die Markisen aus, montieren den Flachbildschirm. Die Sitzmöbel sind natürlich gepolstert und stehen auf Teppichen, die sicher spezifische Bezeichnungen tragen.

Ich bin platt.

Ein Camper hisst eine Flagge, auf der ein gefüllter Bierkrug mit Schaumkrone abgebildet ist. Ich schaue mir den Herrn genauer an: Bei einer hellblauen, äußerst knapp sitzenden Badehose mit hohem Beinausschnitt, getragen von einem goldbroilerfarbenen Senior verbiete ich mir jeden Kommentar. Ich verzichte sogar auf ein Foto.

Stattdessen fotografiere ich ein Mobilheim, das fatal an einen Gefängnistransporter erinnert, zumindest auf der Fahrerseite. Die Fenster sind nur schmale Schlitze. Ob das einen tieferen Sinn hat? Was macht ein Ehepaar mit solch einem Gefährt in Linienbusgröße? Ich lege ein stilles Gelübde ab: *Nie im Leben, komme, was wolle, werde ich ein derartiges Wohnmobil begehren, mich weder hineinsetzen, geschweige denn hineinlegen. Ich schwöre!* Ähnliches habe ich kürzlich für Kleidung in der Farbe Beige geschworen.

Ich schleiche um die Fahrzeuge herum und entdecke in einer integrierten Garage einen Motorroller. Wenn ich weitersuche, findet sich vielleicht noch ein Schnellboot. Inzwischen beschäftigt sich ein Herr aus der Nachbarschaft mit dem Überstülpen maßgeschneiderter Hauben auf seine Reifen.

»Moin, entschuldigen Sie bitte. Was machen Sie da? Äh, ich meine, wie heißen diese Dinger und was soll das?«

»Moin. Das sind Radschutzhüllen.«

»Ach so.«

»Mit Sonnenreflektoren, um die UV-Strahlen abzuhalten.«

»Wovon?«

»Na, von den Reifen. Sie leiden darunter. Sehen Sie hier, durch die Clipösen stecke ich Erdnägel und verhindere ein Hochwehen.«

»Heringe?«

»Ja, so kann man sie auch nennen. Und dann kommt noch die Wagenschürze.«

Er nimmt eine akkurat gefaltete Plane in die Hand, und ich kann mir den Rest der Prozedur denken, denn aus seinem Päckchen lugt verräterisch ein Kederwulst hervor.

»Ah, ich verstehe, das Ding ziehen Sie durch den Keder. Hat mein Rex auch, aber ich habe nie verstanden, wozu es eine Kedernut kurz über dem Boden gibt.«

»Das schützt vor Zugluft, wenn man vor dem Wagen sitzt.«

»Interessant.«

Aus den Augenwinkeln sehe ich gerade noch, wie beim Nachbarn ein Doppeltritt automatisch ausfährt. Welch Wunder der Technik.

Bei so viel Komfort wende auch ich mich meinem Heim zu und mache mich flugs an den Aufbau des Zeltes, das Freddy mir freundlicherweise geliehen hat. Während ich Heringe, die neuerdings anscheinend Erdnägel heißen, in die Wiese drücke, bugsieren innerhalb weniger Minuten drei Männer Abwassertanks an mir vorbei. Das Entleeren der Toiletten und sonstiger Abfälle scheint unter Campern reine Männersache zu sein. Das finde ich so weit in Ordnung.

Am Abend komme ich nach ambitioniertem Warmpaddeln, dem Vertilgen einer Schlachterplatte von Ottos Feiertachs-Grill und der Entdeckung einer mir bislang unbekannten

Biersorte sogar noch in den Genuss einer dreiminütigen Dusche mit Countdown-Anzeige. Leider bemerke ich das Rückwärtszählen erst zwanzig Sekunden vor Ablauf der Duschzeit und verzichte auf das Ritual des Füßeschrubbens, ohne das ich auf dem heimischen Platz nur selten unter die Decke krieche. Aber Grasboden ist eindeutig fußfreundlicher als Sandstrand. Mein Handy bekommt während des Duschens seine tägliche Dosis Strom, denn es gibt neben *jedem* Waschbecken eine Steckdose.

Steckdosen sehe ich seit dem letzten Jahr mit ganz anderen Augen. Selbst bei Kneipenaufenthalten schaue ich automatisch nach der Zugänglichkeit von Steckdosen und ob ich nicht mein Handy oder gar meinen Laptop aufladen könnte. Im Paddelclub wird bereits darüber getuschelt. Man hält mich offenbar für eine weibliche Variante des Waldschrats. Ha, sie sollten meinen Viersterne-Rex sehen. Nur weil man keinen Strom hat, ist man noch längst kein schrulliger Einsiedler. Ein Blick in meine Kulturtasche zeigt sehr viel Kultur, auch wenn ich sie seit Wochen nicht mehr ausgeräumt habe. Es ist alles drin, und zwar in XS-Größen, die regelmäßig nachgefüllt werden. Man kann sich daran gewöhnen. Woran ich mich allerdings nicht gewöhnen kann und was meine Geduld auf dem heimischen Platz häufig auf die Probe stellt, ist der Zustand um die dortige Steckdose herum. Die Anlagen laden leider nicht zum Verweilen ein, da die Putzteufel morgens um acht noch schlafen, während manche Camper sich bereits die Zähne putzen wollen. Inzwischen kenne ich den Blick der Tagesgäste, wenn sie zum ersten Mal den Raum betreten. Zum morgendlichen Schweigen gesellt sich ein Ausdruck tiefer Abneigung. Manchmal glaube ich ihre Gedanken an heimische, kuschelige und saubere Bäder lesen zu können. Ja, nach solch einem Örtchen kann man sich wirklich sehnen, wenn selbst Erinnerungen an Jugendherbergsaufenthalte in weit zurückliegender Vergangenheit schönere Bilder bieten als die nackte und schmutzige Wahrheit an der Elbe. Ein Bad, in dem einen niemand stört, wo es warm und sauber ist, mit Badewanne und duftenden Frotteetüchern und einem Klosett mit festsitzender Brille. Luxus pur. Sobald die Neuen ihre Sprache wiedergefunden haben, suchen sie nach Verbündeten im Ekel.

»Es war schon schlimmer«, sage ich dann manchmal, denn tatsächlich zieht es in dieser Saison weniger kalt herein, die Wände haben Farbe gesehen und Spiegel bieten optische Reize. Manche Besucher finden Trost in der *kostenlosen* Benutzung. Das ist hier in Missunde anders, zwar ist alles gepflegt, aber der Makel liegt im Highspeedduschen für einen Euro.

Irgendwann kuschle ich mich in den Schlafsack und rede meinen Oberarmen gut zu, bitte keinen Muskelkater aufkommen zu lassen, weil ich noch drei weitere Tage paddeln möchte. Im Schlaf höre ich ein Geräusch, das Gefahr signalisiert. Ein wildes Tier, ein Zug, nein, ein Linienbus. Mein Gehirn sortiert mögliche Reaktionen. Der Bus rollt direkt auf mich zu, das Geräusch wird immer lauter. Flucht!

Ich schrecke auf, öffne benommen meine Augen. Es ist Nacht, der nordische Junihimmel gibt auch um drei Uhr noch Licht. Nebenan schnarcht ein Paddelfreund, keinen Meter Luftlinie entfernt, nur durch zwei Bahnen Zeltstoff von mir getrennt. Das archaische Geräusch vertreibt mögliche Angreifer. Ich bin beruhigt. Die Nachbarn in den Luxusmobilheimen werden ihn nicht hören. In ihrer Burg schläft es sich ruhig, hier unten im Burggraben eher hart und gewöhnungsbedürftig. Für eine Nacht würde ich nun doch mit ihnen tauschen und meinen Schwur brechen.

Das Wiedereinschlafen fällt mir schwer, während der Nachbar nach einem Atemstillstand und beängstigenden Folgegeräuschen *normal* weiterschlummert. Jemand muss zur Toilette und schält sich nach dem Ziehen diverser Reißverschlüsse aus dem Zelt. Verdammt, ich komme nicht zur Ruhe und grüble ernsthaft über die Entwicklung geräuschloser Reißverschlüsse nach. In einem Radius von zirka vier Metern um mein Zelt herum stehen vier Minizelte, belegt mit jeweils ein bis zwei Personen: das macht mindestens vier Reißverschlüsse für die Außen- und vier für die Innenzelte, plus sechs bis sieben für die Schlafsäcke. Ich hasse das Geräusch meterlanger Reißverschlüsse, besonders wenn ich schlafen will und meine Arme vom Paddeln schmerzen. Ich bin hundemüde und kann nicht glauben, dass Globetrotter, Berger und wie sie alle heißen, keine geräuschlosen Zelte im Angebot haben. Eine echte Marktlücke. Ich werde reich! Ich werde geräuscharme Reißverschlüsse entwickeln und millionenfach Absatz finden. Prima! Und dann kaufe ich mir einen Bulli T2 in Taigagrün aus den Siebzigern und campiere auf klitzekleinen Plätzen, die von Gefängnistransportern mit cognacbrauner Lederausstattung nicht angefahren werden können. Und ein Kajak werde ich mir auch gönnen, schmal und lang mit einem kleinen Sitz, der mein Becken umschließt und mich das Boot hautnah spüren lässt. So wie ich es beim abendlichen Paddeln in einem geliehenen Boot erlebt habe. Und dann fahre ich wieder an die Schlei und verliebe mich unsterblich in Schleswig-Holstein, seine Knicks und seine Hügellandschaft. Oh ja.

Kurti

»Hallo! Jemand da?«, höre ich eine Männerstimme hinter dem Weidenbaum. »Wolf? Bist du da? Bin ich hier richtig?« Die Stimme kommt mir irgendwie bekannt vor, aber ich kann sie nicht zuordnen. In jedem Fall klingt sie so, wie eine Männerstimme klingen sollte: tief, ein wenig sonor, kräftig, keinesfalls zu leise, geradezu perfekt. Kommt vermutlich aus einem starken Körper.

»Wolf ist nicht da, aber hier bist du richtig«, rufe ich auf Verdacht ins Grün hinein.

»Bruni?«, kommt die überraschende Antwort. Der Besucher muss mich wohl kennen.

Und dann steht er vor mir, und ich forsche in meinem Gedächtnis. Ich kenne ihn, aber woher? Wann war das? Jedenfalls nicht in diesem Jahrhundert. Wie mögen die langen grauen Haare vor zwanzig Jahren ausgesehen haben? Schwarz? Blond? Verdammt! Ich bin überfordert.

»Cool, dich zu sehen. Ist dein Bruder nicht da? Er meinte, dass er dieses Wochenende in Hamburg ist.«

Jetzt oder nie. Es muss einfach klingeln. Er trägt ein T-Shirt mit der Aufschrift *Wacken* über einem skelettierten Kuhkopf, vielleicht ist es auch ein Stierschädel, in jedem Fall mit Hörnern. Wacken? Ist das nicht das Dorf mit dem weltweit größten Heavy-Metal-Festival auf abgemähten Heuwiesen? Das schwarze T-Shirt spannt ein wenig über dem Bauch, obwohl es Größe XXL sein muss. Warum achten Männer nicht besser auf sich und treiben Sport?

»Hallo … äh … Moin … äh.«

»Mann, stark, dass du hier bist. Wolf meinte, du bist verreist und er campiert in deinem Wohnwagen. Hab mir mal deine Website angeschaut. Toll! Wer hätte das gedacht? Schreibst Bücher, finde ich stark, Mann, echt geil. Siehst gut aus. Bist bestimmt so sportlich wie dein Bruder. Der hat auch nichts anderes zu tun, als ständig Tennis zu spielen, durch die Gegend zu rennen und Rad zu fahren.«

»Hm, ja. Er ist gerade nicht da, aber ich … äh … ich meine, ich bin da, weil ich nicht weg bin. Quatsch, was rede ich denn da? Also, meine Pläne haben sich geändert. Mein Hula-Hoop-Workshop fällt aus.«

»Mhm, ach so. Wann kommt er zurück?«

Allmählich dämmert es mir. Der Besucher stammt aus dem Teufelsmoor, dorther, wo mein Bruder lebt. Vor Jahrzehnten sind wir uns begegnet. Damals ging ich noch zur Schule, er vermutlich auch. Warum ist er hier? Und wie heißt er, verdammt noch mal? Ist das peinlich. Ich kann ja wohl schlecht fragen, wo er mich so gut kennt. Irgendwas mit *K* und nicht besonders lang.

»Wolf schaut sich ein Tennisspiel am Roten Baum an. Er bleibt das ganze Wochenende hier. Ich auch, ich meine, wir beide, also … weil ich doch nicht weggefahren bin. Könnte bei ihm spät werden, er wollte nach dem Spiel beim Portugiesen noch Sardinen essen und Vinho verde trinken. Er ist mit meinem Rad unterwegs.«

»Sag ich doch, immer Sport, Sport, Sport. Sport ist Mord. Ist total schön hier bei dir. Richtig geil, Mann.«

»Setz dich doch. Was kann ich dir anbieten? Kaffee, Tee, Wasser, Wein, Bier?«

»Umgekehrte Reihenfolge«, sagt er und lässt ein beeindruckendes Lachen hören.

Seine langen Haare hat er zu einem Zopf gebunden, und

er streicht sich wirre Strähnen aus der Stirn. Er ist braungebrannt, wiegt mindestens fünfundneunzig Kilo und hat kräftige Hände.

»Freut mich, dich zu sehen, Kalle. Echt eine tolle Überraschung. Wolf hat nichts gesagt.«

»Kurti, aber macht ja nichts.«

»Oh, tut mir leid. Klar, *Kurti*. Habe ich … äh … irgendwie durcheinanderbekommen«, stottere ich rum. Ich hasse es, wenn mir Namen nicht einfallen.

Kurti pflanzt sich neben mich auf die Klappbank, was keine gute Idee ist. »Autsch. Was ist das denn?«, will Kurti wissen, während die Ostlegende eine Grätsche macht und wir lachend eine Etage tiefer rutschen. Irgendwann gibt Alu eben auf.

»Das tut *mir* jetzt aber leid«, sagt er.

»Nicht so schlimm.«

Nachdem ich mich hochgerappelt habe, dreht Kurti die Bank auf den Rücken und inspiziert das Objekt.

»Keine große Sache. Hast du irgendwas an brauchbarem Werkzeug?«

»Logo«, sage ich und platze vor Stolz, als ich ihm den aufgeräumten Werkzeugkasten vor die Füße stelle.

»Hm, nicht schlecht für eine Lady. Kabelbinder dabei?«

»Klar, die Geheimwaffe schlechthin. In der braunen Schachtel.«

Kurti ist außerordentlich geschickt und rettet die Bank. In ein angeknackstes Alurohr schiebt er einen Zelthering zur Verstärkung ein. An den Strand ziehen wir trotzdem lieber ohne Bank und legen uns in den Sand. Kurti dreht sich Zigaretten und qualmt sie in beeindruckender Geschwindigkeit weg. Ich platziere mich gegen den Wind und bleibe unbehelligt. Beim Schiffegucken vergeht die Zeit auf angenehmste Art. Kurti plaudert übers Teufelsmoor, als sei ich eine alte Freundin aus der Heimat, dabei sind mir die Dörfer mit den seltsamen Namen heute genauso unbekannt wie einst: *Schluß-dorf, Moorende, Fünfhausen, Ostereistedt.* Aber für Kurti bin ich offenbar ein Mädel aus dem Moor, mit dem er ordentlich einen abquatschen kann. Dabei habe ich damals nur einige Male meine Ferien in Worpswede verbracht und diente Wolf dabei als *Versuchskaninchen.* Ich war im selben Alter wie seine Schüler und hatte beim Junglehrer diverse Tests und Unter-richtsmethoden zu überstehen. Hat dann alles ganz gut ge-klappt, würde ich im Nachhinein sagen. Kurti ist in dieser Zeit ab und an als Besucher aufgetaucht, vornehmlich wenn mein Bruder nicht zu Hause war.

Als Kurti sich am Abend verabschieden will, weiß ich nicht viel mehr über ihn als am Nachmittag. Wo lebt er eigentlich und warum ist er heute hierhergekommen?

»Tschüs dann«, sage ich.

»Ja, tschüs … äh … weißt du eigentlich noch, dass wir damals rumgeknutscht haben?«, fragt er mich und zwinkert dezent und äußerst geschickt mit seinem Augenlid.

Ich pruste los.

»Ist schon ein bisschen her, schätze mal, eine ganze Weile, mehr als fünfundzwanzig Jahre«, rechnet Kurti nach.

Wie immer hapert es bei mir mit den Zahlen. Habe ich vor dreißig Jahren schon geknutscht? Na ja, kommt schon hin.

»Echt? Haben wir? Wie das denn?«, will ich wissen und würde die Worte gern wieder zurücknehmen.

»War lustig«, sagt Kurti und grinst dieses unverschämt jungenhafte Lachen, bei dem er eine markante Zahnlücke zwischen den Schneidezähnen entblößt. Ich stelle mir vor, wie er beim Heavy-Metal-Festival die Nacht durchtanzt, oder wie auch immer man es nennt, wenn Männer im besten Alter schaurige und laute Musik hören und sich dazu bewegen.

»Damals wurde heftig geknutscht«, sage ich.

»Ja!«

»Wie gut!«

»Genau, finde ich auch, wie gut! Man sieht sich.«

»Was soll ich Wolf sagen?«

»Ich komme morgen noch mal vorbei.«

»Alles klar. Wohnst du hier irgendwo?«

»Nicht weit. In der Marsch.«

Das Letzte, was ich von ihm sehe, sind seine breiten Schultern und der lange Zopf, der zum Ende hin reichlich ausdünnt, aber dafür bis zu den Hüften reicht. Er hat einen ausholenden und seltsam bedächtigen Gang, mit dem er trotzdem rasch vorankommt. Jeder Schritt sitzt.

Ein perfekter Tag

Bevor Kurti eintrifft, hat Wolf mich halbwegs ins Bild gesetzt. Sein Exschüler hat eine Tochter, ist geschieden, hatte früher Pferde, macht jetzt irgendwas mit Motorrädern und lebt auf einem Resthof in Schleswig-Holstein hinterm Deich. Wolf hat ihn in den letzten Jahren nur selten getroffen, eigentlich nur beim Dorffest im Teufelsmoor, wohin Kurti über die Elbe auf Heimatbesuch kam und zumeist am Tresen stand, von anderen Exschülern umringt, und sein Lachen lauthals durch den Festsaal dröhnen ließ. Diese Art von Vergnügung ist nichts für meinen Bruder, zumal er dort auf diverse Schülergenerationen trifft, die sich allesamt bestens an ihn erinnern können und gern einen ausgeben. Da flüchtet er schnell aufs heimische Sofa und liest stattdessen ein *gutes* Buch.

Hier und heute wählt er die Hängematte. Sein absoluter Lieblingsplatz. In der Matrimonio versinkt er so tief, dass man ihn von Weitem nicht mehr sehen kann. Ich ziehe derweil mit Liege und Beistelltisch an den Strand.

Ich liebe diesen Strand. Wie oft sage ich mir diesen Satz eigentlich? Aber es ist so. Hier fühle ich mich rundum wohl. Die Stadt hat Ferien und alle Daheimgebliebenen scheinen den Tag genießen zu wollen. Meine Liege wird bestaunt und kommentiert. Das imposante Holzgestell sticht zwischen all den Decken heraus und macht mich zur *Strandkönigin,* wie Petra betont.

»Du nun wieder. Picobello Fünfsterne-Wohnwagen mit

fließendem Wasser und nun auch noch ein Thron. Von da oben haste wieder alles unter Kontrolle, nicht wahr.«

»Musst du grad sagen, mit deinen üppigen Kissen und der Stranddecke in Super-WG-Größe.«

Ich genieße den Ausblick, das sandfreie Lesen und den Streichelwind. Und wenn ich von meinen Papieren aufschaue, dann gibt es immer etwas zu bestaunen. Neulich las ich einen Artikel über einen traumatisierten Soldaten, der mit kranker Seele aus Afghanistan zurückgekehrt ist. Mit seinem Schäferhund spaziere er gern am Elbstrand entlang, zu anderen Aktivitäten sei er nach dem Erleben der Kriegsgräuel kaum mehr in der Lage. Ich habe den Artikel aufgehoben und mir sein Gesicht eingeprägt. Nun geht er vorüber, in sich gekehrt, aber mit sicherem Schritt und geradem Rücken, den Hund an der Seite. Seine Geschichte ist mir seltsam vertraut, denn traumatisierte Kriegsopfer kenne ich viel zu viele, auf Soldaten- wie auf Zivilistenseite. Ich schaue ihm nach. Bei schlechtem Wetter und menschenleerem Strand hätte ich ihn vielleicht angesprochen.

Und dann läuft da plötzlich diese Frau, oben ohne, eine Brust ist amputiert. Ich starre hin, irritiert, fasziniert, bewundernd. Mir kommen Tränen der Freude, und ich verstehe nicht warum. Eine schöne und stolze Frau. Perfekt. Wie dieser Tag.

Petra hat ihre Werkstatt an den Strand verlegt. Sie baut Hula-Hoop-Reifen. Sobald ein neues Exemplar fertiggestellt ist, teste ich es und mache einige Drehungen und Tricks. Petras Kreativität kennt keine Grenzen, ein Reifen ist schöner als der andere. Seitdem sie mich zum Hoopen animiert hat, habe ich ein viel besseres Körpergefühl bekommen. Manch kostbare Akkuladung meines Laptops verwende ich zum Betrachten von Hoop-Videos auf Youtube, anstatt an meinem Text zu arbeiten. Meine Lieblingstrainerin im Netz ist Babz Robinson aus Kanada. Gelegentlich mailen wir uns, wenn ich mich mal wieder für eines ihrer Supervideos bedanke. Aber den größten Dank hat Petra verdient, die meinen sportlichen Ambitionen einen neuen Kick gegeben hat. Hula am Strand (und in der Wohnung, seitdem der Kronleuchter und sämtliche Vasen geschrottet sind). Kaum etwas fühlt sich beschwingter an. Aber heute sind es nur kurze Testeinlagen mit den neuen Reifen, denn heute steht wirklich mal das Manuskript im Mittelpunkt.

Gegen Abend, als ich mit meiner Arbeit zufrieden bin, höre ich eine nun wieder vertraute Stimme. Sie übertönt Wolfs bei Weitem, und ich freue mich übers schnelle Wiedersehen.

»Moin, bin schon wieder da«, sagt Kurti.

»Perfekt. Wollen wir drei es uns nicht am Strand bequem machen? Wir können uns auf Petras Mega-Decke legen, es ist fast Hochwasser, windstill, und mit Glück bekommen wir sogar einen schönen Sonnenuntergang zu sehen.«

»Klingt bestens, aber vorher musst du mal kurz mitkommen. Hab dir was mitgebracht«, sagt Kurti.

»Da bin ich aber gespannt.«

»Hast du eine Schubkarre?«

»Wird ja immer spannender.«

Und dann sehe ich den Anhänger und eine hübsche Ladung Holz. Kurti drückt mir eine Säge in die Hand.

»Für dich.«

Dieser Mann macht mich sprachlos. Woher wusste er? Als Antwort auf meine unausgesprochene Frage zieht er ein Augenlid herunter und lächelt.

»Das nenne ich eine gelungene Überraschung. Vielen Dank.«

Beinahe falle ich ihm um den Hals, aber ich belasse es bei einem freundschaftlichen Schlag auf seine kräftigen Schultern. Es geht doch nichts über aufmerksame Männer mit

Anhänger. Wir laden die Fuhre ab und ich mache mich sofort ans Kleinholzhacken für die Feuerschale. Sonnenuntergang mit Lagerfeuer. Was will man mehr? Wolf entkorkt eine Flasche Scheurebe, und selbst Kurti nimmt sich ein Glas. Dieser Mann birgt wirklich Überraschungen. Habe ihn als Weinverächter eingeschätzt. Das Vorurteil-Syndrom schlägt immer wieder zu.

»Dein Bruder weiß, was gut ist«, sagt er und nimmt einen kräftigen Schluck.

»Und du weißt, was Camperinnen wünschen.«

»War ein Treffer, oder? Dein Beil hatte ich entdeckt, aber keine Säge weit und breit.«

»Volltreffer.«

»Hab gestern die feuchten Weidenäste und die wenigen Buchenstücke gesehen. Da schien mir Nachschub dringend nötig.«

»Absolut perfekt.«

Es ist weit nach Mitternacht, als ich den Männern meinen Rex überlasse und zu Petra in den Wohnwagen krieche. Ab und zu mal in der ersten Reihe nächtigen, begleitet von nahem Wellenschlag und dem Geräusch der Schiffsdiesel im Halbschlaf, ist ein Genuss. Manchmal spürt man sogar ein wenig Vibration, wenn ein Gigant der Meere sich durch die Fahrrinne walzt.

Räuberleiter im Teufelsmoor

Mein Bruder hat Geburtstag, und ich nehme mein schnelles Rad, um ihn zu besuchen. Mit der Fähre über die Elbe, einen Abstecher durchs Alte Land, wo die Idylle erschlagend ist, um Stunden später mit schmerzendem Hintern das Teufelsmoor zu erreichen. In der Künstlerkolonie Worpswede ist alles hübsch herausgeputzt, fast unverschandelt (wenn man von blau gestrichenem Fachwerk an Bauernhäusern absieht) und von Kunst- und Möchtegern-Kunst-Tourismus geprägt, einige *Sonderlinge* in auffälliger Künstlergarderobe inklusive. Damit ist es der Gegenentwurf zu unserem Heimatort bei Bremerhaven, wo sich keiner die Mühe macht, es pittoresk erscheinen zu lassen. Triste Normalität mit Gewerbegebiet fernab von Galerien. Dort ist selbst das Wort *Galerie* unbekannt, zumindest war das zu meiner Zeit so.

Zur Abkühlung springe ich in die Hamme. Das Moorwasser ist braun und weich, Wellness pur. Gleich neben der Badestelle gibt es praktischerweise einen Gasthof mit dem verheißungsvollen Namen *Neuhelgoland,* wo deftige Hausmannskost aufgetischt wird, die meinen Energiehaushalt wieder in Ordnung bringen kann. Und noch praktischer ist es, dass Wolf mich dorthin einlädt. Kurz entschlossen bestelle ich Knipp: uah, fettig, lecker, derbe, köstlich, schmeckt nach früher, nach Mamas Küche, nach Loxstedt und nach Schweinen, die nach dem Todesstoß auf Leitern gespannt und aufgeschlitzt wurden. Meine Güte, zu welch derben Vorstellungen treibt mich der Hunger?

Der Himmel präsentiert sich so, wie es sich für einen Hammehimmel über Hammewiesen gehört: tief und schön, mit Wolkenkreationen, von denen Maler träumen. Schon sehe ich eine grauhaarige Dame im Wallewallekleid und mit Staffelei am anderen Ufer stehen, wie bestellt, um die Fantasien der Touristen zu beflügeln. Sie lässt ihren Blick zurück nach Worpswede schweifen, zum Weyerberg und zu all den Legenden um diesen Ort im Teufelsmoor. Torfkähne schippern vorbei, um der Idylle die Krone aufzusetzen. Postkarte. Vogeler. Paula. Hans am Ende.

Mein eigener Blick schweift auf die Nachbartische, wo ganz brav, wie es sich für ordentliche Touristen gehört, Buchweizenpfannkuchen gegessen werden. Der Gasthof ist gerahmt von alten Eichen, und als der Wind aufbrist, blitzt hinterm Laub etwas Helles hervor. Eine Böe teilt die Äste, sodass die Durchsicht klarer wird und etwas Wohnwagenähnliches zum Vorschein bringt. Zumindest vermute ich das. Immer wieder starre ich in die Richtung der Verheißung, aber der Wind schläft ein. Gibt es hier etwa einen Campingplatz? Wieso habe ich den noch nie gesehen?

Unauffällig schlage ich mich nach dem Vertilgen meiner Schlachterplatte durchs Gebüsch. Sitzen kann ich auf meinem lädierten Hintern ohnehin nicht länger. Die Gäste auf der Terrasse verfolgen mit diskreten Blicken, was ich dort zu suchen habe. Sollen sie doch denken, ich fahnde nach einem versteckten Exponat. Ein Zaun und üppiger Bewuchs versperren mir schließlich den Weg.

»Was machst du denn da?«, höre ich eine tiefe Stimme, die mir einen (nicht unwohligen) Schauer bereitet und mich in gewisser Weise zu verfolgen scheint.

»Suchst du was?«, will Kurti von mir wissen.

»Und was machst du hier?«, frage ich zurück, mit einem Fuß bereits im Schlamm der Hammeböschung steckend.

Meine Position lässt sich als ungraziös, ja geradezu breitbeinig beschreiben.

»Ich habe zuerst gefragt.«

Dieser Kerl findet immer den richtigen Knopf, um mein Lachen einzuschalten.

»Ich tauche gleich ab, auf Nimmerwiedersehen, verdammt rutschig hier.«

Er reicht mir die Hand und rettet mich vor einem Ende als Moorleiche.

»Hm, so, so, dein Bruder meinte, du spielst Detektivin und hast nur noch Wohnwagen im Sinn.«

»Gemeiner Kerl. Ich strample mich ab, rase hundertzwanzig Kilometer durch die Pampa, um ihn zu besuchen und habe nur seinen Geburtstag im Kopf.«

»Ich weiß, morgen gibt es eine Party.«

»Außerdem liest er doch sowieso die ganze Zeit. Neuerdings sind es Krimis aus dem Allgäu. Ständig erzählt er mir etwas über einen gewissen Klufti. Und wenn ich ihm sage, dass ich nicht lese, dann kommentiert er es immer wieder mit *schade!*«

»Du liest nicht?«

»Kaum. Leider! Im Prinzip lese ich den ganzen Tag. Das ist mein Beruf, immer nur lesen und schreiben und schreiben und lesen. Das reicht dann irgendwann mit den Buchstaben. Es gibt einfach zu viele Buchstaben in meinem Leben.«

»Ich lese auch nicht«, sagt Kurti, und ich höre eine gewisse Erleichterung aus seiner Stimme heraus.

»Hm.«

Als unser Schweigen einige Sekunden zu lange dauert, wechsle ich schnell das Thema.

»Und was ist nun mit meiner Frage?«

»Ich bin dieses Wochenende bei meinen Eltern. Sie feiern Goldene Hochzeit.«

»Jetzt, hier in der Kneipe?«, will ich wissen, obwohl ich mir das nicht vorstellen kann. Kurti trägt sein Wacken-Shirt und enge Lederhosen. Sieht nicht sehr festlich aus, aber er klärt mich auf: Die Feier findet morgen in einem Saal in Lilienthal statt.

»Und was machst du im Gebüsch?«, drängt er nun.

»Also, es ist so: Hinter der Trauerweide habe ich einen tollen Wohnwagen entdeckt, ein Megateil, aber ich weiß nicht, wie ich da hinkommen soll, weil ein Zaun den Weg versperrt und hinter der Kneipe alle Pforten verschlossen sind. Hochsicherheitstrakt«, flüstere ich mit verschwörerischem Unterton.

»Kein Problem. Hinten rum und Räuberleiter.«

Wolf ist bereits in sein Buch vertieft, als ich mit schlammigem Fuß über die Sonnenterrasse humple und Kurti hämisch grinst. Mein Bruder ist kein Mann für derartige Exkursionen und für Räuberleitern schon gar nicht. Die Gäste sind erfreut über die Abwechslung. Hinterm Zaun weist ein Schild auf einen Privatweg hin. Das Spiel kenne ich. Solche Schilder haben nichts zu bedeuten. Am Rex spazieren auch ständig Fremde vorbei.

Der Rest des Nachmittags verläuft zur allgemeinen Zufriedenheit. Wolf darf lesen und Kurti hilft mir dabei, diverse Wohnwagen zu inspizieren. Auf dem Minicampingplatz ist weit und breit kein Mensch. Mir soll es recht sein. So kann ich mich seelenruhig in das Studium eines außergewöhnlichen Modells vertiefen. Lang, hoch, breit. Irgendwie untypisch. Fenster über Fenster, im hinteren Teil füllen sie die gesamte Breite aus und reichen sogar über Eck, die Rahmen sind abgerundet und schmal, beinahe jedes Einzelne kann geöffnet werden. Der Wagen ist keine Schönheit, aber definitiv wandelbar. Nirgends ist ein Fabrikat zu entdecken, es versteckt sich vermutlich an der Wand mit dem Vorzelt in XXL-Ausmaßen. Ins Innere kann man leider nicht schauen, weil es von Gardinen verdeckt ist. Der weiße Riese besticht nicht nur durch

Fensterfülle, sondern auch mit einer grandiosen Aussicht aus denselben. Das Teufelsmoor! Schon sehe ich mich selbst hier sitzen und Panik vor Langeweile im Künstlerdorf (wie sonst immer) taucht gar nicht erst auf. Was ließe sich nicht alles aus diesem Eigenheim machen? Hässliches Vorzelt weg, Gardinen weg, Sofa vor die Tür, Hängematte unter die Trauerweide. Dieser Wagen ist seit Jahren nicht bewegt worden. Moosbewuchs, fester Wasser- und Abwasseranschluss und Eichen aus Bismarcks Zeiten als Überdach. Leider keine Ozeandampfer vor der Nase, aber immerhin Torfkähne.

»Das Ding erinnert mich an Wohnwagen aus den Trailerparks in den USA. Da gab es gigantische Teile, fast wie Häuser. Dieser hat etwas davon.«

»Wovon sprichst du?«, fragt Kurti.

»Du hast doch bestimmt ›8 Mile‹ gesehen, den Film mit Eminem. Seine Mutter, gespielt von Kim Basinger, lebt in einem Trailerpark.«

»Ja, aber ich stehe nicht so auf Rap. Kann mich auch an keine Wohnwagen erinnern.«

»Aber an Kim Basinger?«

»Klar, Mann.«

»Wieso findet sich an diesem Wagen nirgendwo ein Fabrikat? Da muss ich wieder stundenlang im Netz fahnden«, sage ich und mache ein Foto von der Fensterfront.

»Wozu?«

»Ich will's eben wissen.«

»Was hältst du von einem Wein auf der Terrasse?«

»Perfekt.«

Kurti ist der galanteste Räuberleiterhalter, der mir jemals untergekommen ist. Er hält mir nicht nur seine gefalteten Handflächen hin, sondern auch seinen Oberschenkel zum Abstützen. Der Griff an seine Schulter stößt auf puren Granit. Nicht schlecht, Mann.

Locationscouts und das Ende der Porta Potti

Die Hitze brennt auf der Haut, als glühe eine sizilianische Sonne vom Himmel. Dabei ist es nur der blasse norddeutsche Ball. Doch heute ist alles anders: grelle Helligkeit und ein Schattenwurf, der an Lesotho zu Weihnachten um zwölf Uhr mittags erinnert, zumindest ein klein wenig. Die gelbe Markise beschattet nur den Tisch und einen einzigen Stuhl. Der radikale Weidenbeschnitt tut ein Übriges. Yara und ich suchen Schutz unter der Sommerlinde, aber ihr Blattwerk ist zart und der löchrige Halbschatten reicht gerade mal für eine Liege und einen Klappstuhl. Im letzten Winter habe ich auf unserem Gemeinschaftsdachboden eine Seemannskiste entdeckt, die ich hier ihrer eigentlichen Bestimmung zugeführt habe: Alles darin zu verstauen, was man irgendwann irgendwie gebrauchen kann oder auch nicht. Allerdings befindet sich darin kein Sonnenschirm. Aber hatte ich nicht kürzlich ein Zelt aus den Achtzigerjahren in der Hand gehabt? Mühsam rapple ich mich auf und stöbere in der Kiste. Ja! Wer sagt's denn? Nichts geht über eine halbwegs nachvollziehbare Ordnung. Aus dem Ding lässt sich doch was machen. In gewagter Konstruktion spannen wir Leinen zwischen Rex und Sommerlinde und hoffen auf bleibende Windstille. Nach schweißtreibender Arbeit fallen wir in den neu gewonnenen Schatten und dösen vor uns hin. Mit einem Auge riskiere ich ab und an einen Blick übers Terrain und bin glücklich über das Hier und Jetzt. Sommer. Hitze. Schweiß. Durst. Grandios. Als sich ein Mann mit einer Trittleiter und

239

einem Fotoapparat in mein Blickfeld schiebt, setze ich mich auf.

»Ein Locationscout auf Südost!«, verkünde ich wie aus dem Ausguck eines Schiffes.

»Watt?«, fragt Yara und hebt ihre Lider.

»Ich wette, der Kerl ist Locationscout und sucht 'ne coole Location für ein Shooting. Solche Typen erkenne ich auf drei Meilen gegen den Wind. Die rennen in unserem Viertel ständig rum, besonders in den schmuddeligen Hinterhöfen zwischen den Mülleimern. Das finden sie urig. Seine Hose deutet auf *very hip* hin. Hat bestimmt 'ne Menge Geld gekostet, die schönen Risse und Löcher hineinarbeiten zu lassen.«

Der Scout nimmt Peilung auf und steuert den Rex an. In einiger Entfernung hält er inne und telefoniert. Wenig später gesellt sich ein junger Mann mit Ködelfängerhose und Very-used-Basecap zu ihm. Für ihre Kostümierung sind beide eindeutig zu alt, aber wir sind ja tolerant und leben – Gott sei Dank – in einem freien Land, in dem jeder tragen kann, was er will, selbst wenn es sich um eine Haremshose handelt. Für einen kurzen Moment beschäftigt mich die Frage, was sich ein Mann dabei denkt, unterhalb des Bauchnabels wie eine Haremsdame und oberhalb wie ein Ghetto-Kid gekleidet zu sein. Lässig tingeln die beiden Modeopfer auf uns zu.

»Hi!«, trällert der eine, während der andere seinen Kopf wanken lässt, als wolle er der bezaubernden Jeannie Konkurrenz machen.

»Hi!«, trällern auch Yara und ich in einem Atemzug und prusten los.

»Ist diese eure Wohnwagen?«, fragt der Scout mit einem amerikanischen Akzent, der wie parodiert klingt.

»Ja, das ist unser Rex«, sage ich und hätte beinah das »R« einmal um die Zunge gewickelt.

»Rex?«

Für sein amerikanisches »R« könnte ich ihn auf der Stelle knuddeln. REX! Wie toll klingt das denn! Rex, gesprochen mit einer heißen Kartoffel im Mund.

»Sieht diese Rex immer so aus? I mean, mit hammock, diese Dach, Mobel und so weiter?«

»Wenn es nicht regnet«, sagt Yara, und fügt rasch einige Erklärungen hinzu, um die Männer nicht zu verunsichern. Yara ist immer freundlich zu Fremden, wirklich zuvorkommend. Mit ihrem Lächeln nimmt sie jeden für sich ein, ganz die kleine Waldprinzessin.

»Wir suchen für ein Modeshooting nette Ecken auf dem Campingplatz. Euer Wagen gefällt uns. Besonders das Drumherum. Die Hängematte ist echt cool. Und was sind das für interessante Töpfe und Gestelle?«, fragt der zweite Scout.

Ich halte einen Kurzvortrag über den südafrikanischen Potjie, den tschechischen Wasserkessel aus Zonenzeiten, die Jaffle, das schmiedeeiserne Dreibein und den Besen aus Swasiland. Die Männer scheinen nicht gänzlich folgen zu können, und ich kombiniere, dass sie auf ihrer Locationsuche womöglich andere Prioritäten setzen.

»Wir sind von Review, you know? Hier ist our business card.«

Ha, das ist die Gelegenheit. Flugs hole ich meine eigene Visitenkarte hervor. Es ist ja nicht so, dass ich keine parat hätte.

»Wir haben Interesse, hier zu fotografieren und zu filmen. Die endgültige Entscheidung fällt in der Zentrale. Der Clip kommt ins Netz, Plakate werden in den Modehäusern ausgehängt. Review gibt es zum Beispiel bei Peek & Cloppenburg.«

»Also ich habe nichts dagegen«, sage ich und male mir aus, wie Rex im ganzen Land zu Ruhm und Ehre kommt, von Plakatwänden strahlt und zum schönsten aller Wagen gekürt wird. Mein Rex auf gigantische Stoffbahnen gedruckt, ganze

Häuserwände zierend. Mein Rex, vom stinkenden Etwas gewandelt zur Mode-Ikone.

»Yeah, we keep in touch then«, sagt der Amerikaner, und die beiden ziehen ab.

Yara und ich lachen laut auf, als sie außer Hörweite sind.

»Rex wird berühmt«, sage ich und grinse.

»Sein Akzent war nie im Leben echt«, ist Yara überzeugt und imitiert den Amerikaner, was sich in etwa so anhört, als habe sie zwei heiße Kartoffeln im Mund.

»Hammock. Das Wort für Hängematte hatte ich ganz vergessen. Klingt super. Irgendwie abenteuerlich. Und gar nicht englisch«, sage ich.

»Meinst du, die kommen wieder?«

»Keine Ahnung. Was haben die ständig von Review gequatscht?«

»Nie gehört.«

»Und die Klamotten. Meine Güte, das ganze Gesicht voll Sonnenbrille und dann noch die Haremshose, warum trägt Mann so etwas?«

»Wieso fragst du mich? Du bist doch die Styling-Spezialistin.«

Am nächsten Morgen bin ich wieder allein. Yara sitzt in ihrem Büro und mich blendet die Sonne. Ich habe das Frühstück hinter mir und schaue aufs Wasser. Kein Mensch weit und breit. Der Platz ist wie ausgestorben. Es ist Montag, zwanzig Grad, Windstille, alle Welt arbeitet, nur ich mache mir Gedanken, ob Lichtschutzfaktor zehn ausreicht. Vorgebräunt bin ich seit Monaten, empfindlich auch nicht, aber trotzdem sollte ich vorsichtig sein. Also Lichtschutzfaktor fünfzehn. Oder gar zwanzig? Meine beiden Akkus sind voll. Also, auf zum nächsten Kapitel: Zanele und wie sie mit dem HI-Virus infiziert wurde.

Schon nach einer Stunde betätige ich die Standbytaste,

gehe an die Elbe und denke daran, wie ich mit Zanele am Strand des Indischen Ozeans saß und sie mit Fragen quälte. Es war kurz vor Weihnachten, das Wetter ähnlich wie jetzt, vor der Küste sprangen Wale aus dem Meer und Zanele weinte sich die Seele aus dem Leib. Selten ist mir die Arbeit an einem Buch so schwergefallen.

Der Elbspaziergang schenkt mir Kraft für das nächste Kapitel. Zaneles Besuch im Hospital. Damals war sie zwölf oder dreizehn Jahre alt und ihre Blutwerte waren alarmierend. Sie würde nie wieder gesund werden. Im Geiste gehe ich Formulierungen durch.

Aus den Augenwinkeln sehe ich Sophia Soraya. Sie kommt aus Richtung Mündung und trifft auf Höhe des Leuchtturms auf ihre Schwester Kaja Josephine. Wie tröstlich der Anblick doch ist. Diese beiden haben die immer gleiche Aufgabe: Güter hin- und herzutransportieren. Ich denke an den Kapitän und die Crew. Vielleicht wäre das ein Job für mich: Binnenschifferin auf der Elbe. Da hat man sicher nur marginal etwas mit Aids in Südafrika, Behindertendiskriminierung in Vietnam, Kindersoldaten in Uganda oder Krieg in Afghanistan zu tun. Das stelle ich mir äußerst reizvoll vor. Immer schön hin- und herschippern.

Doch das Manuskript wartet. Keine Ablenkung durch grobe Arbeiten rund um den Rex. Auch wenn das vielleicht meine eigentliche Bestimmung ist. Ein letzter Blick auf die Elbe, bevor ich wieder durch den Zaun schlüpfe. Schreiende Möwen begleiten die beiden Fischkutter. Zeit für einen zweiten Kaffee. Das Autorinnenleben ist wirklich hart. Mitten im Schreibfluss lässt mich ein unbekanntes Geräusch aufhorchen. Es handelt sich um einen hohen und feinen Ton, der schwer zu orten ist. Als ich mich erhebe, ist es plötzlich ruhig. Regungslos bleibe ich stehen, bis das Geräusch erneut auftaucht. Ich folge dem sirrenden Ton zum Weidenbaum. Und dann kommt ein Vogel angeflogen und alle Fragen lösen sich in Nichts auf. Das Vogelhäuschen ist angenommen worden! Hier wird der Nachwuchs versorgt. Vor Rührung bekomme ich feuchte Augen und lege mich auf die Lauer. Die Kleinen schreien nach Futter und die Eltern bringen emsig Nachschub, fliegen gezielt das Einflugloch an und sorgen mit ihren Gaben für einen Moment der Ruhe.

Eine schöne Rechercheaufgabe wartet. Ohne jegliche ornithologische Vorkenntnisse fällt mir allein die Bestimmung der Art nicht leicht. Bildvergleiche im Internet ergeben jedoch ganz eindeutig *Blaumeisen*. In zwei bis vierzehn Tagen baut diese Gattung ein Nest. Aha! Wie es wohl im Innern des Häuschens aussehen mag? Die Brut dauert zwölf bis siebzehn Tage, und dann bleiben sie noch sechzehn bis zweiundzwanzig Tage im Nest. Im Kalender streiche ich die möglichen Tage des Flüggewerdens rot an. Das will ich nicht verpassen.

Die Eltern sind schwer beschäftigt und animieren auch mich, ein wenig fleißiger zu sein und zu meinem Manuskript zurückzukehren. Jeder hat seine Aufgabe.

An manchen Tagen arbeite ich noch, wenn der Katamaran gegen neunzehn Uhr dreißig von Helgoland zurückkehrt. Ich erkenne ihn an seinem Motor, lange bevor er zu sehen ist. Vor dem Leuchtturm drosselt er die Maschine, um weniger Flurschaden anzurichten und Spaziergänger nicht vom wackelnden Ponton zu schmeißen. Sollte ich das Motorengeräusch wegen meiner Hingabe an den Text versäumt haben, dann höre ich spätestens den Wellenschlag am Ufer, nachdem er vorübergedüst ist. Die Elbe klingt dann ein wenig nach Meeresbrandung.

Ein Gläschen Wein ist ab achtzehn Uhr (geschätzt) erlaubt. Darüber stülpe ich das Netz von der Ordensschwester Sola, um Fliegen von meinem Tropfen abzuhalten. Die alte Dame hat die Handarbeit mit einem Perlenrand bestickt.

Meine Gedanken kreisen und zur Ablenkung gehe ich in den Schuppen. Da gibt es immer was aufzuräumen, zu fegen, umzuschichten und zu optimieren.

»Verdammt«, brülle ich los und hoffe, dass mich niemand hört. »Sch…!«

Wer eine Porta Potti hat und sie den Gästen zur Benutzung anbietet, der darf sich nicht wundern, wenn die Toilette eines schönen (oder unschönen) Tages voll ist und entleert werden muss. Ich habe es geahnt, um nicht zu sagen *gewusst*. Aber zwischendrin schlichtweg verdrängt. Ein Spülwassertank von zehn Litern und ein Fäkalientank von ebenfalls zehn Litern haben nun mal eine genau begrenzte Kapazität. Das liegt in der Natur der Sache, und nun bringt die Wärme es an den Tag. Die Toilette mit dem niedlichen Namen ist voll, randvoll, stinkend voll. Es muss dringend etwas passieren. Besser jetzt als nie. Hoffentlich begegnet mir niemand. Soll ich bis zum Dunkelwerden warten? Aber da ist noch ewig hin. Wir sind in Norddeutschland, zu dieser Jahreszeit wird es nie dunkel. Ich demontiere das Untergestell meines Hackenporsches und will die Toilette daraufhieven, aber dafür muss ich den Fäkalientank lösen, was nicht angenehm ist. Ein Verschluss will gelöst und ein anderer befestigt werden. Schon jetzt wird mir übel, dabei ist es erst der Anfang. Ich rede mir ein, dass es sich um die normalste Sache der Welt handelt. Wie ein Mantra wiederhole ich es immer wieder: *Alles kein Problem, alles ganz normal, selbst Gandhi soll Latrinen geschrubbt haben.* Beim Erreichen der *speziellen Zone* hinter den Sanitäranlagen, die durch das Schild *Campingtoilettenentsorgung* und penetranten Gestank bisher zu meiner Bannmeile gehörte, verfluche ich bereits meine Entscheidung, die Porta Potti gekauft zu haben. Wenig später verfluche ich zudem mindestens einen Gast, denn seine Hinterlassenschaft will den Fäkalientank partout nicht verlassen. *Bitte keine Herpesattacke!*

Das war's mit der Porta Potti. Einmal und nie wieder. Kann man so etwas auch gebraucht verkaufen? Ich will sie nicht mehr sehen, nicht im Schuppen und schon gar nicht im Rex. Sollen andere damit glücklich werden. Siebzig Euro für die Katz.

Models im Rex

"Hey, ich bin Ben und koordiniere die Produktion«, sagt ein Bursche mit Nerd-Brille und sehr dünnen Beinen, die in sehr engen Hosen stecken und mich an eine Szene aus meiner frühesten Kindheit erinnern: Mein Bruder liegt im Wohnzimmer auf dem Boden und zwängt sich in eine rostbraune Cordhose. Dabei windet er sich wie eine Schlange und hantiert mit dem Reißverschluss herum. Das Prozedere hatte mir damals Angst gemacht, weil mein Bruder gequält aussah, aber er versicherte allen Anwesenden, es müsse so sein. Das war irgendwann in den Siebzigerjahren und seine Haare waren länger als meine, obwohl ich doch das Mädchen war. Ben hat eine gewisse Ähnlichkeit, jedoch trägt er eine ungleich aufwändigere Haarkreation.

»Das Shooting wird pünktlich beginnen, wie abgesprochen. Finde ich cool, dass wir deinen Wagen nutzen können. Top Location«, sagt er noch.

Dann tauchen überraschend viele Frauen und Männer hinterm Staudenknöterich auf und schleppen Kisten und Koffer heran. Irgendwann kann ich auch die Models identifizieren. Die beiden Mädchen sehen hungrig aus. Ich halte sie zunächst für Zwillingsschwestern, werde aber sofort eines Besseren belehrt. Das Wort Bohnenstangen geht mir nicht mehr aus dem Kopf. Das männliche Model passt in die gleiche Kategorie. Hatte ich gar nicht mitbekommen, dass die Jungs jetzt auch so dürr sein müssen, um fotografiert zu werden. Die drei kommen aus den USA und werden angezogen und geschminkt, während die Crew meinen Rex verschönert, den Spültisch zum Schminktisch umfunktioniert und das Hinterzelt zur Garderobe.

»Moin, was ist denn hier los?«, fragt Nick, der von den Aktivitäten auf meinem Platz angelockt wird.

»Fotoshooting!«

»Und springt was dabei raus?«, will er wissen und reibt Daumen und Zeigefinger aneinander.

»Ein Einkauf bei Berger!«

»Du und dein Berger. Hast doch schon alles. Was willste denn noch?«

»Ich träume von einem neuen Hinterzelt. Der jetzige Schuppen macht es nicht mehr lange, ist schon ganz fadenscheinig. Die Sonne setzt ihm zu.«

Nick und ich platzieren uns in sicherer Entfernung, beobachten den Shooting-Aufwand und verstehen die Welt nicht mehr, oder vielleicht verstehen wir sie am Ende des Tages auch ein wenig besser. Die Models tragen Mode, die ich aus meinem Altkleiderfundus und mit ein wenig Fantasie ebenfalls zusammenstellen könnte. Nicks Arbeitshose (die er niemals auszuziehen scheint) und sein kariertes Hemd passen ebenfalls ins Bild. Die Crew fährt eine Kameratechnik auf, als ginge es um die Landung einer bemannten Raumfähre im Elbewatt und nicht nur um schnöde Plünnen an drei halbwüchsigen Models. Immerhin, mein Rex-Vorgarten wird zur Augenweide mit indisch angehauchtem Gedöns, tibetischen Fähnchen am Sonnensegel und Sitzkissen. Doch die schöne Deko kommt kaum ins Bild, denn sie entscheiden sich spontan dafür, eine der jungen Frauen in Nicks Schubkarre zu setzen und den jungen Mann im Holzfällerhemd schieben zu lassen. Ich grinse Nick an, der sich nach vorn in Richtung Kneipe verzieht, um einen Kaffee zu schnorren.

Die Schubkarre war erst der Anfang. Danach schicken sie

den Jungen zum Klettern in den Weidenbaum. Die Mädchen werden immer wieder umgezogen und umgeschminkt, was mich derart verwirrt, dass ich am Ende mindestens vier weibliche Models auszumachen meine. Am späten Vormittag liegen die Mädels im Bikini in meiner Hängematte, später auch auf meinem Bett. Selbst der Perlenvorhang kommt zum Einsatz. Ich staune, wie lange man an einem Haarband herumtüfteln kann, aber hier muss alles seine Ordnung haben. Meine persische Plastiktischdecke mit Teppichmuster findet großes Interesse. Eine Assistentin platziert Melonenscheiben, Softgetränke und Kirschen darauf. Der Junge soll nun einem der (vielen) Mädels eine Kirsche in den Mund stecken. Am Ende dieser Session ist er sicher der professionellste Kirschen-in-den-Mund-Schieber diesseits des Alten Landes.

Aus den vereinbarten drei Stunden werden fünf und selbst mein blaues Einkaufsrad, das Einerkajak von Elke, das sie hier geparkt hat, und der Reisigbesen aus Swasiland kommen zum Einsatz. Zum Ende hin werden die Models (doch nur drei, wie sich definitiv herausstellt) wie Rugbyspieler geschminkt. Sie tragen schwarze Balken unter den Augen und werfen sich einen melonenförmigen Ball zu.

Dann ist endlich alles vorbei, und die hungrigen Profis gönnen sich einen kleinen Snack.

Zur Sicherheit gebe ich Ben meine Kontonummer und frage nach den Fotos. Eine kleine Auswahl würde mir gefallen.

Noch am selben Abend geht mir die sogenannte Aufwandsentschädigung nicht aus dem Kopf, und ich blättere im Berger-Katalog, um das (noch nicht vorhandene) Geld sinnvoll auszugeben. Es muss unbedingt ein besseres und größeres Hinterzelt her, und natürlich findet sich ein passendes Teil, das wie ein Schuppen aussieht und nach eingehender Prüfung exakt zwischen Rex und Staudenknöterich passt. Vollkommen begeistert von meinen nächtlichen Vermessungen und der Vorstellung, bald ein wahres Nobelzelt aufbauen zu können, entdecke ich weitere überlebensnotwendige Artikel und verfalle in einen Bestellwahn. Die Plakette *Von erfahrenen Campern empfohlen* springt mir beim Blättern immer wieder ins Auge. Daraufhin nehme ich manches Angebot genauer unter die Lupe und schenke dem Siegel mein Vertrauen. Bei einer speziell geformten Schüssel und einem Eimer leuchtet mir sofort ein, dass Millionen von Camperinnen sich beim Gang zum öffentlichen Wasserhahn und zum Abwaschbecken über die üblichen Eimer im schmalen Standardmaß geärgert haben müssen und Erleichterung suchten. Ich habe mich selbst häufig genug mit viel zu kleinen Formaten gequält, in denen ausgewachsene Teller keinen Platz finden. Im Nu habe ich auch Senkhaken bestellt, die innerliche Begeisterungsstürme auslösen. Einen Senkhaken kann man nicht mit einem schnöden Hering vergleichen. Hier handelt es sich eher um einen Hai. Daran kann zur Not ein wild gewordener Bulle (oder Angler) festgebunden werden. Es ist um mich geschehen: ohne Preisvergleich und Zögern trage ich diverse Bestellnummern ein. Meine Gäste werden froh sein über die Errungenschaften, rede ich mir ein. In meinem Eifer ordere ich noch einige Regenponchos und eine Küchenrollenhalterung. Juhu! Ich werde wieder ein Paket zum Rex geliefert bekommen, wie zu einem richtigen Wohnsitz. Ich werfe die Bestellkarte ein, was mir irgendwie altmodisch und romantisch vorkommt. Genauso gut hätte ich per Internet bestellen können, aber das Blättern in einem Katalog ist mit Mausklicks nun wirklich nicht zu vergleichen.

Drei Tage später frage ich zum ersten Mal in der Rezeption nach meinem Paket. Ich hoffe auf eine Lieferung vor dem Wochenende, aber bei Berger muss die Hölle los sein. Die Ferienzeit steht bevor. Alle Camper bestellen! Alle Camper brauchen innovative Produkte! Ich habe Verständnis und vertröste mich auf Montag, notfalls auch Dienstag.

Dann endlich sehe ich die Lieferung mitten in der Kneipe stehen.

»Da ist ein Paket für dich gekommen«, sagt Garip überflüssigerweise, und ich strahle ihn an.

Der Tag ist gerettet. Ich werde den Laptop ruhen lassen und mich wichtigeren Dingen widmen.

Brennende Betten

Ein diesiger und grauer Tag, aber immerhin nicht kalt, mittags Ebbe, was die Sache auch nicht besser macht, denn der Schlick ist kein Schlick, sondern feuchter Dreck. Aber dann kommt eine Fee, pustet die Wolken weg und zaubert *simsalabim* einen lauen Sommerabend hervor. Schon ist Flut und sauberes, fast klares Elbwasser benetzt meine Füße. Ich schlüpfe in mein rückenfreies Kleid und schnappe mir einen Reifen. Ich tänzle am Ufer entlang, spüre die Griffigkeit des Hula-Hoops auf der Haut, und mir gelingen meine Lieblingstricks: Kickstart, vom Knie zur Hüfte, über beide Arme zu den Schultern, Kreisen über der Brust, Lasso, sogar der Double Elbow Pass und das Kunststück des Vertical Neck Spin, von mir als Halszwirbler übersetzt, funktionieren auf Anhieb. Wie berauscht von der Abendsonne, dem menschenleeren Strand und meinem Spielen mit dem Hula-Reifen, schreie ich mein Glück hinaus, »Jippie! Hula! Hula! Yeah!«, und lache über mich und die Welt.

Und dann steht Kurti plötzlich vor mir.

»Was machst du denn hier?«, stelle ich die blödeste aller Fragen und komme mir vor wie eine unterkühlte Moorhexe. Warum gebe ich ihm nicht einfach einen deftigen Begrüßungskuss?

»Hallo, Süße. Hast du etwa einen Nebenjob im Zirkus? Ist der Wahnsinn, was du machst, Mann.«

Wieso nennt er mich *Süße* und im selben Atemzug *Mann*? Ob man ihm Letzteres abtrainieren kann? Und überhaupt: Was macht er hier?

»Ich komme aus der Stadt von einem Kunden, habe an seiner Harley geschraubt, nichts Dolles, haben wir easy gefixt. Als dann auf der Elbchaussee plötzlich die Sonne durchkam, hat mein Motorrad mich den Hang runtergefahren.«

»Hätte ich auch gemacht. Braves Ding.«

Er lacht so schön, dass ich mich selbst wie eine Zauberfee fühle. *Pling* und schon zaubere ich ein Lächeln in sein Gesicht, und er zeigt mir seine süße Zahnlücke.

Kurti zieht gleich hier am Strand seine Lederhose aus, als sei es das Normalste von der Welt, sich in Unterhosen zu zeigen, wohlgemerkt in ansprechenden schwarzen mit Nadelstreifen und dann noch ohne Eingriff. Der Mann ist wirklich gut für Überraschungen.

»Mann, ist das warm«, sagt er und zieht auch noch sein Shirt aus.

»Ich hole was zu trinken«, sage ich und renne davon, nicht ohne einen raschen Blick auf seinen entblößten Oberkörper zu werfen. Ist gar nicht so schlimm mit dem Bauch, sein ausgeprägter Brustkorb gleicht das locker aus, und auch sein Fell hält sich in Grenzen. Scheint sogar gekürzt zu sein. O là là.

In Windeseile packe ich den Picknickkorb: Wasser, Wein, Kühlmanschette, polierte Gläser, Käse, Brot, Basilikum, Tomaten, Öl, Balsamico, Salz, Pfeffer, Schälchen und eine Decke. Fertig.

Wir prosten uns zu, und ich muss mich zusammenreißen, um nicht loszuprusten und den Weißburgunder über seine nackte Brust zu versprühen. Es sieht einfach zu lustig aus, wie sein langer Zopf bis auf den Bauch baumelt, als sei er ein Mädchen im Körper eines reifen Mannes. Dabei verschlucke ich mich, aber Kurti ist ein Gentleman alter Schule und klopft mir kräftig auf den Rücken. Seine Hand auf meinen entblößten Schulterblättern fühlt sich nach mehr an, aber ich riskiere trotzdem keine weitere Hustattacke. Stattdessen gebe ich meine seefrauischen Kenntnisse zum Besten, was Kurti zu imponieren scheint. Ich erzähle ihm von den beiden pendelnden Schwestern und meiner Seenot vor Neßsand. Bald ist die Flasche leer.

»Was hast du über den Wohnwagen aus Worpswede herausgefunden?«, fragt Kurti, und mein Herz öffnet sich noch weiter.

»Einiges, stell dir vor, es ist ein Tabbert aus den frühen Siebzigern. Der größte Wohnwagen seiner Zeit, Innenmaß 7,70, außen 9,90, ein Riese. Viel zu groß für mich, aber interessant. Eine Familienkutsche.«

»Hab jetzt auch häufiger einen Blick auf Wohnwagen geworfen. Könnte mir gut vorstellen, den Sommer so zu verbringen«, sagt Kurti und macht eine Geste, die den Strand, die Elbe, den Platz und sogar unsere Picknickdecke mitsamt Belag einschließt.

Während ich die Feuerschale an den Strand hole und Holz in den Korb staple, zieht Kurti ein Marmeladenglas aus seiner Umhängetasche, schraubt den Deckel auf und verstreut den Inhalt rund um den Rex.

»Was machst du da?«

»Ich verteile meine Samen.«

»Macht man das jetzt so?«, frage ich und fühle meine grinsenden Wangen unter permanenter Anspannung. Bestimmt haben sich schon Lachfurchen in die Haut gekerbt.

»Nein, Quatsch, also es sind natürlich Blumensamen, Mann. Wenn ich irgendwo bin, wo es mir gefällt, dann verteile ich Blumensamen. Oder auch wenn ich irgendwo bin, wo es nicht so schön ist und Blumen fehlen.«

»Zeig doch mal her. Manche Samen sehen ja aus wie Holzspäne. Welche Blumen sind das denn?«

Kurti kennt jeden Samen, auch wenn manche an die Überreste vom Anspitzen eines Kajalstifts erinnern. Sonnenblumen, Mohn, Akeleien, Borretsch und Ringelblumen. Ich koche uns einen Tee, weil ich bereits beschwipst bin.

Mit der Dunkelheit kommt die Abendkühle, der Schein der Flammen, das Knistern der Scheite und unser nicht enden wollendes Lachen.

»Hast du noch Wein? Der war verdammt lecker, Mann.«

Darauf habe ich nur gewartet. Gern würde ich noch ein Gläschen mit ihm trinken und die Nacht genießen. Nach Hause fahren kann er ohnehin nicht mehr. Als es immer kühler wird, hole ich zwei Schaffelle aus Petras Vorzelt. So wird es schön kuschelig.

»Wollen wir hier draußen schlafen?«, frage ich, und er nickt.

Ich habe noch immer die Bettdecke mit dem Verliebtenformat von 155 x 220. Wie gut, dass ich nicht zur Singlegröße zurückgekehrt bin.

»Es ist verdammt kalt geworden. Lass uns die Feuerschale beiseiteziehen und die Felle auf den warmen Sand legen«, schlage ich vor.

Im Nu steigt eine Heizdeckenwärme auf. Auch wenn Kurti und ich so eng beieinanderliegen, dass höchstens eine Briefmarke zwischen uns passt, haben wir uns bisher nur flüchtig berührt. Ich bin einfach viel zu schüchtern, und Kurti scheint sich auch nicht zu trauen. Aber dann streiche ich sanft über seine Finger und im selben Moment spüre ich seine Lippen auf meinen. Es fühlt sich an, als knutschten wir in Erinnerung an damals. Es macht richtig viel Spaß, und wir kichern unter unseren Küssen. Allerdings fühle ich gleichzeitig eine Hitze aufsteigen, die nichts mit Kurtis heißen Lippen zu tun haben kann. Wir springen auf, als unsere Decke brennt, das Schaffell sich krümmt und erbärmlich stinkt. Wir löschen, so gut wir können, aber das Elbwasser ist längst wieder abgelaufen und unerreichbar hinterm Schlick verschwunden. Wenn mir der Bauch nicht schon vor Lachen schmerzen würde, dann hätte er jetzt den Rest bekommen. So wird unser albernes Gegacker zur Überdosis. Ich habe Muskelkater im Zwerchfell und auf meinen Wangen. Unser Lager sieht verwüstet aus. Der glühende Sand zischt unter dem Tee, den ich verschüttet habe. Aber Knutschen können wir vorerst auch im Stehen.

Frühstück oder lieber doch keins

Kurti gehört zu den aufmerksamen, liebevollen, lustigen und geselligen Zeitgenossen. Das zeigt sich schon frühmorgens, bevor ich überhaupt meine Augen öffne. Vor lauter Aufmerksamkeit ist er verschwunden und holt Brötchen und eine Zeitung. Diesen Luxus kenne ich nicht mehr, weil der Bäcker einige Höhenmeter und Kilometer entfernt liegt. Aber Kurti schwingt sich auf sein Motorrad und deckt dann auch noch den Tisch (mit Blumen), nicht ohne dabei meine ganze (Un-)Ordnung durcheinanderzubringen. Dabei raucht er wie ein Schlot, hustet und pfeift gelegentlich.

»Mann, ist das geil hier.« Hust, hust. »Dicke Pötte vor der Nase und Sonnenschein auf dem Frühstückstisch.« Hust, hust. »Und für meine Süße gibt es ein extra süßes Franzbrötchen.«

Auweia, vorerst ziehe ich mir die Decke über den Kopf. Und dann überlege ich mir eine Taktik: Grübel, grübel, grübel ... hm, au ja, ich spiele den Morgenmuffel. In meinem Leben habe ich ausreichend Morgenmuffel erleben müssen und weiß, wie sie ticken. Unaufmerksam, unerträglich, langsam und ungesellig. So werde ich mich geben, auch wenn mir nichts schwerer fällt als das. Aber ich brauche ganz dringend eine Pause von Kurti, will keine Süße sein und will auch kein süßes Franzbrötchen, sondern Schwarzbrot mit Mettwurst. Aber auch das kann warten. Irgendwie schleiche ich mich am gut gelaunten Kurti vorbei und tue so, als könne ich meine Augen kaum offen halten und sei nicht ansprechbar. Auf dem

Rückweg von der Toilette schnappe ich mir unauffällig die Zeitung. Kurti ist mit Blumengießen und Samenausstreuen beschäftigt. Schnell wieder ins Bett und bloß keine Süße sein.

Da steht es geschrieben, in fetten Lettern. Im ›Abendblatt‹. Ich sitze senkrecht im Bett und freue mich. Juhu. *Anklage gegen Baumfrevler!*

Frevler, dieses Wort gehörte bis dato nicht zu meinem Wortschatz, aber es gefällt mir außerordentlich. Klingt irgendwie übel, wie die Tat und der Täter, der dahintersteht: ein Baumfrevler, der für das Fällen der zehn amerikanischen Eichen und Buchen, die Schaffung der (Zahn-)Lücke im ansonsten makellosen Elbhang bestraft werden soll. Der Staatsanwalt erhebt Anklage. Die Bäume seien Eigentum der Stadt, ist in der Zeitung zu lesen, schließlich standen sie in einem öffentlichen Park und es gebe nur einen Nutznießer des Abholzens, wie der zuständige Oberstaatsanwalt messerscharf formuliert. Entsprechend soll der büßen. Okay. Habe nichts dagegen. Auf seinem Grundstück ist ein Neubau mit fünf Luxuswohnungen entstanden, allesamt mit (erschlichenem) Elbblick. Die Rede ist von einer Arresthypothek auf das Haus: zweihundertfünfzigtausend Euro, verteilt auf fünf Wohnungen, die allesamt noch unverkauft sind. Das wird ein Spaß. Wer kauft schon eine Wohnung, die mit einer Arresthypothek belastet ist? Eine tolle Nachricht, ein toller Tag. Super. Ich freue mich.

»Mann, ist das geil hier«, höre ich Kurti zwischen den Büschen trällern. Hust, hust.

Jetzt oder nie. Ich muss mich stellen und meinem Gast irgendwie erklären, dass ich eher auf Saures als auf Süßes stehe und lieber meinen ganz persönlichen Tagesablauf lebe, als an gedeckten Frühstückstischen sitze. Das ist gemein, ich weiß, aber es ist ehrlich. Genauso wie ich ein Antivorzelttyp bin, bin ich auch ein Antipärchentyp. Alle Versuche, Teil eines Paares

258

zu sein, sind kläglich gescheitert. Und ich gestehe: Es lag an mir!

»Kurti?«

»Ja, meine Süße.«

Schmuckstücke aus dem Internet

Termine führen mich in die Stadt. Als ich an meiner Lieblingshaltestelle im Wald sitze, fahren im Minutentakt dicke Schlitten vorbei, Jaguars, Porsches, hochgebockte BMWs und Mercedesse – vermutlich Kailash-umrundungstaugliche SUVs – und Cabrios der geschmackvollen Sorte, mit einigen Jahrzehnten auf der Haube, vornehmlich chauffiert von graumelierten Herren mit Basecap und in Barbour-Jacken, begleitet von blonden Damen mit elegantem Zopf, die selbstverständlich Halstücher mit Ankermotiven angelegt haben. Hier werden Vorurteile noch prompt bedient. Vögel zwitschern und die Höhe der Baumwipfel erinnert an Amazonasgewächse. Als erneut ein schwarzglänzendes Försterauto mit einer sonnenbebrillten Dame vorbeirauscht, denke ich an meine persönliche CO_2-Bilanz und aale mich in dem Gefühl, ein guter Mensch zu sein. Ja, ich fahre Fahrrad oder Bus, ich habe keinen Strom und verbrauche genauso wenig Wasser wie ein Inder. Als ich mir grad unauffällig auf die Schulter klopfe und dabei den Zeiger auf meiner Uhr sehe, wird mir schlagartig bewusst, dass ich meinen Termin verpasse, wenn der Bus nicht endlich eintrudelt. Wo ist er eigentlich? Normalerweise kommt er zehn Minuten vor der Abfahrt. An dieser Endhaltestelle gönnen die Chauffeure sich eine Pause und essen, rauchen, lesen und telefonieren. Meistens bin ich der einzige Fahrgast, außer wenn sich Hausangestellte aus fernen Ländern einfinden. Neulich kam die Busfahrerin aus Ghana und konnte fast so schlecht rechnen wie ich. Verzweifelt versuchten wir den Preis für meine Fahrkarte plus den einer Zeitung und eines Magazins zusammenzurechnen, die ebenfalls im Bus angeboten werden. Wir lachten ausgelassen über unsere Unfähigkeit, bis sich eine Putzfrau mit spanischem Akzent und eine Asiatin mit Vorschlägen einschalteten. Irgendetwas muss heute schiefgegangen sein. Wie soll ich den Anschluss in Blankenese schaffen? Mit meinem schweren Rucksack kann ich unmöglich laufen. Trampen? Warum eigentlich nicht? Jaguar oder Försterauto fahren?

Gedacht, getan. Der erste Wagen ist auffallend klein, zumindest im Vergleich zu den üblichen Karossen im Millionärsviertel. Ich halte den Daumen raus, sehe den exotisch aussehenden Fahrer und lächle. Er bremst und öffnet die Tür. Der junge Mann zeigt eine makellose Zahnreihe und wird von mir sofort in die Kategorie *Sohn des Maharadscha* eingeordnet.

»Moin, fahren Sie zum Bahnhof Blankenese?«

»Ja, möchten Sie mitfahren?«

»Gern. Der Bus kommt nicht und ich habe es eilig.«

Der Schöne trägt eine grüne Latzhose und Gartenschuhe. Er lächelt, und ich habe tausend Fragen auf der Zunge. Mühsam reiße ich mich zusammen, behalte meinen Fragenkatalog für mich und erzähle stattdessen ein wenig von mir und dem Campingplatz. Er soll schließlich nicht denken, ich sei eine entlaufene Millionärin.

»Ich bin Gärtner.«

»Echt? Bei den reichen Blankenesern?«

Er nickt dezent, wie es sich für einen verschwiegenen Angestellten gehört.

»Und? Wie ist es so in deren Gärten und Häusern?«, möchte ich wissen, während wir an efeubewachsenen Mauern und mächtigen Gartentoren vorbeifahren. Dahinter verbergen sich die Sahnegrundstücke mit traumhaften Ausblicken. Der Sohn des Maharadschas lässt sich erst aus der Reserve locken, als

ich seine Herkunft errate, mit indischem Akzent Englisch
spreche und ihm von einer aufreibenden Nachtzugfahrt von
Bombay nach Mysore erzähle. Der Blankeneser Bahnhof naht
viel zu schnell, aber er will mich demnächst mal am Strand
besuchen kommen. Und bei den Millionären sei es so weit
ganz nett, nur hätten sie viel zu viel Platz und ließen ihn regelmäßig schöne Gewächse ausreißen, um dann neue pflanzen
zu lassen. Wechselnd von orientalisch inspiriert zu japanisch
angehaucht. Hm, das wiederum finden wir beide nicht so gut,
aber für vertiefende Debatten über Gartenmoden bleibt uns
keine Zeit. So ist es also, wenn man am Elbhang den Daumen
raushält und mit einem Ford Fiesta den Kösterberg entlang-
fährt, denke ich, als ich ihm nachwinke und er zum Abschied
hupt.

Einige Stunden später habe ich meine *wichtigen* Angelegen-
heiten erledigt, steige in St. Pauli aus der S-Bahn und bin baff.
Was ist hier nur los? Woher kommen die vielen Menschen?
Was wollen sie hier? Verwundert reibe ich mir die Augen.
Meine Nachbarschaft pulsiert, jeder Caféhausstuhl ist besetzt.
Wieso sitzen sie dort und schauen in schaumige Milch? Andere starren in Schaufenster und debattieren in schwäbischer
Mundart über eine spanische Modemarke, als handle es sich
um entscheidende Infos zur Restfeuchte. Dabei kommt selbstverständlich ihr geliebtes *sch* zum Einsatz, was bei *desigual* fast
portugiesisch klingt: *deschigual, weischt? Kennen wir doch aus
MaLorka.* Und wieso liegt hier eigentlich so viel Dreck auf den
gepflasterten Wegen? Ich will Sand und Gras unter meinen Füßen. Nach hundert Schritten nimmt meine Stadtentwöhnung
seltsame Züge an. Beinahe möchte ich so schnell wie möglich
in meine Wohnung flüchten, aber dann steht Abbas, der Wirt
aus der Eckkneipe, plötzlich vor mir und begrüßt mich mit
süßen persischen Worten: »Choskele! Tschetori? Kotja budi?«
Na, du Hübsche, wie geht's, wo warst du? Sofort fühle ich

mich besser. Ja, ich bin doch ein *big city girl,* liebe das quirlige Leben und kann es eine Weile ohne klopfende Spechte aushalten. Rasch rede ich mir ein, dass der *Puls der Zeit* sich nicht schlechter anfühlt als der *Tidenhub und seine Zwölf-Stunden-und-vierundzwanzig-Minuten-Phasen.* Alles hat seinen Reiz. Sogar der junge Mann, der vor mir herstolziert und mich dazu zwingt, mein Handy zu zücken. Er ist ein derart lohnendes Modeopfer, dass ich mich richtig freue, wieder hier zu sein und Skurrilitäten anstatt Schiffe, Hundehaufen anstatt geölter Blitze und Radfahrer anstatt Reiter zu sehen. Schnell ein Foto von seiner Ködelfängerhose in Lila einfangen. Mutiger Bengel! Arme Eltern! Der Schritt schleift weit unter den Knien herum, ein Stückchen tiefer ist das Exemplar auf Pumphose getrimmt. Echt cool. Sein Kumpel wirkt dagegen fast normal, soweit ich ihn hinter seinen getönten Glasbausteinen überhaupt sehen kann. Szene at its best. Aus den Kopfhörern des Modeopfers (in Mickymausohren-Anlehnung) wabert Techno. Hat doch auch seinen Reiz, wenn man nicht immer nur Kohlmeisengezwitscher und Wellenschlag hört.

Kaum sitze ich am heimischen Schreibtisch, da gebe ich auch schon – wie von selbst – meine derzeitigen Lieblings-suchbegriffe ein: *Zirkuswagen. Airstream. Tabbert.* Ich kann es einfach nicht lassen. Meine Finger gehorchen mir nicht.

Das undisziplinierte Surfen führt mich zu einem Zirkuswagen aus den Dreißigerjahren. Solche Schmuckstücke gehören in eine andere Liga und haben nichts mit üblichen Wohnwagen gemein. Die Versteigerung des angebotenen Wagens beginnt bei fünftausend Euro. Zum Anschauen allemal ein Vergnügen: Marmorwaschbecken, Parkettfußboden, Ofenheizung, Oberlichter, Buntglasfenster, Anlehnungen an Jugendstil und Holzvertäfelungen. Wenn ich groß bin und viel Geld verdiene, dann werde ich in einem Zirkuswagen leben. Schon verzettle ich mich beim Thema Zirkuswagen und lande bei einem Hersteller in Leipzig. Rasch gebe ich den nächsten Suchbegriff ein: *Airstream*. Das hat mir jemand geraten, der den Campervirus mit der Muttermilch eingesogen hat. Bereits der Tipp mit www.caravan.museum.de hat mich von sehr viel Arbeit abgehalten. Aber was gibt es Schöneres, als in Träumen von schönen Wohn- und Zirkuswagen zu schwelgen?

Also *Airstream!* Oh, was ist das? Die kennt man doch aus alten US-Filmen. Unglaublich. Fallen die *Silver Rockets* etwa auch in die Kategorie Wohnwagen? Nein, das kann nicht sein, käme es doch einem Frevel gleich. Hier hat man es mit Design in höchster Vollendung zu tun, vielleicht sogar mit Art déco aus den Dreißigerjahren. Wie so vieles in den USA, ist das Edelgeschoss auf Gummireifen eine Nummer größer und teurer als übliche Caravans. Der kultige Silberling mit der rundlichen Form toppt alles, was es an europäischen Wohnwagen gibt. Jeder Vergleich kann nur hinken, denn ein Airstream ist nicht nur länger, schöner und extrem extravagant, sondern tourt in einer anderen Galaxie. Für zahlungskräftige Kunden gibt es ihn inzwischen in einer europäischen Variante, die weniger ausladend ist und sogar durch einen Alpentunnel passt. Dafür legt man allerdings fast hunderttausend Euro hin. Ich mag nicht länger hinschauen: Spitzendesign im Innern und pure Eleganz von außen. Nein, das ist zu viel des Guten!

Die Welt des Wohnwagencampens erscheint mir immer unergründlicher. Und plötzlich finde ich schwuppdiwupp im Netz den richtigen für meine Nachbarin Petra. Sie will sich (muss sich meiner Meinung nach) endlich von ihrem stinkenden Etwas verabschieden. Er ist feucht, da ist nichts mehr zu retten. In den Ecken schimmelt es bereits.

Der Tabbert, den ich bei eBay für sie finde, ist aus den frühen Siebzigern, unverschandelt und hat eine wunderbare Raumaufteilung. Ein kleiner Esstisch in der Mitte des Wagens, gegenüber Herd, Kühlschrank und Waschbecken. Er hat diverse Fenster, die allesamt zu öffnen sind, vier Dachluken, die ein sattes Oberlicht geben, einen Kleiderschrank, eine Nasszelle und drei Schlafplätze. Er ist traumhaft. Der Schöne steht in Schleswig-Holstein, nur knapp zwei Stunden entfernt. Er hat TÜV, Nummernschild, Luft in den Reifen und alles, was das Camperherz erfreut. Ich erblasse vor Neid und rufe Petra an.

»Ich habe einen Wagen für dich gefunden. Steht derzeit bei zweihundertfünfzig Euro, noch zwei Tage Laufzeit, in der Nähe von Kiel.«

»Aber ich will dieses Jahr keinen mehr kaufen. Ich halte in meinem Schrotthaufen durch und besorge mir nächste Saison einen anderen.«

»Schau ihn dir erst mal an. Er ist zauberhaft. Und außerdem sind die Preise im Frühjahr deutlich höher als jetzt. Der Wagen ist rundum schön. Ein Tabbert aus erster Hand, äußerst gepflegt.«

»Tabbert?«, fragt Petra, und ich werde daran erinnert, dass in der Campergemeinde unterschiedliche Prioritäten gesetzt werden. Die einen wollen Sonne, Schiffe gucken und chillen, die anderen in die Mysterien einer neuen Welt eintauchen. Mit technischen Details werde ich Petra nicht langweilen und auch nicht locken können.

»Tabbert ist der König unter den Wohnwagen. Den fahren auch viele Sinti, und die müssen es schließlich wissen. Bei den Sommertreffen der Roma und Sinti in Südfrankreich sind Tabberts die beliebtesten Wagen.«

»Aber ich habe keinen Bock auf die Action, nach Kiel fahren, das Ding abholen, den alten ausräumen.«

»Ich schicke dir den Link. Der Wagen passt zu dir, ist nicht weiß wie alle anderen.«

»Sondern?«

»Grün, blau, fast türkis würde ich sagen, ein toller Farb-

265

anstrich. Sieht richtig cool aus. Du wirst es nicht bereuen. Er hat auch einen Kühlschrank.«

»So wie deiner? Mit Gas?«

»Ja.«

»Und warum kaufst du ihn nicht, wenn er so toll ist?«

»Ich bin glücklich mit meinem Rex, auch wenn er keine Schönheit ist. Eines Tages, wenn er mal nicht mehr ist, dann hole ich mir auch einen Tabbert.«

Kaum habe ich diesen Satz ausgesprochen, da plagt mich schon das schlechte Gewissen. Aber Rex kann es ja nicht hören, er steht mindestens fünfzehn Kilometer Luftlinie von hier entfernt.

»Na ja, mal sehen«, sagt Petra.

Im Geiste stelle ich mir vor, wie sie sich in das Foto mit dem Grünblauen verliebt, zum Stellplatz an die Ostsee fährt, den Wagen unter die Lupe nimmt und mit dem Anbieter verhandelt. Aber da kenne ich Petra schlecht.

Sie gibt unbesehen ein Höchstgebot von 666 Euro ab, das sie im Bieterwahn auf 777 erhöht. Drei Tage später steht der Wagen auf unserem Campingplatz. Das nenne ich Entschlussfreudigkeit.

Doch leider ist es keine Liebe auf den ersten Blick. Petra ist unglücklich mit ihrem Kauf und kann die Möglichkeiten ihres Tabberts nicht recht erkennen.

»Was soll ich mit den ganzen Kammern? Die nerven. Ich will keine Dusche und auch kein Kinderzimmer mit Etagenbett«, macht sie ihrer Enttäuschung Luft.

»Dann reiß doch zwei Trennwände raus«, schlage ich vor und schaue neidvoll auf die geteilte Heckscheibe. Die Fensterscharniere sind hervorragend in Schuss und raffiniert in der Bedienung. Der Wagen ist bestens gepflegt, jedes Detail ein Schmuckstück. Auch die Ornamente auf der Tischplatte sind ungewöhnlich und hübsch, zumindest jedoch ein Relikt ihrer

Zeit. Aber das alles kann und will Petra nicht sehen. Meine Idee mit dem Rausreißen behagt ihr schon eher, selbst der Tisch mit dem *hässlichen* Muster soll weg.

»Aber wie kriege ich das ganze Zeug raus? Das ist doch ein Mega-Aufriss. Ich brauche Platz für meine Nähmaschine und die Stoffe.«

»Kein Problem, wird alles perfekt hineinpassen. Dort, wo die Dusche ist, kann die Maschine hin, und im jetzigen Kinderzimmer kannst du Regale anbringen und dein Nähzeug verstauen.«

Flugs mache ich weitere Vorschläge, während Nick im Hintergrund auftaucht. Und schon hat er einen Auftrag. Er wird die Arbeit gern übernehmen, sich ein paar Euro dazuverdienen und dann nach Masuren abhauen. So zumindest lautet der theoretische *Reiseplan*. Während Nick einen *vorläufigen* und ebenso *theoretischen Bauplan* erstellt, versuche ich Petra zu beruhigen, die mit krausgezogener Stirn und deutlichem Missfallen an formschönen Schranktürgriffen zerrt. Das Patent ist genial, ein zarter Metallgriff mit eingefügtem Sperrmechanismus. Ich schicke einen stillen Dank an Familie Tabbert aus Bad Kissingen für das gelungene Design. Petra wird den Tabbert lieben lernen. Davon bin ich überzeugt. Spätestens, wenn die Neider ihr die Bude einrennen. Meine Nachbarin sollte für ihren Mut belohnt werden. Wer kauft schon unbesehen einen Wohnwagen? Sie wird es ganz sicher nicht bereuen. Und was sie mir nebenbei über den Vorbesitzer erzählt, klingt absolut vertrauenswürdig. Da wird es keine bösen Überraschungen geben. Der Ärmste musste seinen geliebten Tabbert krankheitsbedingt abgeben. Der Außenanstrich ist erst ein Jahr alt, aufwändig von Hand mit Spezialfarbe ausgeführt. Kein Pfusch. Am liebsten würde ich selbst einziehen, aber diesen Gedanken verbiete ich mir ganz schnell. Nein, nein, mein Rex und ich, das ist wahre Liebe.

Wohnwagenliebe

Der September neigt sich wie auch die Erde zur Sonne, und schon um acht verabschiedet sich der Tag. Kurtis Blumensamen sind aufgegangen und stehen seit Wochen in voller Blüte. Sonnenblumen lehnen sich an den Rex und den Pfeiler für die Hängematte, Wicken ranken an den Schnüren des Sonnensegels empor und Mohnblumen scheinen mir sagen zu wollen, dass Kurti ein ganz Lieber ist und ich es noch einmal mit ihm versuchen soll. In grellem Orange scheinen sie zu flehen: *Kurti liebt nicht nur uns, er liebt auch dich! Er wird dich im Winter wärmen und uns im Frühjahr neues Leben schenken.* Aber NEIN, da gibt es nichts zu überlegen. Es wird keinen zweiten Anlauf mit ihm geben. Stattdessen hege ich seine blühenden Hinterlassenschaften und muss der Damenwelt auf dem Campingplatz regelmäßig erklären, warum er nicht der Richtige für mich ist. Ich schaue auf eine besonders üppige Sonnenblume, die ich nach Kurtis Anweisung *ausgezwickt* habe, damit sie sich verzweigt. Ihre schweren Blütenköpfe konkurrieren um den besten Platz. Allesamt werden sie von Bienen umschwärmt, die zum Ende des Sommers immer träger werden und sich nur noch in Zeitlupe fortbewegen. Bald werden sie ihren Halt verlieren, denn die Tage meines Wohnwagens an der Elbe sind gezählt. Bald geht es zurück auf den Acker.

Die Vorboten eines Schauspiels locken mich von der Bank herunter, die vor dem Wind geschützt auf der Terrasse steht. Vorbei an Petras Tabbert gehe ich an den Strand, wo mein

Blick der Elbe nach Westen folgt. Ein Wolkenband über dem Horizont bildet den Rahmen für eine zarte Rosatönung, die nach dem Sonnenuntergang als Abschiedsgruß zurückgeblieben ist. Doch das ist nur der vielversprechende Beginn einer Aufführung, denn plötzlich ergießt sich das Rosa über das Band hinweg und entflammt den Himmel. Bereits versunken im Strom und weit hinterm Horizont, strahlt die Sonne das Wolkenspiel aus ihrer Unsichtbarkeit heraus an. Unwirkliche Farben tauchen auf, Wüstensand vermischt sich mit Magenta, zerrinnt zu einem Violett und breitet sich über das Gewölbe aus, als habe die Göttin des Himmels ein obszön leuchtendes Gewand angelegt. Der Auftritt ist ihr gelungen. Im Süden wechselt die Farbe zu einem Graublau, während im Norden ein Hellblau erstrahlt. Vielleicht ist es ihr freiliegendes Dekolleté. Aber wo ist bei einer Göttin oben und wo unten, wo der Kopf und wo die Füße? Im Norden? Im Süden? Ich male mir aus, wie ihr Haupt in den Elbhang gebettet ist, das Antlitz unter dunklem Haar verborgen, der nackte Ausschnitt direkt über mir und die Beine hinter Neßsand im Alten Land. Ihre Arme weit ausgebreitet von Hamburg bis nach Lühesand.

Wie angewurzelt stehe ich im Sand und komme aus dem Staunen nicht mehr heraus. Ich möchte jemanden rufen, den Anblick teilen, aber ich bin allein. Die Wolken zeigen sich mal flauschig und mal glatt. In gewisser Weise erinnern manche Kreationen an eine schlimme Cellulite, wie man sie an Frauentagen in der Sauna bestaunen kann. Andere Abschnitte gleichen einem polierten Schiffsdeck in der Dämmerung, makellos und eben.

Mit meinen Augen mache ich Aufnahmen für die Winterzeit, wenn ich nicht mehr hier bin und nicht mehr staunen kann. Ich lege mich auf den Rücken und genieße. Vor einem Jahr durfte ich zum ersten Mal Gast an diesem Ort sein, eine Neucamperin mit Liebeskummer und im Putzwahn. Viel ist seitdem passiert. Wahrlich kein Trauerjahr, aber Spuren von Liebesleid, Enttäuschung und Abwehr lauern noch immer dicht unter der Oberfläche.

»Hallo«, höre ich ihn flüstern. Lautlos stellt er die Klappbank auf den Strand, richtet sie nach Westen aus, zieht mich aus dem kalten Sand und lässt mir die Wahl. Dann setzt er sich neben mich, noch immer schweigend, wie ein Theatergast, der einige Minuten nach Vorstellungsbeginn in den Saal eintritt und unauffällig seinen Platz einnimmt. Aus seiner Jackentasche lugt ein Mitbringsel. Dass er daran gedacht hat! Streichhölzer aus Dänemark. Sein Gruß ist das Drücken meines Handrückens. Ich umarme ihn und gebe ihm einen Wangenkuss, wie sonst auch immer. Sein Geruch ist vertraut und fremd zugleich. Ich habe ihn nie länger als einige Sekunden eingefangen. Das Farbenspiel ist berauschend und einschüchternd zugleich. Es gibt nicht viele Menschen, mit denen ich jetzt hier sitzen möchte. Freddy gehört dazu.

Ich lege meinen Kopf an seine Schulter, wie sonst nie, und seine Finger berühren mein Knie, wie sonst nie.

Wie gut, dass ich auf ihn gehört und die Blumen-Nachtigallen-Decke nicht gekürzt habe. So schleift sie zwar weit über den Boden, aber jetzt nimmt Freddy die Enden und schlägt sie über unsere Beine. Den Sommer über hat sich der doppelt verarbeitete Stoff an den Ecken mit Sand gefüllt, und das Muster ist ausgeblichen. Die Gol-Bol-Bol ist irgendwie auch seine Decke, denn er hat sie von Beginn an geliebt. Es gibt ein Foto von ihm, auf dem er mit einem Buch über dem Bauch auf dieser viel zu kleinen Bank schlafend zu sehen ist, seine Beine baumelten über die Lehne, während die Nachtigallen über ihn wachten.

Ich kuschle mich an ihn, an meinen guten Freund, meinen Sportkameraden, meinen Helfer und Tröster in der Not.

Plötzlich ist er ein anderer. Ich muss lachen. Es ist das einzige Geräusch seit Langem. Und dann fühle ich seinen zarten Kuss auf meinen Lippen und lasse es geschehen.

Was die Elbe und ein Himmelsfeuer nicht alles bewirken können: *Verlassene Frauen dieser Welt! Kauft euch einen Wohnwagen, möbelt ihn auf, und lasst euch von einem wirklich guten Mann küssen! Mmh, es schmeckt nach mehr!*